普通高等教育体育学通用教材
山西省高等教育“1331工程”提质增效建设项目
山西师范大学教材建设资金资助
山西师范大学体育教育国家级一流专业建设项目

# 体 操

郭丽娟 主 编

北京体育大学出版社

策划编辑：李志诚　史仲华
责任编辑：仝杨杨
责任校对：贾　婷
版式设计：水分子

图书在版编目（CIP）数据

体操 / 郭丽娟主编. — 北京：北京体育大学出版社，2023.8
ISBN 978-7-5644-3829-6

Ⅰ. ①体… Ⅱ. ①郭… Ⅲ. ①体操—高等学校—教材 Ⅳ. ① G83

中国国家版本馆 CIP 数据核字（2023）第 084409 号

体操
TICAO
郭丽娟　主　编

出版发行：北京体育大学出版社
地　　址：北京市海淀区农大南路 1 号院 2 号楼 2 层办公 B－212
邮　　编：100084
网　　址：http://cbs.bsu.edu.cn
发 行 部：010－62989320
邮 购 部：北京体育大学出版社读者服务部 010－62989432
印　　刷：三河市龙大印装有限公司
开　　本：787mm × 1092mm　1/16
成品尺寸：185mm × 260mm
印　　张：16.5
字　　数：385 千字
版　　次：2023 年 8 月第 1 版
印　　次：2023 年 8 月第 1 次印刷
定　　价：78.00 元

# 编 委 会


| | | | |
|---|---|---|---|
| **主　编** | 郭丽娟 | | |
| **副主编** | 杜治华 | 王永明 | 黄志高 |
| **编　委** | 王红芳 | 张秀珍 | 李梓豪 |
| | 周赤乾 | 卫玲玲 | 冯　瑞 |

# 前言

体操作为高校体育活动的内容和体育教学的组成部分，在中国高校体育的历史发展中有着深刻的影响和积极的作用。新的形势下，高校体操教材面临巩固、完善和提高的社会要求。

本教材根据教育部《高等学校体育学类本科专业教学质量国家标准》要求，依据普通高校体育专业人才培养的规律和特点，在前人优秀研究成果的基础上，遵循传承与创新相结合、理论与实践相结合、健身与科学相结合的原则，以针对性、实用性、创新性为编写指导思想，既注重学生自主学习能力和教学技能的培养，又注重思政元素在体操专业理论中的合理渗透。根据人才培养的总体目标，本教材精选和增补基础教育改革和体操研究的新成果，在教学内容的选编上以传授体操基本知识、基本技术和技能为先导，以培养学生能力为重点，满足学生主体需求，服务学生未来的工作和生活。

本教材是山西省高等教育“1331工程”提质增效建设项目之一，获得了山西师范大学教材建设资金资助，也是山西师范大学体育教育国家级一流专业建设项目之一。本教材与山西师范大学超星学习通平台体操课程相匹配，平台课程配有全套教学PPT文档和大量视频资料，进行混合式教学模式设计，增加了课程导入、三维目标制订、课前讨论与自测、课堂参与式学习设计、课后讨论与检验、作业题等环节，适时、适量、适度地推进体操混合式教学有序开展，从而提高教学效率和教学质量。

本教材由山西师范大学10名教师共同编写而成。其中，郭丽娟统稿，担任主编，杜治华、王永明、黄志高担任副主编。全书共10章，编写分工如下：第一章，杜治华；第二章，郭丽娟；第三章，黄志高；第四章，王红芳；第五章，张秀珍；第六章，王永明；第七章，全体编委；第八章，李梓豪、周赤乾；第九章，卫玲玲；第十章，冯瑞。教材图片和视频制作均由山西师范大学体育学院学生和山西省体操队队员完成。插图绘制者为刘鑫，动作示范者为梁文国、杨雨晴、侯思如、蒋盛艺、李佳琦、李泽浩、金致远，摄影和图片制作者为刘光灿，视频制作者为翟雨晴、张萌雨、李向阳、冯佳颖、李宁欣和王旭华，文稿校对为乔璇、毛思萦、张萌雨、翟书晴、董亚萌、李慧贞、郑惠丹等研究生，在此深表谢意。

由于编者水平有限，书中存在不足之处在所难免，敬请广大读者指正。

# 目录


**第一章　体操概述** ······ 1

第一节　体操的概念和内涵 ······ 1

第二节　体操的内容 ······ 3

第三节　体操的分类 ······ 5

第四节　体操的特点 ······ 7

第五节　体操的发展概况 ······ 9

**第二章　体操术语** ······ 17

第一节　体操术语概述 ······ 17

第二节　体操基本术语 ······ 20

第三节　体操动作术语 ······ 25

第四节　体操术语的构成与运用 ······ 35

**第三章　队列队形练习** ······ 42

第一节　队列队形概述 ······ 42

第二节　队列队形练习的基本术语 ······ 45

第三节　队列队形练习的口令 ······ 45

第四节　队列队形练习的基本动作要领及教法 ······ 47

第五节　队列变化练习的动作要领及教法 ······ 55

第六节　队形变化练习的动作要领及教法 ······ 60

第七节　口哨的功能及运用方法 ······ 63

**第四章　徒手体操** ······ 65

第一节　徒手体操的特点及作用 ······ 65

第二节　徒手体操的基本动作 ······ 66

第三节　徒手体操的练习形式 ······ 67

第四节　徒手体操的创编 ······ 69

第五节　徒手体操成套动作范例 ······ 71

第六节　徒手体操教学的注意事项 ······ 85

第五章　轻器械体操……87
第一节　轻器械体操的内容与分类……87
第二节　轻器械体操的特点及作用……87
第三节　轻器械体操动作内容与编排……88
第四节　轻器械体操教学的注意事项……116
第六章　保护与帮助……118
第一节　保护与帮助的意义……118
第二节　保护与帮助的种类及方法……120
第三节　保护与帮助在体操教学与训练中的运用……124
第四节　对保护与帮助者的要求……128
第五节　体操创伤的预防……129
第七章　竞技体操基本动作技术与教法……131
第一节　技巧……131
第二节　跳跃……149
第三节　双杠……161
第四节　单杠……174
第五节　平衡木……187
第八章　体操教学理论与方法……201
第一节　体操教学原则……201
第二节　体操教学特点和方法……205
第三节　体操教学策略……213
第九章　发展身体素质……219
第一节　身体素质练习……219
第二节　柔韧素质练习……221
第三节　速度素质练习……226
第四节　力量素质练习……228
第五节　耐力素质练习……235
第六节　灵敏素质练习……237
第十章　体操比赛的组织工作与裁判工作……239
第一节　体操比赛的组织工作……239
第二节　基本体操比赛的裁判工作……242
第三节　竞技体操比赛……246
参考文献……252

# 第一章　体操概述

**【学习目标】**

1. 掌握体操的概念、内涵、内容、分类、特点。

2. 了解我国体操和世界体操的发展概况。

**【章前导言】**

本章主要阐述体操的概念、内涵、内容、分类、特点，介绍现代体操的演变过程、分类依据、国内外发展概况、竞技体操大型赛事。通过本章的学习，学生会对体操有一个较为全面的认识，掌握体操课程的基本知识、基本原理、基本方法，领会体操课程学习的一般规律，理解体操课程的育人价值和意义。

## 第一节　体操的概念和内涵



### 一、体操的概念

"体操"一词来源于古希腊语"gymnasitike"。古希腊人将走、跑、跳、攀登、爬越、舞蹈、军事游戏等内容统称为体操。这一概念沿用了较长时间。19世纪，欧美各国相继涌现了一些新的运动项目，并建立起"体育是以身体活动为手段的教育"这一新概念。从19世纪末到20世纪初，随着体育运动的发展，一些生理学家、医学家和体育学家对体育运动的本质和价值做了深入的研究及科学分类，"体育"一词才逐步取代原来体操的概念成为身体运动的总称，而体操也从这一时期起在内容和方法上区别于其他的身体运动形式，并形成了独立的运动项目和现代的概念。

随着社会的不断发展，体操的内涵在不断变化，其特征表现也趋向于两极分化：一类沿着竞技体操的方向发展，另一类朝着以增强体质为目的的各种非竞技性体操的方向发展。多年来，我国的竞技体操一直在国际体坛中处于领先地位，并多次在世界体操大赛中获得优异成绩，是我国《奥运争光计划》中的优势项目。然而，在完成全民健身计划的任务中，体操的功效和作用却没有得到充分体现。20世纪50年代在学校和厂矿企业掀起的体操锻炼热潮已经不复存在；体操在当前的学校体育教育中被严重曲解，一些人甚至认为体操是危险的项目；部分学校甚至拆除了单杠和双杠等器械；体育教学大纲和教材中的体操内容几乎成了摆设。这些现象主要是人们对体操的概念和内涵理解不清造成的。



本教材基于现代体操的发展趋势及特点，结合一些学者的观点，将体操的概念分为广义和狭义两种。广义的体操：练习者在地面上、持轻器械或在器械上，完成依据人体解剖、生理特征及人体运动生物力学原理设计的各种不同难度的动作，将各种有利于身体发展的能力调动起来，促进身体素质均衡发展，在空间上展示身体技艺，表现力量、健康、美丽、智慧的一种实践活动。狭义的体操：遵循国际体操规则的基本要求，男运动员在6个（自由体操、鞍马、吊环、跳马、双杠、单杠）项目中、女运动员在4个（跳马、高低杠、平衡木、自由体操）项目中完成依据人体解剖、生理特征及人体运动生物力学原理设计的各种不同难度的动作，将各种有利于身体发展的能力调动起来，促进身体素质均衡发展，对自身身体极限进行挑战，在空间上展示高超技艺，表现力量、健康、美丽、智慧的一种实践活动。广义的体操是学术意义上的体操概念，狭义的体操是老百姓心目中的体操概念。

国际体操联合会（简称国际体联）下设大众体操、男子竞技体操、女子竞技体操、艺术体操、健美操、技巧、蹦床、跑酷等8个项目的分会。目前，这8个项目分会对应的各项内容已自成体系，表现在以下几方面：①在教学内容上，均有各自独立的教学大纲和教材；②在教学建制上，均有各自独立的教研室和专门的师资配置；③在竞赛体制上，各自隶属于不同的技术机构，执行各自的竞赛规则。

## 二、对现代体操内涵的理解

对现代体操内涵的理解应该包括以下3个层面。

第一，竞技层面上的体操，即竞技体操。竞技体操源于生活，高于生活，是竞技文化的一种表现形式；竞技体操动作复杂，技术含量高，且动作编排变化无穷，运动员可以在完成动作的过程中体现出高超的技能水准；竞技体操动作惊险，会给人极强的感官刺激，观看竞技体操比赛或表演不仅给人以赏心悦目的审美感受，还能激发人们勇于探索和追求的动力。因此，竞技体操是大众欣赏体育运动项目中的一个重要选择。作为奥运会的正式比赛项目，体操也是我国竞技体育中争牌夺冠的拳头项目。多年来，我国的竞技体操形成了国家集训队、省（市）体操队和地区不同形式的业余体操队相互衔接的三级训练网。

第二，基础层面上的体操，即基础类体操，包括队列队形、徒手体操、轻器械体操、被简化了的器械体操等。长期以来，我国体育院校体育教育专业在体操课程内容的安排上过多地选择竞技体操的内容，导致体操课程脱离了学生实际，忽视了体操综合育人的功能，削弱了体操对人全面发展的作用，这并不是体操内容本身的缺陷，而是人们对教学内容进行取舍所致。要从教育、文化、健身等多个层面确立体操课程在学校教育中的地位，强调体操课程的生活化、实用化，就要求学校体操课程的内容突破传统意义上的以竞技体操内容为主的形式，重新回归到符合学生实际情况和实现体操教学目标的层面上来。因此，必须进一步加强对体操内涵的全面理解，增加基础类体操教学内容，以使体操在体育教育中产生应有的育人效果。

第三，拓展层面上的体操，即类别体操，包括技巧运动、艺术体操、健美操、蹦床、跑酷等运动项目。类别体操中的许多运动项目原本属于体操的范畴，尽管这些运动项目逐渐发展为独立的运动项目，但仍属于体操的派生项目，它们与体操在运动形式、竞赛特征等方面有着不可分割的、千丝万缕的联系。

## 第二节 体操的内容

体操作为最早体育的代名词发展到今天，其内容也随着社会的发展而不断变化。18世纪前，体操是走、跑、跳、投、掷、攀登、摔跤、舞蹈、骑马、军事游戏等各种活动的总称；18世纪末到19世纪中叶，德国体操体系和瑞典体操体系先后形成；20世纪初，丹麦体操体系形成。在此基础上，体操逐步发展成为相对独立的内容体系。根据体操练习的特征及其对人体的主要作用，目前体操主要包括以下13项内容。

### 一、队列队形练习

队列队形练习分为队列练习和队形练习两部分。队列练习包括原地队列动作和行进间队列动作。队形练习包括图形行进、队形变换、散开和靠拢等。队列队形是体育教学、军事训练、团体操训练和表演的主要内容和必要形式，也是日常活动必不可少的组织手段和方法。通过队列队形练习，练习者可以形成正确的身体姿势，养成动作迅速、准确、协调一致和令行禁止的优良作风，培养严格的组织纪律性和集体主义精神。准确地指挥队列队形也是体育教师必备的专业技能。

### 二、徒手体操

徒手体操是根据人体各部位的特点，由举、绕、绕环、屈、伸、振、摆、踢、蹲、转、跳等一系列徒手动作，以不同的方向、路线、幅度、频率和节奏，按照一定的编排所组成的身体练习，包括单人动作、双人动作和集体动作。它是体操中最基本的练习，动作简单，不受场地和器械条件的限制，易于普及，具有广泛的群众性，如广播体操和生产操等。经常做徒手体操可使头颈、四肢和躯干灵活，动作协调，对增强神经系统机能、促进血液循环、加速新陈代谢、消除疲劳、预防疾病、振奋精神等都有积极的作用。

### 三、轻器械体操

轻器械体操是在徒手体操的基础上，通过手持哑铃、实心球、体操棍、跳绳、火棒、沙袋等轻器械所进行的身体练习。在练习中，可以充分利用各种器械的特点，增加趣味性和娱乐性。轻器械体操是各级各类学校体操教学与锻炼的重要内容，也是大众健身体操活动中富有观赏性的练习形式。

### 四、技巧运动

技巧运动包括滚动、滚翻、平衡、倒立、手翻、空翻等动作。技巧比赛主要包括翻腾、抛接、造型和舞蹈等动作。技巧练习对提高人体前庭分析器的功能有特殊作用，能发展人体的力量、速度、灵敏、协调等素质，也是各项器械体操的基本练习内容和其他项目的辅助练习内容。

## 五、器械体操

器械体操包括单杠、双杠、吊环、鞍马、平衡木、高低杠等竞技器械项目，还包括众多有助于增强体质、健身和掌握实用技能的器械内容，如肋木、云梯、体操凳、爬绳（杆）以及各种练习器械等。器械体操练习，可以有效地提高身体的灵活性，全面发展力量、灵敏、柔韧等素质，培养勇敢果断、不畏困难的意志品质。

## 六、跳跃

跳跃包括一般跳跃和支撑跳跃。一般跳跃是指以脚为主跳起腾空的动作，如跳上跳下器械、交换腿跳、跳起转体、兔跳、跨跳、结环跳、鹿跳等。支撑跳跃是指经过手或身体其他部位支撑山羊、跳箱、跳马等器械的跳跃练习和腾越练习。支撑跳跃练习，可以发展腿部、上肢和肩带肌群的力量，培养克服障碍、勇敢顽强的意志品质。

## 七、实用类体操



实用类体操包括攀登、爬越、负重搬运、翻越障碍、撑杆爬墙和在专门的体操器械上练习等内容。这些内容的学习，不仅可以锻炼身体、增强体质，还可以提高人们在日常生活和工作中所需的基本技能。实用类体操也是现代拓展训练的基础内容。

## 八、自由体操

自由体操是由徒手动作、翻腾动作、跳跃动作、静止用力动作、柔韧动作、平衡动作以及倒立等编排的成套动作。女子自由体操还包括波浪动作和舞蹈动作等，并有音乐伴奏。自由体操是发展柔韧、灵敏、协调、力量等素质，培养正确的身体姿势、节奏感、表现能力和提高艺术修养的有效手段。

## 九、健美操

健美操包括大众健美操和竞技健美操。健美操是集体操、舞蹈、音乐于一体，通过徒手和使用健身器械进行的健身和竞赛项目。健美操的音乐具有韵律美和节奏感强的特点，旋律明快的音乐能使人精神愉悦，产生跃跃欲试的感觉。在欢快的音乐氛围中进行健美操锻炼，可以使人消除疲劳、增强体质、改善体形与体态，达到健身、健心的目的。

## 十、艺术体操

艺术体操是在音乐的伴奏下通过徒手或持轻器械进行的身体练习，是女子特有的符合其生理和心理特点的艺术性较强的体操项目。艺术体操的成套动作主要由走、跑、跳、转体、波浪、绕环、平衡、抛接器械和舞蹈动作组成。艺术体操练习，可以发展人的柔韧、协调、灵敏等素质，锻炼人的体魄，培养人的节奏感，提高人的音乐素养和表现力。

## 十一、蹦床运动

蹦床是一项利用弹网的反弹来表现练习者空中技巧的竞技运动。蹦床运动是体操、跳水等运动的辅助性训练手段，也是竞技运动项目之一。蹦床练习，可以发展人的弹跳力和灵敏性，训练身体的控制能力，有效地提高人体前庭分析器的功能，培养人勇攀高峰的拼搏精神。

## 十二、啦啦操

啦啦操运动起源于美国，至今已有100多年的历史。我国于2002年引入啦啦操运动。该项运动富有激情、充满阳光，讲究集体凝聚力，吸引了广大练习者参与。啦啦操运动是通过各种跑、跳、走、基本体操与健美操的律动，各种舞蹈动作以及技巧如翻腾、空中人体抛接与托举等编排成套动作进行表演或竞赛的新兴体育项目。

## 十三、跑酷

跑酷是时下风靡全球的时尚极限运动。跑酷者以日常生活的环境为运动场所，依靠自身的体能，快速、有效、可靠地驾驭任何已知与未知的环境。跑酷可以强健体质，使得身体越发敏捷，反应更加迅速。一个专业的跑酷练习者可以正确地控制危险，并把它减到最小。当陷入火灾、地震、遭遇袭击、车祸、紧急突发事件等危险中时，跑酷练习者的脱险概率将比普通人高出很多。

# 第三节　体操的分类

体操有着丰富的内涵，按照逻辑学原理和体操项目的特征及规律进行分类，对指导体操理论与实践具有现实意义。18世纪末，近代体育的倡导者——德国体育的先驱古兹穆茨最早提出了体操分类，此后，各国的体操大都是在此基础上结合自己国家的特点进行分类的。

依据不同的属性和标准，体操可以有不同的分类方式。参考众多学者研究成果，目前体操的分类方式主要有以下两种。

第一，根据练习形式的不同，可以将体操分为徒手体操、轻器械体操、器械体操及专门器械体操。

第二，根据体操的目的与任务，可以将体操分为基本体操、竞技性体操和表演体操。

## 一、基本体操

以增强体质、促进身体全面发展、培养人体基本活动能力及提高基本运动技能为目的的体操练习都属于基本体操的范畴。基本体操包括队列队形、徒手体操、轻器械体操、器械体操的简易练习，专门器械体操、健身健美操和生活技能体操等。基本体操是各级各类学校体操教学内容的重要组成部分。

## 二、竞技性体操

竞技性体操是指所有以竞赛争胜为目的的体操，包括竞技体操、竞技健美操、技巧运动、蹦床运动、艺术体操等。

### （一）竞技体操

竞技体操是国际竞赛项目之一。男子竞技体操有6项，即自由体操、鞍马、吊环、跳马、双杠和单杠；女子竞技体操有4项，即跳马、高低杠、平衡木和自由体操。世界大型竞技体操赛事有奥林匹克运动会（简称奥运会）体操比赛和世界体操锦标赛。奥运会体操比赛有4种形式，即资格赛、团体决赛、个人全能决赛和个人单项决赛，4种比赛形式都进行自选动作的比赛。世界体操锦标赛的比赛形式不固定，在奥运会周期隔年设团体赛，但无论选择哪几种比赛形式，都要进行自选动作比赛。



### （二）竞技健美操

竞技健美操是在广泛开展的大众健美操的基础上形成的竞技项目，要求在音乐的伴奏下，通过难度动作的完美展现，显示运动员连续表演复杂、高强度动作的能力。竞技健美操必须通过所有动作、音乐和表演的完美融合体现创造性。目前大型的竞技健美操赛事主要是世界健美操锦标赛。1983年，国际健美操联合会举办了首届健美操国际比赛。1995年，国际体联开始举办世界健美操锦标赛，竞赛项目包括竞技健美操项目和有氧项目。竞技健美操项目包括男子单人健美操、女子单人健美操、混合双人健美操、三人健美操（性别不限）和集体五人健美操（性别不限）；有氧项目包括有氧舞蹈和有氧踏板。

### （三）技巧运动

技巧运动的比赛内容是从垫上运动发展而来的，直至20世纪50年代，才成为独立的比赛项目。技巧比赛设有男子双人、女子双人、男女混合双人、女子三人和男子四人共5个项目（单人项目已并入蹦床）。在国内外大型赛事中，有团体赛、全能赛和单套赛3种形式，且只进行自选动作的比赛。技巧比赛根据动作难度、组织编排、完成情况、总体印象和完成动作的时间5个因素进行评分。大众性的技巧比赛，可从实际出发，根据参加者的实际水平和技术情况确定项目和内容。

### （四）蹦床运动

1964年，国际蹦床联合会成立，蹦床运动开始正式成为一项国际比赛项目。蹦床比赛有3个类别，即蹦床、单跳和双人小蹦床。蹦床比赛分个人赛和团体赛。蹦床世界锦标赛共设男子双人同步、女子双人同步、男子个人单跳、女子个人单跳、男子个人双人小蹦床和女子个人双人小蹦床6个比赛项目。1997年，国际奥委会决定将蹦床列为奥运会项目，在2000年悉尼奥运会上，男、女单人项目成为奥运会正式比赛项目。大型蹦床赛事主要有奥运会蹦床比赛和世界蹦床锦标赛。

### （五）艺术体操

艺术体操是女子比赛项目，1984年在美国洛杉矶奥运会中被列为正式比赛项目。国际体联艺术体操技术委员会所规定的正式比赛器械有绳、圈、球、棒、带等，每届世界艺术体操锦标赛使用的器械都有具体规定。艺术体操比赛项目分团体赛和个人赛。团体赛又分为集体全能赛和单项决赛，各项比赛均进行自选动作的比赛。大型艺术体操赛事主要有奥运会艺术体操比赛和世界艺术体操锦标赛。

## 三、表演体操

体操是一项健、力、美的运动项目。它不但具有强身健体和美育功能，还富有表演的功能，可以和各种表演艺术融合出现在各种大型集会和文艺舞台上。表演性体操主要包括团体操和舞台体操。

### （一）团体操

团体操是以体操内容为主体的大型表演项目，是国内外大型运动会开幕式必不可少的节目。团体操在我国十分盛行，无论是举办全国性还是地方性的大型运动会，抑或是一些大型庆典活动和学校的运动会，都要举行精彩的团体操表演。

### （二）舞台体操

体操走上舞台，与文艺节目同台表演，已有相当长的一段时间了。20世纪80年代以来，健美操、艺术体操、啦啦操等成为各种文艺会演的精彩节目，技巧和一些器械体操表演也开始登上舞台，为舞台表演增添了色彩。

# 第四节　体操的特点

## 一、具有广泛的群众性

体操包括徒手体操、轻器械体操等13个方面的内容，不同的人群可以根据年龄、性别、职业、身体条件、训练水平以及设备条件的不同，因人、因时、因地制宜地从中选择适合自己的项目和动作进行练习，以达到增强体质、促进健康和提高运动技术水平的目的。随着我国基础教育改革的不断深入，中小学体育教师创编的各类课间操深受广大学生的喜爱；面向全国健身爱好者推广的大众健身操、健身舞则成为中老年朋友非常喜爱的健身项目之一。

## 二、能全面而有针对性地锻炼身体

体操的内容丰富，可以徒手练习、持轻器械练习和在器械上练习；完成动作的形式灵活多样，可以倒立、转体、屈伸、支撑、悬垂、翻滚和腾越等。合理地选择体操项目和内容并坚持锻炼，能全面增强人体运动系统、内脏器官和神经系统的功能，促进人体的全面发展。同时，合理地选择体操项目和内容并坚持锻炼，可以有针对性地锻炼身体的某些部位或某项素质。例如，肩关节的灵活性、腿的柔韧性、腰腹部的力量等，都可以通过专门的体操练习得到提高。

## 三、广泛运用保护与帮助

保护与帮助不仅是一项安全措施，而且是体操教学与训练中特有的教学手段。对一些难度较大或技术较复杂的体操动作内容，采用保护与帮助，既可以预防伤害事故的发生，也能加速建立正确的动作技术概念。相互间的保护与帮助还能培养练习者团结互助的良好作风。保护与帮助也是各级学校体育教师必备的教学技能之一。



## 四、具有较强的艺术性

体操包含很多艺术性较强的内容。体操练习不仅要求技术动作准确到位，而且要求根据完成动作的技术质量和身体姿态来评定成绩。因此，在体操教学与训练中，无论是单个动作还是成套动作，都要求协调、准确、优美、舒展地完成。广播体操、健美操、啦啦操、女子自由体操等都是在音乐的伴奏下进行的，将音乐融于动作之中，来展现动作美、形体美、音乐美、服饰美和精神风貌美，充分体现了体操运动健、力、美的艺术魅力。

## 五、技术不断创新

创新是体操的生命，没有创新就没有发展，也就没有竞争力。实践表明，在竞技体操技术的发展中，一名优秀运动员除了要具备超群的身体和心理素质外，还必须在动作难度、连接、编排和风格等方面有所创新，才能获得比赛的胜利。同样，其他类型体操的创编也要求运动员根据不同的目的、任务，创造性地选编动作，推陈出新，做到新颖而不落俗套，使体操保持旺盛的生命力。因此，不断创新是体操运动发展的灵魂。

# 第五节　体操的发展概况

## 一、我国体操的发展概况

在我国，体操有着悠久的历史。体操的发展可以分为古代体操的发展和近、现代体操的发展。

### （一）古代体操的发展

远古时期，人们为了生存，必须与自然做艰巨的斗争，在打猎、捕鱼、采集野果等劳动中，逐渐提高了攀登、爬越、跳跃、走、跑等技能，这可以看作古代体操的萌芽。大量的文物和史料也记载了古代体操的产生和发展历程。

总体来说，我国古代体操可以归纳为以下两大类：

第一类，强筋骨、防疾病的医疗体操。古代中国虽无“体操”一词，却有类似体操的“养生”“导引”“乐舞”“百戏”等健身活动，体现了古代体操浓郁的文化性和养生健体的特色。

第二类，反映在古代歌舞、戏剧、杂技和流传于民间的技巧运动中。例如，在出土的西汉乐舞杂技陶俑中，有手倒立、后手翻、桥和空翻等动作形态。

### （二）近、现代体操的发展

#### 1. 引进与学习阶段（鸦片战争至中华人民共和国成立前）

1840年鸦片战争以后，西方的器械体操陆续传入我国，体操被运用到军事训练、学校教育、日常锻炼等活动中。首先传入我国的是德式体操的兵操和器械体操；随着洋务运动的发展与对日派出留学生的增多，日本化的德国和瑞典体操传入我国；随着青年会活动的开展，美国式的德国和瑞典体操也在我国传播。1908年，上海成立了第一所体操学校，术科教学内容主要有徒手体操、轻器械体操、器械体操和垫上运动。我国关于体操运动的译著和专著也相继问世。由于政治、经济条件的限制，以及战争的影响，中华人民共和国成立前体操运动的发展十分缓慢，只有一些徒手体操、垫上运动、项目不全的简易器械体操在学校和社会上流传。

#### 2. 蓬勃发展阶段（中华人民共和国成立至1963年）

中华人民共和国成立以后，体操得到了蓬勃发展。1951年11月24日，中央人民政府体育运动委员会公布了第一套成人广播体操。1953年3月1日，中央人民政府政务院发出《关于在政府机关中开展工间操和其它体育运动的通知》。1954年、1955年，中央人民政府体育运动委员会先后公布了第一套少年广播体操和第一套儿童广播体操。广播体操的发展极大地推动了学校体育和群众体育的发展，对增强人民体质、促进人民身心健康和丰富人民文化生活具有深远意义。此外，体育工作者还深入工厂，根据不同工种的劳动特点，创编和推行了各种生产操，如钢铁工人操、纺织女工操、煤矿工人操等，这对促进职工健康、提高生产效率起到了推动作用。1953年，在北京举办了第一次全国田径、体操、自行车运动会，参加竞技体操比赛的运动员共计67人，其中男运动员40人、女运动员27人，比赛规模小，项目不全，技术处于发展之中。同年9月，苏联国家体操队来华访问表演，带来了当时竞技体操的新技术，这为我国竞技体操的发展打下了基础。

1954年，全国普遍推行“准备劳动与卫国”的体育制度（简称“劳卫制”），这对学校开展体操活动起到了推动作用。从1955年开始，我国的竞技体操进入了快速发展期，每年都要举办全国性的比赛，运动员人数迅速增加，技术水平不断提高。1956年是我国竞技体操发展史上十分重要的一年，主要有3个标志性的事件：一是中国体操协会成立，二是中国体操协会加入了国际体操联合会，三是中国体操协会颁布了体操运动员技术等级制度。同年，在天津举行的全国体操冠军赛上，通过了第一批运动健将等级标准（其中男、女各8名），并培养了一批裁判员和教练员，这为后来竞技体操的发展和走向世界奠定了基础。

1958年，我国运动员首次参加世界大型体操比赛。在第十四届世界体操锦标赛上，我国男队获得团体第11名，女队获得团体第7名。1962年，在第十五届世界体操锦标赛上，我国男队跃居团体第4名，女队获得团体第6名，于烈峰夺得男子鞍马第3名，国际体操赛场上第一次升起五星红旗，标志着我国竞技体操进入世界前列。

#### 3. 停滞阶段（1964—1978年）



1964年，由于国际体联的原因，我国退出国际体联。由于特殊原因的干扰，此期间全国体操比赛、训练全部停止。刚刚崛起的体操事业陷入了停滞、瘫痪状态。1978年，我国在国际体联的合法地位被恢复。

#### 4. 整顿恢复阶段（1979—1981年）

1979年，在第二十届世界体操锦标赛上，我国运动员重新站在国际体操赛场上，男队获得团体第5名，女队获得团体第4名，马燕红一鸣惊人，夺得女子高低杠冠军，中华人民共和国国歌第一次在国际体操赛场上奏响，写下了中国竞技体操历史新的篇章。同年，教育部和国家体育运动委员会（现国家体育总局）联合颁布了《高等学校体育工作暂行规定》和《中小学体育工作暂行规定》，其作为学校体育工作的指导性文件，促进了体操在学校体育中的开展。

在大众健身体操蓬勃开展的同时，竞技体操的技术和运动成绩也不断提高，逐渐成为我国现代竞技体育的优势项目，为我国的竞技体育事业赢得了越来越多的荣誉。

#### 5. 腾飞阶段（1982年至今）

20世纪80年代，我国的竞技体操历经了几代体操工作者的努力拼搏，终于跨进世界竞技体操强国的行列，获得了13个世界体操锦标赛冠军、6个奥运会体操冠军和13个世界杯赛体操冠军（其中一个为并列）。1982年，李宁在第六届世界杯体操赛上一人夺得全能和5个单项冠军，开创了竞技体操史上在一届比赛中个人夺取金牌数最多的纪录。1983年，在第二十二届世界体操锦标赛上，我国体操男队首次战胜强大的苏联队，荣登世界体操团体冠军的领奖台。

20世纪90年代，在体操赛制、规则等发生重大变化的情况下，我国竞技体操运动员奋力拼搏，再创辉煌，先后获得17个世界锦标赛冠军、3个奥运会冠军、7个世界杯赛冠军。男子体操队异军突起，先后夺得1994年、1995年、1997年、1999年世界锦标赛男子团体冠军，显示出雄厚的整体实力。

1995年，《全民健身计划纲要》出台，许多健身、健心、娱乐身心、陶冶情操的体操内容成为群众健身的手段，如基本体操中的广播体操、轻器械体操、医疗保健体操，以及简易的单杠、双杠、吊环、平衡木、鞍马训练器、肋木架、仰卧起坐平台等器械体操，已成为全民健身的主要内容。

进入21世纪，我国竞技体操持续稳定地保持世界领先水平。在2000年悉尼奥运会上，我国男队首次获得奥运会团体冠军，实现了体操界同仁多年的奥运夙愿。在2006年世界竞技体操锦标赛上，我国女队首次获得团体冠军。在2008年奥运会上，我国男队、女队双双获得奥运会团体冠军，并一举夺得9枚金牌，写下了我国竞技体操运动新的辉煌。在2012年伦敦奥运会上，我国男子团体卫冕冠军。截至2023年，我国体操队共获得38枚奥运会金牌、90枚世界体操锦标赛金牌和48枚世界杯体操赛金牌。

从体操发展的历程可以看出，我国竞技体操走过了一条坎坷的发展之路，在起点低、基础差的条件下起步，经过数代人的努力，训练水平由低到高，技术发展由弱到强，进步速度由慢到快，运动成绩由差到好。我国发展成为举世公认的竞技体操强国，拥有了一批以我国运动员名字命名的动作，为世界体操的发展做出了巨大贡献。

## 二、世界体操的发展概况

18世纪，在体操先驱古茨穆茨的倡导下，德国开始了体操运动。古茨穆茨在1793年出版了《青年体操》一书，到18世纪末、19世纪初，德国“体操之父”弗里德里希·路德维希·雅恩（又称杨）在古茨穆茨建立的体操体系基础上创建了以器械练习和军事游戏为基础的民族体操体系——后被称为杨氏体操或德国体操。他在继承和发展原有的吊环、鞍马、单杠运动的基础上，开创了双杠、吊绳、吊杆等项目，改革了木马、跳箱、跳跃器等器械，并于1816年出版了《德国体操》一书。

19世纪，在德国体操之后产生了瑞典体操。瑞典体操的创始人比尔·亨利克·林认为，体操的唯一任务是保健和富国强兵。他将体操分为教育体操、医疗体操、健美（艺术）体操。另外，他还发明了不少实用器械，如体操凳、体操梯、垂直绳、水平绳、斜绳、木马、平衡木等，进一步丰富了体操的内容。瑞典体操体系详细而又成功地研究了体操的基础理论，使体操的发展建立在人体解剖学、生理学及卫生学的基础上，并沿着科学化的方向发展。瑞典注重在各级学校推广体操运动。瑞典体操在近代世界体育运动发展史上占有重要地位，为体操的发展奠定了基础。

体操运动发展到现代奥林匹克时期，终于展露出现代体操的雏形。1896年首届奥运会即设有男子体操比赛。1903年，第一届世界体操锦标赛在比利时举行，参加的国家只有4个（比利时、法国、卢森堡和荷兰）。当时的运动员不但要参加单杠、双杠、吊环等项目的比赛，还要进行游泳、赛跑、跳远、跳高等项目的较量。另外，还有一些非正式的比赛，如爬绳和类似于艺术体操的棒操。比赛的场地不是在体育馆内，而是在田径场地，器械项目都安排在跑道内的空场地上进行，当时的体操比赛更像是考查运动员的综合能力，但与现代体操的全能比赛毫无关系。在1905年第二届世界体操锦标赛上，爬绳等项目仍然保留，而现代体操不可缺少的吊环项目却被取消了。1909年，吊环重新被列为比赛项目。体操世界锦标赛中的游泳项目直到1922年才被取消。1946年，国际体联技术委员会的Pierre Hentges（卢森堡）和Claude Lapalu（法国）提出由包括裁判长在内的5人裁判组及有效分概念的提案，并于1949年正式出版了第一部国际体操比赛的评分规则。现代竞技体操的发展大体上可以分为以下几个阶段：

20世纪50年代以前，是现代竞技体操形成和起步阶段。比赛项目较多，内容不固定，技术水平较低、不够普及。体操运动开展得较好的国家有捷克、法国、意大利等。

20世纪50年代，竞技体操内容得以固定，竞赛规则逐渐完善，难度动作被合理分类，促进了体操技术的发展。在第十五届奥运会上，苏联队以高质量和优美熟练的成套动作，夺得男女团体冠军，竞技体操开始步入苏联时代。

1960年，在第十七届奥运会上，日本男子体操队以高质量的规定动作和高难创新动作，战胜苏联队，并从此称雄世界体坛18年。

1968年，国际男子竞技体操评分规则增加了在决赛中采用“熟练性、惊险性、独特性”的三性加分因素，这为竞技体操技术的发展注入了新的活力。

20世纪70年代是竞技体操技术新的发展时期。以日本著名运动员冢原光男首创的单杠“旋”空翻下为先导，以美国运动员托马斯完成的鞍马“分腿波浪式全旋”为推动，世界体操进入了全面创新阶段。1976年，罗马尼亚14岁的科马内齐传奇般地在比赛中获得7次满分，一举夺得第二十一届奥运会女子体操比赛全能、高低杠、平衡木3项冠军，开创了女子体操年轻化的新纪元，运动员的“早期专项化”训练新理念也随之得到世界各国的普遍重视，使得新、难动作不断涌现，成套动作的技术规格、质量和编排达到了较高水平。

20世纪80年代，国际体联对团体比赛的形式、个人全能和个人单项决赛的记分方法做了修改，并在规则难度表中增加了D组难度动作，使得拥有高难动作成为运动员取胜的法宝，高难创新动作层出不穷。在1981年、1983年的第二十一届、第二十二届世界体操锦标赛上，苏联体操队19岁的科罗廖夫和17岁的比洛泽尔采夫先后获得男子全能冠军，为男子运动员的年轻化开辟了新路。女运动员在保持女性技术特点的基础上，技术动作出现了男性化趋势。

20世纪90年代，国际竞技体操规则取消了规定动作，先后增加了E组和SE组难度动作，使得成套动作难度越来越大。1997—2000年，国际竞技体操规则实行难度裁判组和完成情况裁判组共同评定成套动作的规定，力求公平、公正、准确地对运动员的动作进行评价。随着竞技体操比赛的复杂化、体操运动员的年轻化、体操训练的科学化以及规则的不断变化，竞技体操运动出现了突破性进展。

进入21世纪，国际竞技体操评分规则经过多次修订，男、女运动员的动作分别发展至G组和H组；团体赛先后采用6–3–3制、5–3–3制，使得团体夺冠变得更加扑朔迷离。团体冠军的争夺已经由2～3个国家或地区间的竞争发展为5～6个国家或地区间的竞争，呈现出群雄并起的局面，单项冠军的争夺也由原来的几个国家或地区发展到十几个国家或地区，由几个国家或地区垄断国际竞技体操比赛金牌的局面已经不复存在了。

## 三、竞技体操赛事简介

### （一）国内竞技体操比赛简介

#### 1. 中华人民共和国全国运动会竞技体操比赛

中华人民共和国全国运动会（以下简称全运会）是我国国内水平最高、规模最大的综合性运动会。全运会每4年举办一次，一般在奥运会结束后一年举行。首届全运会于1959年9月13日至1959年10月3日在北京举行。截至2021年，全运会共举办14届。在14届全运会中，竞技体操均被设为比赛项目。

#### 2. 全国体操锦标赛

全国体操锦标赛始于1957年，是全国性的重要竞技体操赛事。除了“三年困难时期”和“文化大革命”期间中断9次外，全国体操锦标赛一般每年举办一次。

### （二）国际竞技体操大型赛事简介

#### 1. 奥运会体操比赛

1896年，在希腊举行的第一届奥运会上，举办了首届奥运会体操比赛，以后每隔4年举行一届。由于第一次世界大战和第二次世界大战的原因，第六、第十二、第十三届（1916年、1940年、1944年）奥运会体操比赛未能举办，至今已经举办29届。早期的奥运会体操比赛，除了双杠、单杠、鞍马、吊环等器械体操项目外，还有跳高、跳远、铅球、100米跑、撑竿跳高、爬绳、拔河等项目。1928年，奥运会增设了女子体操比赛。在第十一、第十五届（1936年、1952年）奥运会上，分别确定了男子竞技体操比赛项目为6项、女子竞技体操比赛项目为4项，并一直沿用至今。历届奥运会体操比赛时间、地点见表1-5-1。

表1-5-1　历届奥运会体操比赛时间、地点

| 届次 | 时间/年 | 地点 | 届次 | 时间/年 | 地点 |
|---|---|---|---|---|---|
| 一 | 1896 | 希腊雅典 | 十 | 1932 | 美国洛杉矶 |
| 二 | 1900 | 法国巴黎 | 十一 | 1936 | 德国柏林 |
| 三 | 1904 | 美国圣路易斯 | 十二 | 1940 | 日本东京（停办） |
| 四 | 1908 | 英国伦敦 | 十三 | 1944 | 英国伦敦（停办） |
| 五 | 1912 | 瑞典斯德哥尔摩 | 十四 | 1948 | 英国伦敦 |
| 六 | 1916 | 德国柏林（停办） | 十五 | 1952 | 芬兰赫尔辛基 |
| 七 | 1920 | 比利时安特卫普 | 十六 | 1956 | 澳大利亚墨尔本 |
| 八 | 1924 | 法国巴黎 | 十七 | 1960 | 意大利罗马 |
| 九 | 1928 | 荷兰阿姆斯特丹 | 十八 | 1964 | 日本东京 |

续表

| 届次 | 时间/年 | 地点 | 届次 | 时间/年 | 地点 |
|---|---|---|---|---|---|
| 十九 | 1968 | 墨西哥墨西哥城 | 二十六 | 1996 | 美国亚特兰大 |
| 二十 | 1972 | 联邦德国慕尼黑 | 二十七 | 2000 | 澳大利亚悉尼 |
| 二十一 | 1976 | 加拿大蒙特利尔 | 二十八 | 2004 | 希腊雅典 |
| 二十二 | 1980 | 苏联莫斯科 | 二十九 | 2008 | 中国北京 |
| 二十三 | 1984 | 美国洛杉矶 | 三十 | 2012 | 英国伦敦 |
| 二十四 | 1988 | 韩国汉城（今首尔） | 三十一 | 2016 | 巴西里约热内卢 |
| 二十五 | 1992 | 西班牙巴塞罗那 | 三十二 | 2021 | 日本东京 |

### 2. 世界体操锦标赛

世界体操锦标赛是国际体联组织的规模最大的世界性体操比赛。首届世界体操锦标赛于1903年举行，最开始每两年举行一次，从1922年的第七届起，改为每4年举行一次，由于第一次世界大战和第二次世界大战的原因，其间中断过两届。1978年第十九届世界体操锦标赛后，又改为每两年举行一次。为了保证世界体操锦标赛与奥运会不在同一年进行，时隔一年，1979年举行了第二十届世界体操锦标赛。1992年，国际体联将世界体操锦标赛改设团体赛和单项赛两种形式。我国分别于1999年在天津和2014年在广西南宁举办了世界体操锦标赛。历届世界体操锦标赛时间、地点见表1–5–2。



**表1–5–2　历届世界体操锦标赛时间、地点**

| 届次 | 时间/年 | 地点 | 届次 | 时间/年 | 地点 |
|---|---|---|---|---|---|
| 一 | 1903 | 比利时安特卫普 | 十七 | 1970 | 南斯拉夫卢布尔雅娜 |
| 二 | 1905 | 法国波尔多 | 十八 | 1974 | 保加利亚瓦尔纳 |
| 三 | 1907 | 捷克斯洛伐克可布拉格 | 十九 | 1978 | 法国斯特拉斯堡 |
| 四 | 1909 | 意大利都灵 | 二十 | 1979 | 美国沃斯堡 |
| 五 | 1911 | 卢森堡卢森堡城 | 二十一 | 1981 | 苏联莫斯科 |
| 六 | 1913 | 法国巴黎 | 二十二 | 1983 | 匈牙利布达佩斯 |
| 七 | 1922 | 南斯拉夫卢布尔雅娜 | 二十三 | 1985 | 加拿大蒙特利尔 |
| 八 | 1926 | 法国里昂 | 二十四 | 1987 | 荷兰鹿特丹 |
| 九 | 1930 | 卢森堡卢森堡城 | 二十五 | 1989 | 联邦德国斯图加特 |
| 十 | 1934 | 匈牙利布达佩斯 | 二十六 | 1991 | 美国印第安纳波利斯 |
| 十一 | 1938 | 捷克斯洛伐克布拉格 | 二十七 | 1992 | 法国巴黎 |
| 十二 | 1950 | 瑞士巴塞尔 | 二十八 | 1993 | 英国伯明翰 |
| 十三 | 1954 | 意大利罗马 | 二十九 | 1994 | 澳大利亚布里斯班 |
| 十四 | 1958 | 苏联莫斯科 | 三十 | 1994 | 德国多特蒙德 |
| 十五 | 1962 | 捷克斯洛伐克布拉格 | 三十一 | 1995 | 日本鲭江 |
| 十六 | 1966 | 联邦德国多特蒙德 | 三十二 | 1996 | 波多黎各自由邦圣胡安 |

续表

| 届次 | 时间/年 | 地点 | 届次 | 时间/年 | 地点 |
|---|---|---|---|---|---|
| 三十三 | 1997 | 瑞士洛桑 | 四十三 | 2011 | 日本东京 |
| 三十四 | 1999 | 中国天津 | 四十四 | 2013 | 比利时安特卫普 |
| 三十五 | 2001 | 比利时根特 | 四十五 | 2014 | 中国南宁 |
| 三十六 | 2002 | 匈牙利德布勒森 | 四十六 | 2015 | 英国格拉斯哥 |
| 三十七 | 2003 | 美国阿纳海姆 | 四十七 | 2017 | 加拿大蒙特利尔 |
| 三十八 | 2005 | 澳大利亚墨尔本 | 四十八 | 2018 | 卡塔尔多哈 |
| 三十九 | 2006 | 丹麦奥胡斯 | 四十九 | 2019 | 德国斯图加特 |
| 四十 | 2007 | 德国斯图加特 | 五十 | 2021 | 日本北九州 |
| 四十一 | 2009 | 英国伦敦 | 五十一 | 2023 | 英国利物浦 |
| 四十二 | 2010 | 荷兰鹿特丹 | | | |

### 3. 世界杯体操赛

世界杯体操赛开始于1975年，到2008年为止，共举行了14届。世界杯体操赛对参赛运动员的资格做了规定，参赛选手必须是上一届世界体操锦标赛上获得全能前18名或各单项前6名的选手，且只进行自选动作的比赛。因此，世界杯体操赛是世界优秀体操运动员之间的比赛。至1991年，世界杯体操赛形式被更改，目前世界杯体操赛以国际体联分赛的形式出现，年终对男子6项、女子4项进行单项总积分排名。2008年5月，国际体联在南非开普敦的会议上决定，因没有国家承办新一届的比赛，从2009年1月开始暂停举办任何与世界杯体操赛有关的赛事。历届世界杯体操赛时间、地点见表1–5–3。

**表1–5–3　历届世界杯体操赛时间、地点**

| 届次 | 时间/年 | 地点 | 届次 | 时间/年 | 地点 |
|---|---|---|---|---|---|
| 一 | 1975 | 英国伦敦 | 八 | 1990 | 比利时布鲁塞尔 |
| 二 | 1977 | 西班牙奥维耶多 | 九 | 1998 | 日本鲭江 |
| 三 | 1978 | 巴西圣保罗 | 十 | 2000 | 英国格拉斯哥 |
| 四 | 1979 | 日本东京 | 十一 | 2002 | 德国斯图加特 |
| 五 | 1980 | 加拿大多伦多 | 十二 | 2004 | 英国伯明翰 |
| 六 | 1982 | 克罗地亚萨格勒布 | 十三 | 2006 | 巴西圣保罗 |
| 七 | 1986 | 中国北京 | 十四 | 2008 | 西班牙马德里 |

## （三）国际大众健身体操活动

与世界性的竞技体操蓬勃开展相比，国际大众健身体操活动的开展相对较晚。世界大众体操节是当今世界最典型的大众体操活动。

大众体操源于欧洲，属于非竞技体操。1949年，在国际体操联合会的全体会议上，荷兰代表提出建议：希望国际体操联合会组织世界大众体操节的活动。这一建议于1950年被国际体联全体代表大会通过，并将活动取名为Gymnaestrada（译为团体操，人们通常称之为大众体操节或体操大会演）。此后，大众体操被纳入国际体联官方活动的议事日程，每4年举行一次活动。首届世界大众体操节于1953年在荷兰的鹿特丹举行。在第十三届世界大众体操节上，中国香港首次派出40名表演成员参加3项室内表演和一项街头表演。

大众健身体操活动通常以集体表演的方式进行，它是集艺术体操、技巧、健美操、蹦床运动、杂技、舞蹈及各种文体活动形式于一体的综合性盛会。1984年，国际体联正式设立了大众体操技术委员会，这对大众体操活动的普及与推广起到了促进作用。

大众体操以健身、休闲娱乐为主要目的，旨在增进健康、提高身体素质。其内容丰富、形式多样，动作可易、可难、可简、可繁，不受年龄、性别、职业和水平的限制，是一项适合任何个体（包括伤残人士在内）的体操活动。

## 【复习思考题】

1. 怎样理解现代体操的概念？
2. 体操包括哪些内容？
3. 体操分为哪几类？
4. 通过本章的学习，简述体操的特点。
5. 国内外主要的竞技体操比赛有哪些？

# 第二章　体操术语

【学习目标】

1. 了解体操术语的概念、意义、创立原则和分类。
2. 掌握体操基本动作术语和器械体操术语的构成及记写方法。
3. 熟练并正确运用体操术语，提高体操教学训练的专业素养。

【章前导言】

本章主要阐述体操术语的概念、意义、创立原则和分类，介绍体操基本术语、体操动作术语及其实际运用等。通过本章的学习，学生会对体操术语有一个比较全面的认识，并学会正确、熟练地运用体操术语，做到理论与实践相结合，达到规范体操教学、训练和科研的目的，为体操的学习奠定基础。

## 第一节　体操术语概述



### 一、体操术语的概念

术语是指各领域、学科中的专门用语。体操术语是体操理论和技术等方面的专门用语。其文字简练，且含有特定的信息，是传播交流体操信息不可缺少的工具。

### 二、体操术语的意义

正确运用体操术语，不仅可以提高体操教学与训练的效果，而且对开展竞赛、促进体操运动的普及与提高、促进体操的科学研究和理论发展都具有重要的意义。

### 三、创立体操术语的原则

体操术语来源于体操运动实践，又服务于体操运动实践。因此，在创立体操术语时必须遵循以下原则。

#### （一）简练性

简练性指形成概念或动作名称的词语应简短。简练性是术语最本质的特征。

### （二）准确性

准确性指术语的用词力求准确，能明确地反映动作及动作过程。

### （三）易懂性

易懂性指术语要通俗易懂，便于理解，便于记录，易为人们所接受。

### （四）组合性

组合性指术语要能按规定的形式和顺序进行组合，成为各种动作名称。

### （五）适用性

适用性指所用的概念和动作名称既要符合我国当前的习惯，又要与国际用语相适应，以利于新术语的推广应用和国内外的交流。

## 四、体操术语的分类

体操术语分为学名术语、简称术语、命名术语和俗称术语4种类型。

### （一）学名术语

学名术语也叫完整术语，是一种规范化、全国统一的体操动作名称术语表述方法。其构成包括开始姿势、动作部位、身体形态、动作方向、动作做法、动作数量、动作关系和结束姿势等要素，如低杠前正立，一腿蹬地、一腿前摆，翻上成支撑。其优点是动作名称表述完整、准确，多用于公开发行的图书、正式文件的文字描述中。



### （二）简称术语

简称术语是把一个表述内容较长的学名术语进行简化，提取其中某个或某些能表示该动作显著特征的字或词，使之表述短小精悍。例如，用“后团”代替“团身后空翻”，成套动作中的第一个和最后一个动作，可简称为“上法”“下法”。其优点是表达方法与动作联系紧密，简明扼要，便于表述。

### （三）命名术语

命名术语是指国际体联依照动作形式和创造该动作并在世界体操大赛中率先使用的国家、地区或运动员的姓名命名的一类术语，如技巧的“阿拉伯空翻”（侧空翻）、跳马的“程菲跳”（踺子后手翻转体180°接前直空翻540°）、单杠的“特卡切夫”（向后分腿腾越）、鞍马的“托马斯”全旋（分腿全旋）等。其优点是表述简练，便于交流，具有特殊的意义和鼓励作用。（表2-1-1、表2-1-2）

表2-1-1 国名、地名命名术语与学名术语对照表

| 项目 | 国名、地名 | 命名术语 | 学名术语 |
|---|---|---|---|
| 自由体操 | 日本 | 日本倒立 | 宽臂倒立 |
| | 阿拉伯 | 阿拉伯空翻 | 侧空翻 |
| 鞍马 | 俄罗斯 | 俄式转体 | 身体以两手为支点做大于360° 的绕旋动作 |
| | 瑞士 | 双腿瑞士人 | 环上正撑转体180° |

表2-1-2 中国运动员姓名命名术语与学名术语对照表

| 项目 | 运动员姓名 | 命名术语 | 学名术语 |
|---|---|---|---|
| 自由体操 | 童非 | 童非转体 | 旋子转体360° |
| | 李月久 | 月久空翻 | 分腿侧空翻一周半同时转体90° 前滚翻 |
| | 楼云 | 楼云空翻 | 分腿侧空翻两周转体270° |
| 鞍马 | 童非 | 童非移位 | 马端正撑全旋隔两环挺身转体180° 成另一马端正撑 |
| | 吴国年 | 吴国年转体 | 俄式转体720° 同时移三位 |
| | 李宁 | 李宁交叉 | 正交叉转体90° 经单环起倒立落下成骑撑 |
| 吊环 | 李宁 | 李宁摆上 | 后悬垂前摆上成支撑 |
| | 李宁 | 李宁正吊 | 支撑后翻经后悬垂前摆上成支撑 |
| | 李小双 | 李小双十字 | 从支撑开始慢落下成悬垂直臂压上成十字2秒 |
| 单杠 | 邹利敏 | 邹利敏空翻 | 向前大回环转体360° 成单臂扭臂握前翻转体360° 成反握 |
| | 肖瑞智 | 肖空翻 | 前摆分腿前空翻成反握前翻 |
| 双杠 | 李小鹏 | 李小鹏挂 | 挂臂前摆屈体后空翻两周成挂臂 |
| | 李宁 | 李宁大回环 | 双杠大回环转体180° 成支撑 |
| 跳马 | 楼云 | 楼云跳 | 前手翻直体前空翻转体540° 或直体奎尔沃转体360° |
| | 卢裕富 | 卢裕富跳 | 冢原屈体后空翻两周 |
| | 李小鹏 | 李小鹏跳 | 踺子后手翻转体180° 直体前空翻转体900° |
| | 王惠莹 | 王惠莹转体 | 前手翻直体前空翻转体180° |
| | 程菲 | 程菲跳 | 踺子后手翻转体180° 接前直空翻540° |
| 高低杠 | 马燕红 | 马燕红回环倒立 | 腾身回环倒立转体360° |
| | 莫慧兰 | 莫慧兰空翻 | 团身前空翻越杠再抓杠 |
| | 李莉 | 李莉腾越 | 正吊分腿后切越杠再抓杠 |
| | 罗莉 | 罗莉倒立 | 中穿前上成扭臂握倒立 |
| | 马燕红 | 马燕红下 | 腾身或腹回环，绷杠团身后空翻转体360° 下 |
| | 毕文静 | 毕文静转体 | 扭臂大回环转体360° 成单臂 |
| 平衡木 | 杨波 | 杨波跳 | 分腿结环跳 |
| | 李莉 | 李莉背转 | 背转450° |
| | 陆莉 | 陆莉跳 | 横木上一腿屈一腿直跳转90° 成交叉站木 |
| | 陈翠婷 | 陈翠婷下 | 团身后空翻分腿坐 |

### （四）俗称术语

俗称术语是早期流传下来，并已定型的、简短的通俗名称，是体操工作者从歌舞、戏剧、杂技中借用而来的，具有浓厚的民族传统性。其优点是简练、形象，多用于日常的体操训练以及杂技团武术的毯子功及技巧动作训练。（表2–1–3）

表2–1–3　俗称术语与学名术语对照表

| 项目 | 俗称术语 | 学名术语 |
|---|---|---|
| 技巧 | 顶 | 手倒立 |
| 技巧 | 头顶 | 头手倒立 |
| 技巧 | 踺子 | 侧手翻向内转体90° |
| 技巧 | 小翻 | 后手翻 |
| 技巧 | 窜猫 | 鱼跃前滚翻 |
| 技巧 | 虎跳 | 侧手翻向外转体90°  两脚依次落地跳起 |
| 技巧 | 垛子 | 侧手翻向内转体90°  跳起向外转体180° |
| 技巧 | 聂子 | 侧空翻 |
| 技巧 | 旋 | 空翻转体 |
| 技巧 | 旋子 | 跳起水平转体 |
| 技巧 | 回笼 | 后空翻接前空翻 |
| 平衡木 | 拉拉提 | 前后分腿挺身后空翻 |
| 平衡木 | 倒插虎 | 后手翻接胸滚 |
| 单杠 | 正掏 | 分腿支撑后回环经手倒立 |



# 第二节　体操基本术语

## 一、人体运动轴与器械轴

### （一）人体运动轴

人体运动轴如图2–2–1所示。

（1）纵轴（垂直轴）：通过身体重心上下的连线。人体绕纵轴可进行各种转体动作，如跳转360°。

（2）横轴（额/冠状轴）：通过身体重心左右的连线。人体绕横轴可进行各种前后翻的动作，如前后滚翻、单杠支撑前翻下。肩轴也是一种横轴，是指通过两肩的连线，人体绕肩轴可进行各种支撑摆动的动作，如双杠支撑摆动。

（3）前后轴（矢状轴）：通过身体重心前后的连线。人体绕前后轴可进行各种左右翻的动作，如侧手翻、侧空翻。

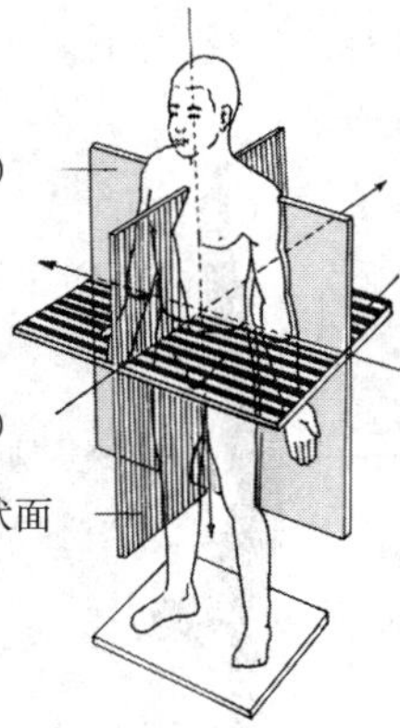


图2-2-1

### （二）器械轴

器械轴是指器械最长的工作部分两端的中心连线。例如，单杠的器械轴是沿杠的线（图2-2-2a），双杠和高低杠的器械轴是杠面两端的中心连线（图2-2-2b），平衡木、跳马的器械轴是指器械两端沿木面和马身之间的连线，吊环的器械轴是通过两握点假设的连线（图2-2-2c），等等。

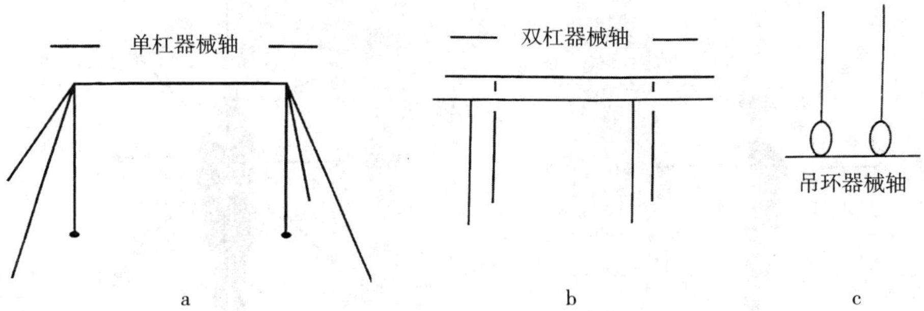


图2-2-2

## 二、动作方向术语

动作方向是指人体或人体某一部分肢体运动的指向。它的参照物前者是器械，后者是人体。确定动作方向的依据：①动作方向是相对于人体直立时的方位而定的；②上体方位改变后，动作方向是相对于直立时的方向来确定的。

### （一）基本方向

基本方向是指动作与人体基本平面平行或垂直的指向，分前、后、左、右、上、下6个基本方向。

（1）前、后：人体直立时胸对的方向为前，倒立时背对的方向为前（图2-2-3）；反之为后。

（2）左、右：人体左侧所对的方向为左，反之为右。
（3）上、下：头顶所对的方向为上，反之为下。

图2-2-3

## （二）中间方向

中间方向：两个互成90° 角的基本方向之间的方向，它与基本方向成45° 角，如前上、前下、侧上、侧下等。（图2-2-4）



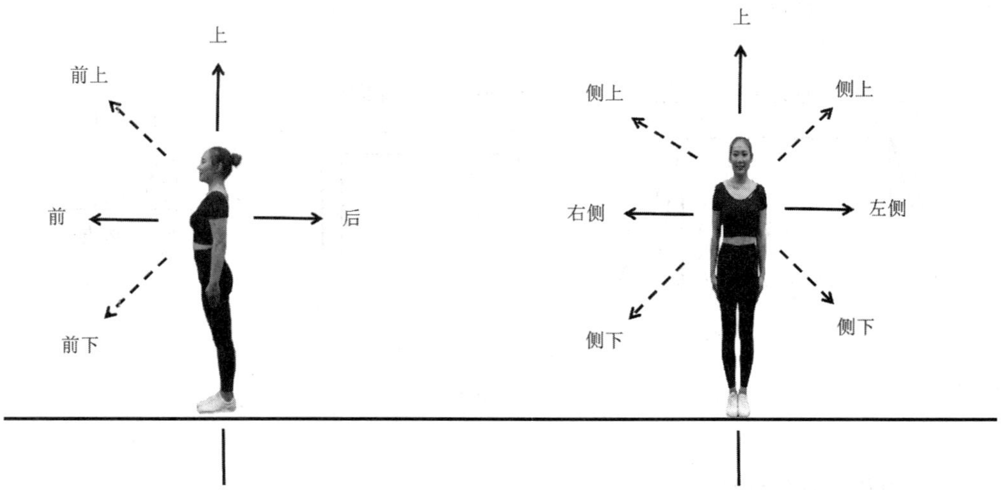


图2-2-4

## （三）斜方向

斜方向是指3个互成90° 角的基本方向之间的方向，如手臂前斜上举、前斜下举、后斜下举等。

## （四）其他方向

（1）向内、向外：上肢或下肢向人体正中线移动的方向为向内，反之为向外。肢体的起始位置不同，其运动轨迹也不同，如两臂上举向内绕环和两臂体侧向内绕环的运动轨迹不同。

（2）内转、外转：在器械上转体的过程中，先胸对器械侧面的为内转，反之为外转。

（3）同侧、异侧：动作开始的方向与做动作的上肢或下肢方向相同为同侧，如鞍马单腿同侧全旋，反之为异侧。

（4）俯、仰：身体正面朝向地面的为俯，如俯卧、俯撑；身体正面朝向天空的为仰，如仰卧、仰撑。

## 三、人体与器械关系术语

### （一）身体部位与器械关系术语

（1）前、后：胸向器械为前，背向器械为后；但身体倒置（倒立或倒悬垂）时则相反，背部所向为前，胸部所向为后。

（2）左、右：肩侧对器械的方向。左右不是固定的，是依照人的位置来确定的。当练习者做转体180°以后，原来的左就变成了右。

（3）正：肩轴与器械轴平行的姿势，如前正立（“前”字可省略）、后正立、左（右）正立、内正立。

（4）侧：肩轴与器械轴垂直的姿势，如前侧立（“前”字可省略）、后侧立、左（右）侧立、内侧立。

（5） 内、外：指人与双杠、高低杠之间的关系。例如，人处在两杠中间叫“杠内”，处在两杠外面叫“杠外”。

（6）近、远：指身体和器械的距离。例如，在与双杠成正立时，靠近身体的一杠为近杠，远离身体的一杠为远杠；支撑跳跃的纵器械，靠近起跳点的一端为近端，远离起跳点的一端为远端。

（7）纵、横、斜：器械轴与助跑方向一致时称为纵，如跳箱练习中的“纵箱分腿腾越”；器械轴与助跑方向垂直时称为横，如跳箱练习中的“横箱分腿腾越”；器械轴与助跑方向约成45°角时称为斜，如跳箱练习中的“斜进直角腾越”。

### （二）人体站位与器械关系术语

（1） 正立：人体横轴与器械轴平行的身体直立姿势。根据器械与人体位置不同，正立可分为左正立（图2-2-5a）、前正立（图2-2-5b）、后正立（图2-2-5c）、内正立（图2-2-5d）。

（2）侧立：人体横轴与器械轴垂直的身体直立姿势。根据器械与人体位置不同可分为后侧立（图2-2-6a）、内侧立（图2-2-6b）、右侧立（图2-2-6c）、前侧立（图2-2-6d）。

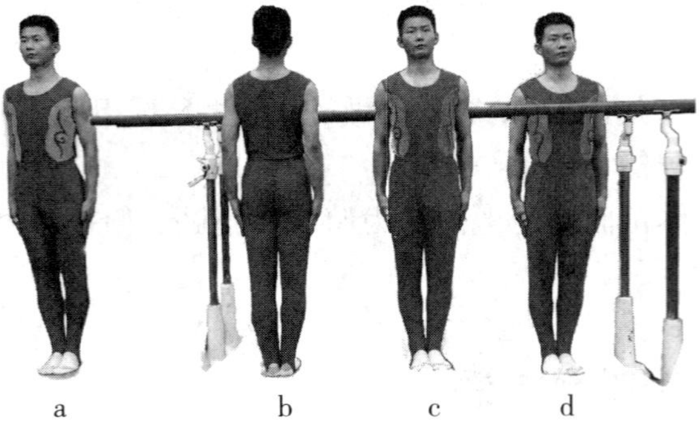

图2-2-5

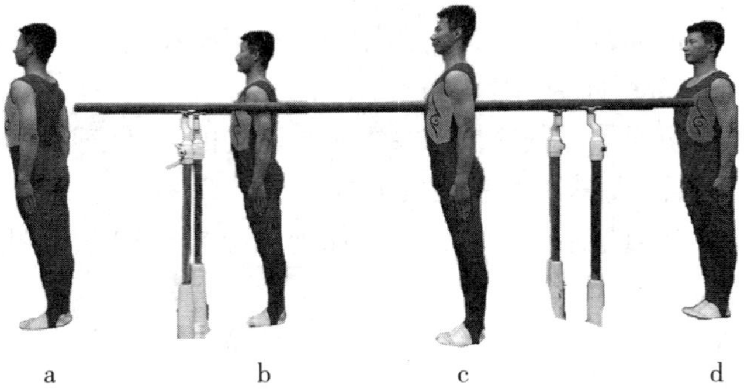

图2-2-6



## 四、身体形态术语

身体形态是指运动员在完成动作时身体所保持的一种外形姿势状态。以下是常用的身体形态术语。

（1）直体：完成静止动作时从肩至踝关节应当为一条直线，完成动力动作时整个身体可向前或向后轻微屈曲，如直体后空翻等。

（2）屈体：膝关节伸直，髋部弯曲90° 或更小的体态，如屈体后空翻等。

（3）团身：髋部和膝关节极度弯曲的体态，如团身后空翻等。

（4）屈腿：膝关节弯曲超过45° 的腿部形态，如跳马屈腿腾越等。

（5）挺身：展胸、伸直髋的身体形态，如挺身跳下等。

（6）分腿：两腿分开大于肩宽的身体姿势，如鞍马分腿全旋等。

（7）直角：直腿，髋关节弯曲90° ，如双杠直角支撑等。

## 五、动作关系术语

动作关系术语是指表达动作之间在时间或空间上相互联系的术语。以下是常用的动作关系术语。

（1）由：指动作开始的方位，如两臂由上举向内绕至侧举。

（2）经：指做动作过程中必须强调要经过的位置，一般用于身体某部位的动作路线较长或改变运动方向，如两臂经前至侧上举、后滚翻经倒立成蹲撑等。

（3）至：用以指明动作必须到达的某一特定方位，一般用于上肢动作路线较长的结束姿势，如两臂经侧至上举。

（4）成：用以指明动作应完成的结束姿势，一般用于下肢动作和器械体操的结束姿势，如左腿向侧一步成开立、单杠跳上成支撑等。

（5）接：用以强调两个单独动作之间的连续完成，如倒立前滚翻接劈叉、前滚翻接挺身跳等。

（6）同时：用以强调身体不同部位的动作要在同一时间内完成，如左脚侧出一步同时两臂侧平举、单杠骑撑后腿向前摆越同时转体180° 成支撑、团身后空翻同时转体360° 等。

（7）依次：用以强调肢体或个体相继做同样性质的动作，如鞍马单腿依次摆越成后撑。

# 第三节　体操动作术语

## 一、体操常用基本动作做法术语

基本动作做法术语是体操项目中最常见的身体动作及姿势用语。它不但广泛用于徒手体操和轻器械体操，还用于器械体操项目。

（1）立：身体某个部位支撑地面，支撑点以上身体各部位保持伸直向上的姿势，如直立（图2-3-1a）、开立（图2-3-1b）、提踵立（图2-3-1c）、点地立（图2-3-1d）、跪立（图2-3-1e）等。

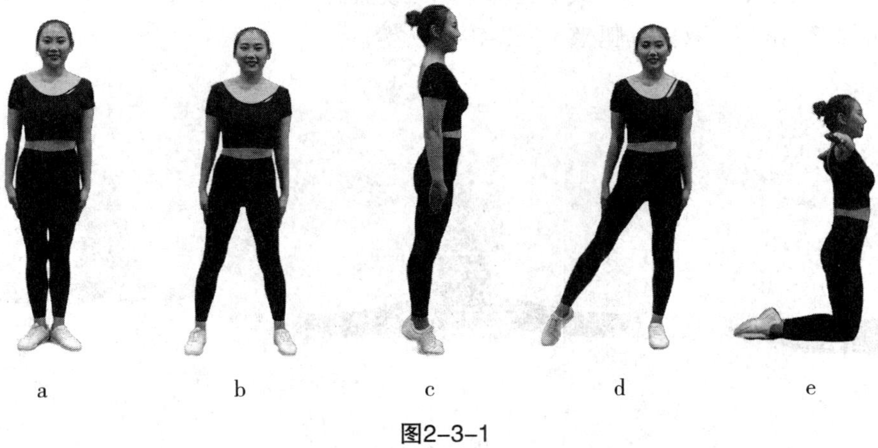

a　b　c　d　e

图2-3-1

（2）蹲：屈膝站立的姿势，如半蹲指大腿与小腿夹角约为90°，全蹲指大腿与小腿夹角小于45°。

（3）跪：以膝和小腿前侧着地的姿势，如跪立（图2-3-2a）、跪坐（图2-3-2b）等。

a　　b

图2-3-2

（4）弓步：两腿分开一大步，一条腿屈膝，另一条腿伸直的姿势，如前弓步（图2-3-3a）、侧弓步（图2-3-3b）、后弓步（图2-3-3c）等。

a　　b　　c

图2-3-3

（5）坐：屈髋，以臀部和（或）腿部着地（或器械）的姿势，如直角坐（图2-3-4a）、分腿坐（图2-3-4b）、双杠分腿坐（图2-3-4c）等。

a　　b　　c

图2-3-4

（6）卧：身体或上体躺在地上（器械上）的姿势，如俯卧（图2–3–5a）、仰卧（图2–3–5b）、侧卧（图2–3–5c）、直角仰卧等。

图2–3–5

（7）撑：手或身体其他部分支撑在地上的姿势，如俯撑（图2–3–6a）、仰撑（图2–3–6b）、侧撑（图2–3–6c）、蹲撑（图2–3–6d）、跪撑（图2–3–6e）、坐撑（图2–3–6f）、分腿屈体立撑（图2–3–6g）等。

图2–3–6

（8）倾：上体伸直，偏离垂直面又不失去平衡的姿势，如上体前倾等。

（9）倒：身体直立，肩部由高向低做弧形运动，如前倒成俯撑等。

（10）举：四肢移动范围不超过180° 保持在身体某一方位上的姿势，如两臂前举（图2–3–7a）、两臂上举（图2–3–7b）、两臂侧举（图2–3–7c）、两臂侧上举（图2–3–7d）、两臂侧下举（图2–3–7e）、两臂前上举（图2–3–7f）、两臂前下举（图2–3–7g）、两臂前斜上举（图2–3–7h）、两臂前斜下举（图2–3–7i）、两臂后斜下举（图2–3–7j）；腿前举（图2–3–7k）、腿侧举（图2–3–7l）、腿后举等（图2–3–7m）。

图2-3-7

（11） 振：臂或躯干做快速有力的弹性往返动作，如两臂上举后振、两臂侧举后振、两臂胸前平屈后振等。

（12）屈：弯曲或缩小身体关节角度的动作，如屈臂、屈膝、体前屈、体侧屈等。

臂胸前屈：臂胸前上屈（图2-3-8a）、臂胸前平屈（图2-3-8b）、臂胸前平屈（前臂重叠）（图2-3-8c）、臂胸前屈交叉（图2-3-8d）等。

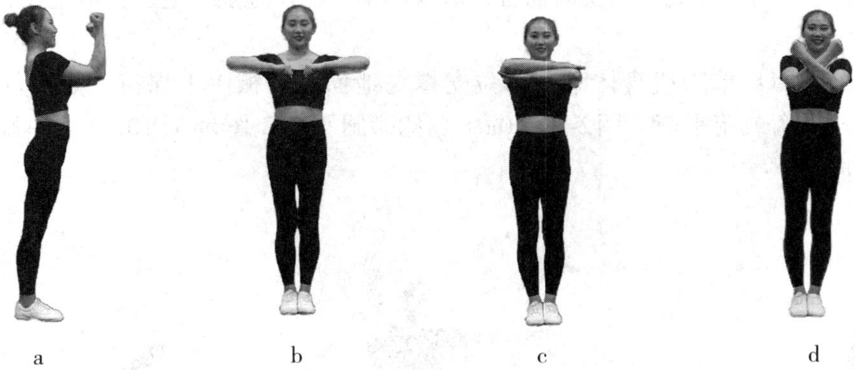

图2-3-8

臂肩侧屈：肩侧上屈（图2-3-9a）、肩侧屈（手指触肩）（图2-3-9b）、肩侧下屈（图2-3-9c）等。

图2-3-9

（13）伸：身体关节伸直或扩展的动作，如两臂前伸。

（14）摆：臂或腿在一平面内，自然地由某一部位较匀速地运动到另一部位的动作，如右腿前摆转体成俯平衡等。

（15）出：一只脚向某一方向迈出一步的动作，如左脚侧出一步成开立等。

（16）踢：一条腿站立，另一条腿由低向高做加速有力的摆动动作，如前踢等。

（17）绕：身体某部位以相邻关节为轴做大于180°、小于360°的弧形动作，如两臂向内绕至侧上举等。

（18）绕环：身体某部位以相邻关节为轴做大于、等于360°的圆形动作，如两臂侧举向上绕环至侧举、两臂体侧向前绕环至前举等。

（19）跳：脚或身体其他部位快速用力，使身体腾空的动作，如分腿跳、击足跳、跪跳起等。

（20）波浪：身体或身体某一部分邻近的关节按顺序做柔和屈伸的动作，如臂侧举波浪等。

（21）转：身体做纵轴转动的动作，如向左转头。

（22）压：为拉长关节的肌肉韧带，对身体某一部位施加一定压力的动作，如弓步压腿、压肩。

（23）平衡：单脚或身体某一部位支撑在地面（器械）上保持一定时间的静止姿势，如燕式平衡或俯平衡（图2-3-10a）、侧搬腿平衡（图2-3-10b）、单腿跪撑平衡（图2-3-10c）等。

a　　b　　c

图2-3-10

（24）劈腿：两腿分开成直线着地（器械）的姿势，如纵劈腿（图2-3-11a）、横劈腿（图2-3-11b）、半劈腿（图2-3-11c）等。

a　　b　　c

图2-3-11

（25）桥：身体尽量后屈成弓形，手（前臂）与脚（小腿）同时撑在地（器械）上的姿势，如分腿桥（图2-3-12）、前臂桥、跪桥等。

图2-3-12

## 二、握器械的方法术语

（1）正握：两手虎口向内或向前握器械。（图2–3–13）

（2）反握：两手虎口向外握器械。（图2–3–14）

图2–3–13

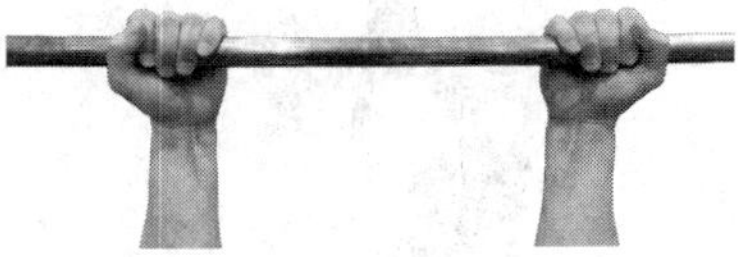

图2–3–14

（3）正反握：一手正握器械，另一手反握器械。（图2–3–15）

（4）交叉握：两臂交叉握器械。交叉时应说明交叉正握还是交叉反握，同时说明哪一臂在上。（图2–3–16）

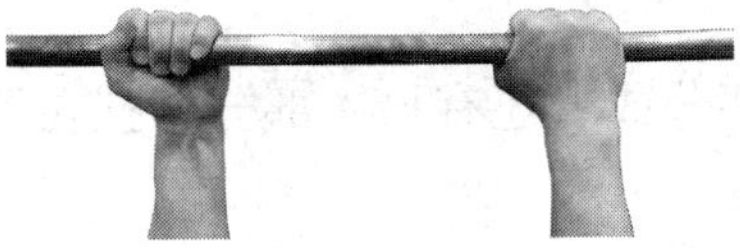

图2–3–15

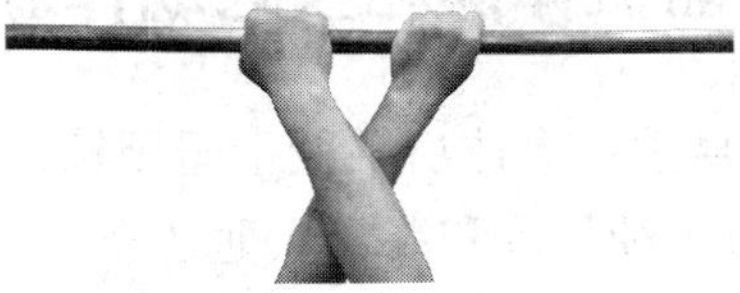

图2–3–16

（5）合握（全握）：拇指与其余四指并拢握器械的方法，通常在高低杠和双杠上使用。

（6）内握（从内握）：两手掌心向外，从双杠内侧握杠。（图2–3–17）

（7）外握（从外握）：两手掌心向内，从双杠外侧握杠。（图2–3–18）

（8）宽握：两手距离明显大于肩宽的握法。

（9）窄握：两手距离小于肩宽的握法。

图2–3–17

图2–3–18

（10）深握：屈腕，用靠近腕关节的掌根部握器械的方法，通常在吊环（图2-3-19）和双杠上使用。

（11）扭臂握（翻握）：前臂旋内，两手虎口向外握器械。（图2-3-20）

（12）反扭握：一手反握器械，另一手扭臂握器械。

图2-3-19

图2-3-20

## 三、器械体操和技巧动作做法术语

（1）悬垂：人体肩轴低于器械轴，身体一部分或者还有另一部分悬挂在器械上的姿势。悬垂有单纯悬垂和混合悬垂之分。

①单纯悬垂：身体的一部分悬挂在器械上的姿势，如单杠悬垂（图2-3-21）、挂膝悬垂等。

②混合悬垂：身体的一部分悬挂在器械上，另一部分附加在地面（器械）上的姿势，如单杠右挂膝悬垂（图2-3-22）等。

图2-3-21

图2-3-22

（2）支撑：人体肩轴高于器械轴，手、臂或身体其他部分撑在器械上的姿势。支撑分为单纯支撑和混合支撑。

①单纯支撑：只用手或身体某些部位撑在器械上的姿势，如双杠支撑、直角支撑、吊环十字支撑等。

②混合支撑：用手和身体其他部分同时撑在器械上的姿势，如双杠挂臂分腿俯撑、单杠支撑（图2-3-23a）、双杠分腿坐撑（图2-3-23b）等。

a　　　　　　　　b

图2-3-23

（3）摆动：在悬垂或支撑中以握点或肩关节为轴，身体做向前、向后或左右钟摆形运动，如单杠悬垂摆动、双杠支撑摆动等。

（4）回环：身体绕器械轴或握点连线做转动一周或一周以上的动作，如单杠骑撑前回环、支撑后回环等动作。

（5）转体：人体绕身体纵轴转动的动作。转体的多少通常以度数表示，如单杠骑撑单腿摆越同时转体180° 成支撑。

（6）转肩：身体部位围绕肩关节做向前或向后的旋转动作，如吊环的摆动前转肩。

（7）弧形上（下）：在摆动动作中，主要依靠髋关节的屈伸使身体重心从较低（高）位置沿着抛物线轨迹运动升（降）至较高（低）位置的动作，如双杠的支撑弧形上、单杠支撑弧形下等动作。

（8）屈伸上：髋关节由屈迅速变伸，并从较低位置运动到较高位置的一种摆动动作形式，如双杠的挂臂屈伸上等。

（9）摆越：单腿或双腿越过器械的动作，如单杠单腿向前摆越成骑撑等。

（10）腾越：整个身体腾起后从器械上越过的动作，如跳马分腿腾越等。

（11）上：人体在器械较低位置升至较高位置或从地面升至器械上的动作，如单杠的翻上、屈伸上等。

（12）下：在器械上由较高位置降至较低位置或至地面的动作，如双杠支撑后摆下、平衡木挺身跳下等。

（13）上法：整套动作中的第一个动作。

（14）下法：整套动作中的最后一个动作。

（15） 倒下：肩部自上而下做弧形动作，使练习者由支撑转为悬垂或由较高的支撑转为较低的支撑，如双杠支撑后倒成挂臂撑、站立前倒成俯撑等。

（16）落下：肩部自上而下做垂直动作，使练习者由支撑转为悬垂，也可由较高的支撑转为较低的支撑或由较高的悬垂转为较低的悬垂，如双杠手倒立慢落下成肩倒立。

（17）翻上（下）：身体绕器械轴或握点连线由低向高（高向低）做向前、向后、向侧并经过头部的翻转动作，通常这种翻转动作不足一周，如单杠蹬地翻上、吊环支撑前翻下成屈体悬垂等。

（18）摆下（上）：人体在摆动过程中完成由较高（低）位置降（升）至较低（高）位置或至地面的动作，如双杠支撑前摆下、挂臂前摆上等。

（19）交叉：两腿在器械上同时做方向相反的摆越动作，如鞍马正交叉等。

（20）全旋：单腿或双腿做一周或一周以上的绕旋式动作，如鞍马单腿同（异）侧全旋、分腿全旋等。

（21）滚翻：身体的某些部位依次支撑地面（器械）并经过头部的滚动翻转动作，如技巧团身前滚翻、双杠挺身后滚翻等。

（22）手翻：用手或头手推撑地面（器械）并经头部翻转的动作，如技巧头手翻、跳马前手翻等。

（23）空翻：在腾空中，经过头部翻转的动作，如技巧团身后空翻、单杠直体后空翻下等。

（24）空翻转体（旋）：在完成空翻的同时做转体动作，通常包括一周同时转体、两周同时转体或三周同时转体等，如团身后空翻两周同时转体360°（后旋）等。

## 四、体操动作要领术语



体操动作要领术语是指在描述完成动作过程中控制身体各部位活动的专门用语，其通常是由动词加入身体部位名称所组成的。它广泛用于平时体操教学与训练指导以及教科书动作要领的表述。以下是常见的体操动作要领术语。

（1）绷脚面：指足背屈动作，是体操练习的基本形态要求。

（2）梗头：指在动作完成过程中头颈部紧张固定，下颌内收，使头部保持正直位置的头部动作，如支撑后回环的梗头技术。

（3）低头：指头部以寰枕关节为轴做前屈的动作。在做团身等动作时，往往要求低头。

（4）含胸：指肩胛骨前伸，胸廓内收后背拱起的动作，如前滚翻的低头含胸技术。

（5）抬头：指头部以寰枕关节为轴做后屈的动作，在做挺身、身体后屈等动作时，往往采用抬头技术。

（6）挺胸：指肩背肌群收缩、胸廓扩展，防止身体前翻，或使动作更具美感的技术，如燕式平衡的抬头挺胸技术。

（7）顶肩：指在手支撑及推离地面（器械）时，做肩胛骨外展或向上回旋的动作，用以提高支撑位置及加大推撑力量的技术，如跳马顶肩推手技术。

（8）推手：指在支撑过程中伸前臂肌群及屈臂肌群的短发性收缩，配以顶肩做推离支点的技术，如技巧前手翻和跳马的推手技术。

（9）跟肩：指上体前跟，肩部向前加速移动的技术，如单杠骑撑前回环后半部分动作上体前屈的跟肩技术。

（10）提肩：指两臂上摆的同时做肩胛骨的上提，用于起跳腾起的过程。

（11）沉肩：指悬垂或支撑下摆至近垂直位时，放松肩带肌肉，使人体充分拉长，迅速下降的动作过程。

（12）倒肩：指以支撑点为轴，肩部积极向后、向前、向侧移动的动作，如单杠支撑后回环的倒肩技术。

（13）冲肩：指在支撑时，肩关节前移超过支撑垂直面的动作。

（14）拎臂：指在做翻转或起跳时手臂的提、摆动作。

（15）立腰：指通过腰腹部肌肉紧张收缩，腰椎充分伸直，立上体做短暂固定的紧腰技术。

（16）屈髋：指加速缩小髋角的动作过程。

（17）伸髋：指加速增大髋角的动作过程，如肩肘倒立的伸髋技术。

（18）送髋：指在下肢加速前摆运动过程中，骨盆后倾，使髋部向上远离支点的技术，主要用于加大动作摆幅，如双杠挂臂屈伸上成分腿坐的送髋技术。

（19）提臀：指髋关节前屈使臀部由较低位置升至较高位置，如技巧直臂屈体慢起手倒立动作。

（20）翻臀：指腹肌和髂腰肌近端固定收缩，形成骨盆后倾，使臀部随髋的弯曲做向前上翻的动作。

（21）兜腿：指在悬垂或支撑后摆过垂直面后，两腿带髋、翻臀向前上加速的动作过程。

（22）撩腿：指在悬垂或支撑后摆过垂直面后，相对固定髋位（留髋），两腿向后上做速摆的动作过程。撩腿用于加大后摆速度。

（23）制动腿：指腿加速运动后做突然的减速或改变腿的运动方向。

（24）扣腕：指在完成悬垂动作中做的手腕前屈动作，用以调节握器械的深度。

（25）翻腕：指正握悬垂前摆或反握悬垂后摆动作，在上肢支撑时做手腕的后伸。

（26）立腕：指在支撑时，前臂肌群共同紧张收缩，使腕部垂直固定于支点正上方的手的支撑形态。

## 第四节　体操术语的构成与运用

### 一、体操术语的构成要素

体操术语主要由开始姿势、动作部位、身体形态、动作方向、动作做法、动作数量、动作相互关系和结束姿势构成。通常每一个动作名称主要是由以上8类要素中的5~6个要素组合，在表述时这8类要素的先后顺序基本按照以上先后顺序排列。（表2-4-1）

表2-4-1　体操术语的构成要素组合举例

| 动作术语 | 构成要素 | | | | | | | |
|---|---|---|---|---|---|---|---|---|
| | 开始姿势 | 动作部位 | 身体形态 | 动作方向 | 动作做法 | 动作数量 | 动作相互关系 | 结束姿势 |
| 两臂后绕至前举 | 直立 | 两臂 | （直臂） | 后 | 绕 | — | 至 | 前举 |
| 左脚侧出 | 直立 | 左腿 | — | 侧 | 出 | （一步） | （成） | （开立） |
| 屈体后滚翻 | 直立 | — | 屈体 | 后 | 滚翻 | — | （成） | （直立） |
| 支撑单腿摆越成骑撑 | 支撑 | 单腿 | — | （前） | 摆越 | — | 成 | 骑撑 |
| 骑撑前回环 | 骑撑 | （单腿） | — | 前 | 回环 | — | （成） | （骑撑） |
| 支撑后回环 | 支撑 | — | （直体） | 后 | 回环 | — | （成） | （支撑） |
| 支撑后摆转体 | 支撑 | | | | | | | |
| 180° 成分腿坐 | 摆动 | — | — | 后 | 转体 | 180° | 成 | 分腿坐 |

注：“—”指该动作名称不包括此要素，“（　）”中的文字指可以省略。

### （一）开始姿势

开始姿势指做动作时最初的姿势位置（预备姿势），如站立、悬垂、蹲撑等。

### （二）动作部位

动作部位指参与运动的身体主要部位，如头部、躯干、上下肢等具体部位。

### （三）身体形态

身体形态指做动作时身体所保持的外形姿势状态，如团身、屈体、直腿、分腿、直臂等。

### （四）动作方向

动作方向指说明动作的方向和变化，如向前、向后、向上、向下、向左、向右等。

### （五）动作做法

动作做法指完成动作的方法，如摆动、回环、滚翻、手翻、空翻等。

### （六）动作数量

动作数量指在完成动作时身体翻转的周数或转体的度数或动作的次数，如后空翻两周转体360° 等。

### （七）动作相互关系

动作相互关系指表达动作之间在时间或空间上相互联系的术语，如由、经、至、成、接、同时、依次等。

### （八）结束姿势

结束姿势指完成动作后的最后位置或部位，如直立、半蹲、前举、支撑等。

## 二、体操动作的记写形式

体操动作的记写形式通常有文字、图解、录像及符号等。

### （一）文字

文字是记写形式中最为普遍的一种。它应用方便，记写方法有简有繁，有表述内容比较完整的“学名”法，也有表述相对简练的“简称”“命名”“俗称”表述法。由于文字表述不够形象直观，阅读起来比较费时费力，有时可能文字表述不够精确或不够规范而容易造成理解困难或错误。

### （二）图解

图解是指用画图或照片来表现动作内容。其表述形式直观形象，便于交流，但一般情况下受篇幅的限制，有些动作内容细节不能完全表示出来，所以通常会结合文字说明进行表达。

### （三）录像

录像是指通过摄影设备记录动作内容。这是一种比较先进的记写形式，能详尽记录所要记写的全部动作内容，不受语言文字限制，交流方便。

### （四）符号

符号是一种代替文字的类似动作的象形符号。符号记写如图2-4-1所示，通常应用于体操比赛现场，多用于裁判员记录运动员在比赛中所完成的动作内容及完成情况，方便裁判员在裁判工作中相互交流。其记写优点是记录内容快速。其记写缺点是所要表达的内容有限，不可能全面完整地记录动作内容。另外，为了熟练运用符号的记写，使用者必须花较大精力去学习并经常使用才可记住。

| 【燕式平衡】 | 【搬腿平衡】 | 【侧手翻】 |
| --- | --- | --- |
| T | Y | X |

图2-4-1

## 三、徒手体操的记写方法

### （一）记写每拍徒手体操动作的方法

多数情况下，每拍动作会有身体的多个部位同时参与，记写的顺序一般为从左至右、自下而上（下肢、上体、上肢和头部或下肢、上肢、上体和头部），并用“同时”说明（“同时”二字可以省略）；各部位动作不是同时进行的，可按先后顺序记写；动作路线较长、有方向变化时，须用“经”“至”指明。

### （二）记写一节徒手体操动作的方法

（1）动作节序：每一节操所处的位置，如“第一节”“第二节”等。

（2）动作名称：每一节操的名称，如“伸展运动”“体侧运动”等。

（3）动作节拍：每一节操所要完成的节拍数，节拍数通常是以一个8拍为循环，如节拍数为“2个8拍”“4个8拍”通常用“2×8拍”“4×8拍”表示。

（4）图解：将所编排的动作用画图或照片的形式表现出来。

①图解要生动、形象、直观，比例协调。

②正面图不能清楚表达时，须加侧面图。

③动作路线较长或有方向变化时，须用线条、箭头标明。



（5）动作说明：通常按照一节中每拍动作顺序用术语进行描述。

①当后一拍动作完全按原路线回到前一拍动作的结束姿势时，可用“还原成……”代替后一拍的记写。

②当后若干拍动作与前若干拍动作相同时，可用“×~×拍同×~×拍”代替后若干拍动作的详细记写。若局部不同，也应说明，如“5~8拍与1~4动作相同，但方向相反”。

（6）动作要求及注意事项：把每节操中需要重点注意的动作要领提出来。

①可以对动作的某一点提出要求，也可以对整节操提出要求。

②提出要求的内容可以是动作的难点或要点等。

### （三）记写一套徒手体操动作的方法

（1）操的名称。

（2）操的简介说明（可省略）。

（3）按照成套操的节序，逐节记写。（记写案例详见第四章徒手体操）

## 四、器械体操成套动作的记写方法

器械体操成套动作是由一个个单个动作拼接而成的。它有以下几种常用拼接记写格式。

### （一）连续式

连续式就是按照成套动作中每个相对独立的部分或动作的先后顺序进行记写，每个动作间用分号“；”隔开，并可在每个动作后面用括号“（ ）”标出该动作的分值。

例如，单杠“翻上成支撑（2分）；支撑后回环（2.5分）；单腿向前摆越成骑撑（1.5分）；骑撑前回环（2.5分）；单腿向前摆越转体90° 下（1.5分）”。

### （二）连接式

动作顺序的记写与连续式相同，只是用一字线“—”代替分号“；”。

例如，单杠“翻上成支撑（2分）—支撑后回环（2.5分）—单腿向前摆越成骑撑（1.5分）—骑撑前回环（2.5分）—单腿向前摆越转体90° 下（1.5分）”。

### （三）顺序式（分行式）

顺序式（分行式）就是按成套动作的先后顺序进行记写，并在每个动作之前用数字标出该动作的顺序号。顺序式也可通过表格的形式记写（表2–4–2）。

**表2–4–2 女子七级测试低单杠评分方法**

| 序号 | 动作名称 | 分值 | 主要错误 | 错误扣分/分 | | |
|---|---|---|---|---|---|---|
| | | | | 0.1 | 0.3 | 0.5 |
| 1 | 翻上成支撑 | 2.0 | 屈髋过多 | × | × | |
| | | | 动作不连贯 | × | × | |
| | | | 支撑脚过杠下垂面 | × | × | × |
| 2 | 支撑后回环 | 3.0 | 后摆高度不足 | × | × | |
| | | | 屈髋 | × | × | |
| | | | 动作结束时无制动腿 | × | × | |
| 3 | 单腿摆越成骑撑 | 1.0 | 重心不稳 | × | × | |
| 4 | 转体180° 成支撑 | 2.0 | 重心不稳 | × | × | |
| | | | 动作不流畅 | × | × | |
| 5 | 后摆挺身下 | 2.0 | 身体无伸展 | × | × | |

## 五、体操术语记写的注意事项

### （一）开始姿势

开始姿势通常是在动作开始时加以说明。在记写动作时，要指明第一个动作的开始姿势。对接下来动作的开始姿势则不必指明，因为前一个动作的结束姿势就是后一个动作的开始姿势。

### （二）动作部位

（1）在描述动作部位时，一定要选择参与运动的身体主要部位，其他次要部位则不必描述，如骑撑前回环动作只说明腿的回环动作，而无须说明手臂的动作。

（2）如果全身都参与运动，则动作部位要素的描述可以省略，如前滚翻、侧手翻等。

（3）如果动作的做法是身体唯一部位做的，则身体的部位可以省略，如（两脚）跳成开立，“两脚”可以省略。

（4）在鞍马各个不同部位上做双腿全旋时，“腿”“双腿”可省略，如环上全旋、环外全旋、侧撑全旋、单环全旋等。如果做单腿全旋则必须说明。

### （三）身体形态

（1）属于体操基本姿势的术语可省略，如直臂、直腿、并腿、绷脚尖等。例如，两臂经前（直臂）绕至侧举，“直臂”可以省略；单杠单腿（直腿）向前越成骑撑，“直腿”可以省略。

（2）在器械体操动作中，通常不同的身体完成形态，其动作难度等级也不相同，因此要明确描述动作的完成形态。常用的形态有团身、屈体、直体等。但做空翻和空翻转体动作时，团身空翻可以省略“团身”二字。

### （四）动作方向

（1）动作方向由开始时动作与身体的方向来确定。例如，徒手动作，两臂上举时向前（后）方做绕或绕环称为向前（后）绕或绕环；在做摆越、腾越、全旋等动作时，其方向是由开始运动时身体与器械的方向确定的，如跳马（箱）时身体向右做的斜进直角腾越称斜进向右直角腾越；鞍马支撑时顺时针方向做的全旋称向左全旋，后撑时顺时针做的全旋则称向右全旋。



（2）绝大部分体操动作都有它的运动方向，通常情况下方向的描述不可省略。但在不强调动作方向或可以向任意一个方向完成动作时，则动作方向的描述可省略，如一些项目的转体动作。

（3）有些动作方向由于受其开始姿势和所做动作限制，只能向某个方向做，则可省略动作方向的描述，如单杠“支撑单腿（向前）摆越成骑撑”，“向前”的方向术语可以省略。

### （五）动作做法

动作做法是组成动作学名的主要因素，一般不可省略。

（1）如果动作做法可以判断动作的性质及结束姿势，则不必再说明。例如，左脚侧出（一步成开立），这里的“出”字，不会理解为两步（否则动作做法为“走”）；脚侧出后的姿势一般“成开立”，所以可以省略。当然，如果是“大开立”或“侧弓步”则必须说明。

（2）如果完成动作的速度和肌肉紧张程度与平时相同可省略，不同的要说明。例如，技巧练习中平时做手倒立一般用蹬地摆腿；如果要以慢速做手倒立，则必须说明其做法和形式，如直臂屈体慢起倒立。

（3）如果某部位有明确接触另一部位的动作，该动作形式可以省略，如两手扶膝，不必表述为“两臂弯曲、两手扶膝”。

### （六）动作数量

（1）翻转超过一周或有转体动作或动作数量超过一时，则要清楚描述动作的周数、转体度数或动作次数，如直体前空翻一周半、两周，转体180°或360°，两臂上举后振两次，等等。但有时可省略180°，如双杠前摆上转体成支撑，鞍马直角上、直角出，等等。

（2）一般情况下，在身体翻转一周以内或身体不转体或动作数量为一的情况下动作数量不做描述。

### （七）动作相互关系

（1）动作相互关系术语是表达动作之间联系的词语，在一个完整的动作名称中，“成、至”一般用于结束动作姿势术语之前，“接、同时”一般用于两个动作之间，“依次”一般用在身体部位之后，“经”大多用在描述动作方向或位置术语之前。

（2）做徒手体操四肢运动，线路较短时，可省略表明线路的术语。例如，两臂侧（平）举，意思是两臂向外侧平举，在这里“平”字可省略。如果经过的路线比较长则必须说明，如两臂经体前交叉绕至侧举。

### （八）结束姿势

（1）在描述完整的动作名称时，结束姿势通常不省略。但在两个动作要紧密连接时，第一个动作的结束姿势不做描述。

（2）如结束姿势与开始姿势相同，一般可以省略结束姿势，如双杠支撑前摆屈伸等。必然的结束姿势一般也可以省略，如双杠挂臂屈伸上、单杠挂膝摆动上、技巧前手翻等。

## 【复习思考题】

1. 何谓体操术语？正确运用体操术语有何意义？
2. 体操术语的构成要素有哪些？试举例说明。
3. 用连接式记写技巧、单杠和双杠项目技术考试的成套动作。
4. 用文字记写第九套广播体操成套动作内容。
5. 名词解释：绕、绕环、踢、倒立、支撑、悬垂、摆动。

# 第三章　队列队形练习

【学习目标】

1. 了解队列队形练习的意义、内容以及基本要素。

2. 掌握常规动作，纵队、横队的做法，以及各种步伐的指挥能力，并掌握口令和口哨的运用方法。

3. 培养和增强队列队形操练意识，听从命令、遵守纪律、热爱团队的集体主义精神。

【章前导言】

本章主要阐述队列队形的意义、内容和基本要素，以及队列队形练习的基本术语和口令，在此基础上详细论述了队列队形练习的动作要领及教法等。通过本章的学习，学生能熟练掌握队列队形练习的做法与口令，具有熟练指挥队列队形练习的能力。



## 第一节　队列队形概述

### 一、队列队形练习的意义

队列队形是指在队列和队形练习的基础上所做的各种队列练习和图形的变化。队列队形练习，在部队和民兵军事训练中被广泛采用，是培养革命精神和组织纪律的重要手段之一，也是培养战斗力的一种必要形式。

队列队形练习在体育课中扮演着怎样的角色呢？其实无论在体育课的开始部分、准备部分、基本部分、结束部分，还是课间操、课外活动、学校集合开会等，都离不开队列队形的组织和变化。它是体育教学活动的主要内容和必要形式，也是组织集体活动必不可少的常规手段和方法。队列队形练习对于培养学生的组织性、纪律性和集体主义精神，以及培养学生“团结、紧张、严肃、活泼”的作风，促进学生身体的正常发育，使其形成正确的姿势，提高动作的节奏感和协同一致的集体动作能力，都有着十分重要的作用。它对规范体育教学活动和组织集体活动有着不可忽视的重要意义，也是每位体育教师必须具备的基本技能之一。

### 二、队列队形练习的内容

队列队形练习分为队列练习和队形练习。

队列练习是指单人或在一定队形下的班（队）协同一致地完成队列动作。其动作严整、规范。

队形练习是指在队列练习的基础上所进行的图形行进、队形变换和方向变换。除《中国人民解放军队列条令（试行）》中的队形变换外，广大体育工作者根据体育教学实践的需要适当加以补充，形成了方便实用、丰富多样的队形练习内容。

队列练习和队形练习虽各有不同，但又是相互联系的。协同一致的队列动作是在一定的队形条件下实现的，而队形练习又必须运用队列动作来完成。队列练习是队形练习的基础，强调的是动作的规范化；队形练习是队列练习的排列形式，注重队形的变换。

根据《中国人民解放军队列条令（试行）》和体育教学与训练的需要，队列队形练习有如下主要内容。

### （一）基本动作练习内容

基本动作练习内容可分为原地动作练习和行进间动作练习两种。

#### 1. 原地动作

原地动作指练习者在原地完成的动作，如立正、稍息、跨立、看齐、报数、踏步、蹲下、坐下、起立、向左（右）转、向后转等。

#### 2. 行进间动作

行进间动作指练习者在进行中完成的动作，如行进间各种步法及其互换，如齐步走、正步走、跑步走、立定，向前、后、左、右移动，以及行进间向左（右）转走（跑）、向后转走（跑），行进间的队列变化（动作与原地动作相同，只是在行进中做），左（右）转弯走，左（右）后转弯走等纵队与横队转弯走。

### （二）队列队形变化练习内容

#### 1. 队列变化练习内容

根据“通过基本动作将纵队或横队数目进行增减”的特征，队列练习可分为原地队列变化练习和行进间队列变化练习。

（1）原地队列变化练习：一（二）列横队变二（一）列横队、一（三）列横队变三（一）列横队、二（三）列横队变三（二）列横队，一（二）路纵队变二（一）路纵队、一（三）路纵队变三（一）路纵队、二（三）路纵队变三（二）路纵队，二路纵队变三列横队、三列横队变二路纵队、二列横队变三路纵队、三路纵队变二列横队、一列横队变三路纵队、三路纵队变一列横队。

（2）行进间队列变化练习：一（二）路纵队变二（四）路纵队、二（四）路纵队变一（二）路纵队、一（二）列横队变二（四）列横队、二（四）列横队变一（二）列横队。

#### 2. 队形变化练习内容

根据队形练习具有的“通过基本动作将纵队或横队组成某种图形的过程”的特征，队形练习可分为原地队形变化练习和行进间队形变化练习。

（1）原地队形变化（基准学生原地不动）有疏散、靠拢等。疏散是以××为基准散开、弧形散开等，靠拢是以××为基准向××看齐、以××为基准靠拢等。

（2）行进间队形变化有错肩行进、对角线行进、交叉行进、蛇形行进、螺旋形行进、“8”字形行进、圆形进和纵队反向行进、一路纵队变三角形等。

## 三、队列队形练习的基本要素

队列队形练习的形式：由指挥员发出口头命令，练习者依据口令进行规范化练习。因此，队列队形练习的基本要素包括指挥员、媒介（口令和动作）和练习者。

### （一）指挥员

指挥员是队列队形练习的灵魂，整个队伍的行动都是在指挥员的口令下完成的。在队列队形练习中通常对指挥员有以下要求：

（1）仪表庄重，言行严肃，以身作则。

（2）指挥位置得当，原地队列队形练习时的指挥位置应在队伍中央前方，以便观察队伍全貌；行进间练习站在既能通观全局又不妨碍队伍行进的位置。指挥员的位置应相对固定，需要变动时应迅速更换位置。

（3）口令应清楚、准确、洪亮，节奏明显，以全体人员能听清为前提。



预令和动令之间必须有间歇。预令必须清晰、洪亮、拖音，使全体练习者能知道他们将要做什么动作，动令要短促有力。

预令的长短应根据队伍大小和学生的人数、操练水平等具体情况而定，如果人数多、队伍长、操练水平低以及练习者注意力不太集中，一般应拉长预令。必要时，动令的口令也要拉长。例如，发“立正”口令时，“正”字的声音不但要拉长，而且要舌顶上颚使声音往上挑。

### （二）媒介

#### 1. 口令

口令一般由预令和动令组成。有的口令带有指示词，有的口令只有动令，如立正、稍息、报数、蹲下、起立、坐下、前进、解散等。

#### 2. 动作

动作是由练习者在“队”的基础上完成的动作。通常练习者的动作要与口令相同，并且按照要求将动作完成得既规范又整齐。

### （三）练习者

练习者是队列队形练习的主体。整个队伍的队列与队形的变化只有通过练习者才能得以体现。在练习中通常对练习者有以下要求：

（1）一切行动听指挥，坚决执行命令。

（2）精神振奋，严肃认真，行动迅速。

（3）出入队伍要报告，不能擅自行动。

## 第二节　队列队形练习的基本术语

（1）列：左右并列成一条直线。一般从右到左按高矮顺序排列。

（2）横队：由列组成的队形。一般队伍的横宽大于纵深。

（3）路：前后重叠成一条直线。一般从前到后按高矮顺序排列。

（4）纵队：由路组成的队形。一般队伍的纵深大于横宽。

（5）间隔：相邻两人或两队左右之间的间隙。通常列队人员之间的间隔约10厘米（两肘之间），队与队之间的间隔一般为两步，需要时可调整间隔。

（6）距离：相邻两人或两队前后之间的间隙。通常列队人员之间的距离约75厘米（前一名队员的脚跟至后一名队员的脚尖），队与队之间的间隔一般为两步，需要时可调整距离。

（7）翼：队形的左右两端。左端为左翼，右端为右翼。当横队或数路纵队方向变换时，处在转弯内侧的为轴翼，另一侧为外翼。

（8）排头：位于纵队之首或横队右翼者。

（9）排尾：位于纵队之尾或横队左翼者。

（10）基准：被指定作为动作的目标。

（11）伍：两列及两列以上横队中，前后重叠者。若各列人数相等，各伍人数等于列数叫满伍；若不相等，则称缺伍，缺伍应缺最后一列。

（12）步幅：一步的长度（两脚跟之间的距离）。

（13）步速：单位时间（通常以每分钟计）行进的步数。

## 第三节　队列队形练习的口令

### 一、口令的种类

口令是指队列队形练习时指挥员发出的操练指令。一般来讲，一个口令可分为两部分：前半部分为预令，含练习的对象、队形、方向、做法等几个要素（有些口令只含1个或部分要素），说明动作的性质；后半部分为动令，表示动作的开始，但有些口令只有动令。根据下达的方法，口令可分为以下4种。

#### （一）短促口令

短促口令的特点：只有动令，发音短促有力，无论几个字，中间不拖音，不停顿，平均分配时间，有时最后一个字拖音稍长，如“立正”“稍息”“报数”等。

### （二）断续口令

断续口令的特点：预令和动令之间有停顿（微歇），如“第×名，出列”“1，3，5，报数”等。

### （三）连续口令

连续口令的特点：预令和动令相连，预令拖音稍长，动令短促有力，如“向后——转”“立——定”等。

在队列队形练习中，运用连续口令的动作很多，因此，连续口令经常采用。口令通常有下列几种喊法：

（1）一拍法，即只有动令，不论几个字一拍完成，如“立正”“稍息”等。

（2）两拍法，即预令和动令在两拍中完成，如行进中的“立定”口令，预令“立”字在左脚上（第一拍），“定”字落在右脚上（第二拍）。

（3）三拍法，即预令和动令在三拍中完成，如行进中的“向左转走”口令，预令“向左”在左脚上（第一拍），“转”字在右脚上（第二拍），动令“走”字落在左脚上（第三拍）。

（4）预令延长法，即适当延长预令拖音的时间，多用于队伍大、人数多、年龄小、训练程度较低的学员，如“向右看——齐”“向左——转”等。



### （四）复合口令

复合口令兼有断续口令和连续口令的特点，如“以××为基准，向中看——齐”“左转弯，绕场行进，齐步——走”等。

## 二、口令的下达

（1）口令要清楚、准确、洪亮，使全体队列人员都能听到，并具有号召力。

（2）口令要突出主音，如“向右——转”的“右”字，“向前×步——走”的“数字”。

（3）口令要有明显的节奏感和音色、音量的变化。停顿和拖音的长短要根据口令的种类和队伍的大小而定，队伍大，则拖音和停顿的时间稍长。音色、音量不要平均分配，一般起音要低，由低向高拔。

（4）行进间下达的动令，除“向左转走”“一列横队变二列横队”齐步与正步互换的动令落在左脚上外，其他动令均落在右脚上。

（5）指挥员下达口令时，通常要成立正姿势；当纵队行进时，可以在行进间下达口令。

# 第四节　队列队形练习的基本动作要领及教法

## 一、原地动作

### （一）常用动作

#### 1. 集合

在体育教学中，集合的基本队形分为横队和纵队两种。横队主要用于集合上课、讲话、讲解示范等，纵队用于行进。成横队时，按个子高矮由右向左依次站立，两个学生两肘之间的间隔约为10厘米（一拳宽）。但小学低年级学生，看齐时（除一手叉腰的动作），其间隔要适当大些。成多列横队时，各组成一列横队，从前往后按1，2，3，4，…，×组的顺序重叠，两列之间的距离约为75厘米。成纵队时，按个子高矮由前往后重叠站立，学生之间的前后距离约为75厘米。成多路纵队时，各组成一路纵队，从左至右按1，2，3，4，…，×组的顺序并列，两路之间的间隔约为10厘米。

集合时，指挥员（教师、体育委员）应先发出预告或信号，如"全班或某组注意"或哨声，然后在预定队形中央前，面向预定队形成立正姿势，下达"成××队——集合"的口令。学生听到预告或信号后，原地面向指挥员成立正姿势，听到口令后，立即跑步面向指挥员集合（凡是在指挥员后侧的学生应从指挥员右侧绕过，避免混乱发生冲撞），自行对正看齐，成立正姿势。

（1）横队集合。

口令：成一（×）列横队——集合！

动作要领：听到口令后，排头学生迅速跑步到指挥员左前方适当位置成立正姿势，其他学生以排头为准，依次向左排列，自行看齐。多列横队集合时，后列学生以第一列为基准，依次向后重叠站成多列横队，各路（小路）学生要对正看齐。

（2）纵队集合。

口令：成一（×）路纵队——集合！

动作要领：听到口令后，排头学生迅速跑步到指挥员正前方适当位置（离指挥员2～3米）成立正姿势，其他学生以排头为准，依次向后重叠，自行对正看齐。多路纵队集合时，其余各路以第一（左）路为基准，依次向右排列站成多路纵队，自行对正看齐。

集合时要求动作迅速，一律用跑步，到达预定位置先立定，然后转正方向再对正看齐。

集合时，迟到的学生，在看齐完毕之前不喊"报告"，直接入列。如果指挥员下达了"向前看"的口令，迟到者应跑至距离队伍适当位置成立正姿势，喊"报告"。当指挥员下达"入列"口令后，迟到者应补到排尾或听指挥员口令进入自己的位置。

### 2. 解散

口令：解散！

动作要领：全体学生听到口令后，迅速离开原位（如学生成稍息姿势，听到口令后应先立正，然后迅速离开原位）。

解散后，指挥员跑到另一预定位置，下达集合口令。

### 3. 立正

立正是队列动作的基础，也是培养学生正确身体姿势的基本动作和标准。立正动作正确，不仅是学生掌握体育动作技术的必要基础，直接关系到队列动作操练的质量，而且对促进学生身体的正常发育，形成正确的身体姿势，表现朝气蓬勃的精神面貌具有不可忽视的重要意义。

口令：立正！

动作要领：听到口令后，两脚跟靠拢并齐，两脚尖向外分开约60°（一脚长）；两腿挺直，小腹微收，自然挺胸，上体正直，微向前倾，两肩要平，稍向后张；两臂自然下垂，手指并拢自然微屈，拇指贴于食指第二关节处，中指贴于裤缝；头要正，颈要直，口要闭，下颌微收，两眼平视前方。

立正动作要领可归纳为“三挺、两收、两平”。

三挺：

（1）挺腿：两膝向后、向上用力，使两腿挺直。

（2）挺胸：两肩稍向后张，胸自然挺起。

（3）挺颈：颈有稍向上挺的感觉。

两收：

（1）小腹微收。

（2）下颌微收。

两平：

（1）肩平：两臂自然下垂，肩部放平。

（2）平视：两眼平视前方。

立正时要精神振奋，态度严肃，姿态端正，挺立稳定而舒展。

### 4. 稍息

口令：稍息！

动作要领：听到口令后，左脚顺脚尖方向伸出约全脚掌的三分之二；两腿自然伸直，上体保持立正姿势，体重大部分落在右脚上。稍息过久，可自行换脚。

稍息动作要领可归纳为“移、提、伸”。

移：移重心，使体重大部分落于右脚。

提：左脚跟稍提起，但有微接触地面的感觉。

伸：脚掌轻轻擦地，迅速伸出全脚掌的三分之二。

### 5. 跨立

口令：跨立！

动作要领：听到口令后，左脚侧出一步，与肩同宽，体重平均落在两脚上，同时两手提后互握于腰背间，左（右）手握右（左）手腕，上体保持立正姿势。

### 6. 看齐

看齐分为向右（左）看齐、向中看齐和对正看齐。

（1）向右（左）看齐。

口令：向右（左）看——齐！

动作要领：听到口令后，排头学生不动，其他学生向右（左）转头，看右（左）邻学生腮部，前四名能通视基准学生，自第五名起，以能通视到本人以右（左）第三人为度，迅速用碎步向前或向后调整位置。学生左右间隔为10厘米。如有多列横队，后列学生先对正后看齐。听到“向前——看”的口令后，迅速将头转正，恢复立正姿势。

（2）向中看齐。

口令：以××为基准，向中看——齐！

动作要领：当指挥员指定“××为基准”时，基准学生答“到”，同时左手握拳高举，拳心向右；听到“向中看——齐”的口令后，将手放下，其他学生按照向右、向左看齐的要领实施。

（3）对正看齐。

口令：对正看——齐！

动作要领：当学生成一路纵队对正看齐时，指挥员可下达“对正看——齐”的口令。听到口令后，排头学生不动，其余学生迅速调整位置，保持规定的距离对正成一条直线。多路纵队时，除向前对正成一条直线外，小列还应向左标齐。

### 7. 报数

口令：报数！

动作要领：听到口令后，横队从右至左、纵队由前向后，向左转头依次用短促洪亮的声音报数，最后一名不转头。在列横队时，后列最后一名报“满伍”或“缺×名”。在排数路纵队时，右路最后一名报“全到”或“缺×名”。

在体育教学中通常有按序数和指数报数两种。序数报数就是照1，2，3，4，5，…的顺序报下去，指数报数就是按照指定的1～2，1～3，1～4，…报数。

采用何种报数应根据组织教学的需要来决定。顺序报数是为了检查或了解全班或各组的人数，指数报数根据分组教学或散开的需要。

### 8. 踏步

口令：

停止间口令：原地踏步（跑步）——走！

行进间口令：踏步！

动作要领：听到“原地踏步（跑步）——走”或“踏步”的口令后，按齐步或跑步行进的要领，两脚在原地上下起落（跑步行进时，应继续跑两步），抬起时，脚尖自然下垂，离地面约15厘米；落下时，前脚掌先落地，上体保持正直，微向前倾，两臂按齐步或跑步摆臂的要领摆动。听到“立定”的口令后，左脚踏一步，右脚向左脚并拢（若是跑步，应继续踏两步），成立正姿势。踏步时，听到“前进”的口令后，继续踏两步再按原步速前进。踏步时，两脚不得向前、向后移动，上体不能晃动。立定时，不要向侧或向前跨步。

#### 9. 蹲下、坐下、起立

（1）蹲下。

口令：蹲下！

动作要领：右脚后退半步，臀部坐在右脚跟上，右手扶右膝，左前臂撑在左膝上。蹲下过久可以自行换脚。

（2）坐下。

口令：坐下！

动作要领：听到口令后，左小腿在右小腿后交叉迅速坐下，两手放在两膝上。

（3）起立。

口令：起立！

动作要领：在蹲下和坐下的状态中，听到“起立！”口令后，迅速起立恢复成立正姿势。



### （二）原地转法

#### 1. 向右（左）转

口令：向右（左）——转！

动作要领：听到口令后，以右（左）脚跟为轴，右（左）脚跟和左（右）脚前脚掌同时用力，使身体和脚一致向右（左）转90°，体重落在右（左）脚上，两脚挺直，上体保持立正姿势。

#### 2. 向后转

口令：向后——转！

动作要领：听到口令后，以右脚跟为轴，右脚跟和左脚前脚掌同时用力，使身体和脚一致从右向后转180°，体重落在右脚上，左脚迅速向右脚靠拢，成立正姿势。转动和靠脚时，两腿挺直，上体保持立正姿势。

#### 3. 半面向右（左）转

口令：半面向右（左）——转！

动作要领：听到口令后，按向右（左）转的动作要领转45°。

原地转法要求：

（1）两快一停顿，即转体快、靠脚快，在转体和靠脚之间停顿。

（2）体稳方向正，即身体不晃不扭，两腿挺直。转到预定方向时，两脚迅速定位，控制身体，对正新方向。

（3）做原地转时，两臂不得外张，靠脚时身体要紧、腿要直。

教学步骤：

（1）边讲解，边示范。

（2）分解动作练习。

（3）完整动作练习。在教学中为了使学生注意力集中、动作整齐、精神饱满，可令学生按转体和靠脚动作同时喊“一、二”。

（4）联合动作练习。口令：“向右、向后、向左——转”，将几个不同方向的转体动作连起来做，如把向右转、向后转、向左转三个动作连续做完。必须注意：在下达这种口令时，应将预令和动令之间的间歇适当拉长一些，以便学生记清楚要做的动作。

## 二、行进间动作

### （一）各种步法及其互换

#### 1. 齐步

口令：齐步——走！

动作要领：听到口令后，左脚（脚尖向正前方）迈出约75厘米后着地，重心前移，右脚照此法行进。上体正直，微向前倾。手指轻轻握拢，拇指贴于食指第二关节处、两臂自然摆动，向前摆时前臂微向里合，手约与第五颗衣扣同高，不超过衣扣线，离身体约25厘米，手心向内稍向下；向后摆臂时，手臂自然伸直，手腕前侧距裤缝约为30厘米。行进速度为每分钟116～122步。

齐步走要求做到走直线、身体稳、摆臂自然。

（1）走直线：脚向正前方，两脚内侧在一条直线上，不要走“八”字步。

（2）身体稳：上体保持立正姿势，两眼平视前方，步幅不能太小，不扭、不晃，保持平稳。

（3）摆臂自然：肩关节放松，两臂自然伸直，以肩为轴前后摆动。前摆微屈时，稍向里合，不得以肘为轴，摆前臂。

教学步骤：

（1）边讲解，边示范。

（2）摆臂练习。口令：“摆臂练习，一、二、停！”。听到“一”的口令后，按要领摆到位（右臂在前）；听到“二”的口令后摆臂，按“一、二”的口令重复摆动；听到“停”的口令后，两臂放下。

（3）完整动作练习。

（4）步速、步幅练习。在场上按75厘米宽打格子，用秒表计时间或用节拍器进行练习。

## 2. 正步

口令：正步——走！

动作要领：听到口令后，左脚（脚尖向正前方）踢出（腿要绷直，脚尖下压，脚掌与地面平行，离地面约25厘米），在约75厘米处适当用力使全脚掌着地，同时身体重心前移，右脚照此法行进。上体正直，微向前倾。手指轻轻握拢，拇指贴于食指第二关节处。向前摆时，肘弯曲，前臂略水平，手心向内稍向下，手腕下沿摆到第三、四颗衣扣之间，离身体约10厘米处；向后摆时摆到不能自然摆动为止。行进速度为每分钟110～116步。

正步动作要领可归纳为“踢、绷、摆、跟”。

踢：稍提胯，小腿带动大腿迅速踢出。

绷：绷脚背，压膝盖使腿绷直。

摆：摆臂时，向前摆过垂直线时，边摆边屈臂（向前、向内、向上快屈臂）。向后摆时，向下、向外、向正后，到不能自然摆动为止，脚着地，臂不动，踢腿同时摆臂。

跟：身体前跟，脚适当用力着地。

体育队伍常用的正步，做法与上述方法基本相同，只是在摆臂上略有差别。一般要求前摆屈肘成90°角，与肩平，前臂与身体平行，拳心向下，即臂前摆停止时，要求前臂与上臂之间、上臂与地面之间、上臂与上体之间形成3个90°角。

教学步骤：

（1）摆臂练习。

口令：摆臂练习，一、二、停！

动作要领：听到“一”的口令后，两臂摆到位（右臂在前）；听到“停”的口令后，两臂放下。

（2）腿部动作练习。

①一步两动。

口令：腿部动作练习准备，一、二、停！

动作要领：听到“准备”的口令后，两手体后握前臂（一般右臂压左臂）；听到“一”的口令后，左脚踢出；听到“二”的口令后，左脚着地，右脚前跟，脚尖离左脚跟约20厘米着地，然后两脚按“一、二”口令交替进行；听到“停”（一般落在左脚）的口令后，靠脚，同时两臂放下成正立姿势。

②一步一动。

口令：腿部动作练习准备，一步一动，一、二、停！

动作要领：听到“准备”的口令后，两手体后握前臂；听到“一”的口令，左脚踢出并着地，同时右脚踢出；听到“二”的口令后，右脚着地左脚踢出，然后按“一、二”口令交替进行；听到“停”的口令后，靠脚，同时两臂放下成正立姿势。

③连贯练习。

口令：腿部动作练习准备，正步——走，立——定！

动作要领：听到“准备”的口令后，两手体后互握前臂；听到“走”的动令后，按正步动作进行；听到“立定”的口令后，两臂放下成正立姿势。

（3）完整动作练习。按正步走的口令及动作，由慢到快地进行练习。练习时要求臂、腿动作协调，做到臂、腿同定位，身体前跟，脚落臂不动，两快一稍慢（摆臂、踢腿快，脚着地时稍慢）。

（4）踢腿练习。练习踢腿的高度，可在场上钉木桩，按25厘米高度拉上绳子。

### 3. 便步

口令：便步——走!

动作要领：听到口令后，用适当的步速、步幅行进，两臂自然摆动，上体保持良好姿势。走步比较轻松，不一定要求步伐整齐。便步用于行军、操练后恢复体力等。

### 4. 跑步

口令：跑步——走!

动作要领：听到预令时，两手迅速握拳提到腰际，拳心向内，肘部稍向里合。听到动令后，上体稍向前倾，两腿微屈，同时左脚利用右脚掌的蹬地跃出约80厘米，前脚掌着地，重心前移，右脚照此法行进。两臂自然摆动，前摆不露肘，前臂略平，稍向里合，拳不超过衣扣线，后摆不露手。行进速度为每分钟170～180步。

跑步动作要领可归纳为：握拳快提起，屈腿倾上体；前脚掌着地，弹跃交替行；摆臂两不露。

教学步骤：

（1）摆臂练习。

口令：摆臂练习、跑步、一、二、停!

动作要领：听到“跑步”的口令后，两手迅速握拳于腰际；听到“一”的口令后，按摆臂动作摆到位；听到“二”的口令后，换摆臂；听到“停”的口令后，将手放下成立正姿势。

（2）完整动作练习。

### 5. 立定

口令：立——定!（动令落在右脚上）

动作要领：听到口令后，齐步和正步都是左脚向前迈大半步，两腿挺直，右脚向左脚靠拢成立正姿势。跑步时，听到口令后，继续向前跑两步，左脚向前迈大半步，同时两臂收到腰际，停止摆动，右脚向左脚靠拢，同时两臂放下，成立正姿势。（跑步的踏步，听到口令时，继续踏两步，再按上述要领进行）。

教学步骤：

（1）边讲解，边示范。

（2）分解动作练习。

（3）完整动作练习。开始练习时，速度应慢一些，然后过渡到应有的步速。

### 6. 移动（5步以内）

（1）前、后移动。

口令：向前×步——走!（×=1，3，5）

动作要领：听到口令后，齐步行进到指定的步数停止（向前一步时，不摆臂）。

口令：后退一步——走！

动作要领：听到口令后，左脚后退一步，右脚向左脚靠拢，不摆臂。在体育教学中，后退超过一步走，从左脚开始，每退一步，靠脚一次，不摆臂，退到指定步数停止。

（2）左、右移动。

口令：左（右）跨×步——走！

动作要领：听到口令后，向左（右）跨步，上体保持正直，每跨一步并一次脚，步幅约与肩同宽，跨到指定的步数停止。

### 7. 步法互换

步法互换的动令均落在右脚上，从左脚开始变换。

（1）齐步、正步互换：听到口令后，立即换正步或齐步行进。

（2）齐步换跑步：听到预令时，两手迅速握拳提到腰际，两臂自然摆动；听到动令时，立即从左脚开始换跑步行进。

（3）跑步换齐步：听到口令后，继续跑两步，再从左脚开始换齐步行进。

教学方法：在各种步法的行进及其互换的组织教学中，可采用多种方法和形式，使学生集中注意力，振奋精神，提高教学效果。

（1）在行进及步法互换时，可带领学生呼“一、二、三、四”或口号。

（2）以小组为单位，由组长指挥以某种步法行进，同时呼数或口号通过规定距离。先由教师指挥示范，然后分小组由组长指挥进行练习，最后进行小组间的比赛。



### 8. 横队与纵队的转弯走

（1）横队转弯走。

口令：左（右）转弯，齐步——走！［左（右）后转弯，齐步——走！］

（行进间口令）左（右）转弯——走！［左（右）后转弯——走！］

动作要领：听到动令后，轴翼第一名学生踏步，并逐渐向左（右）旋转，同相邻学生动作协调；外翼第一名学生用大步行进，并逐步变换方向，其他学生用眼睛的余光向外翼标齐，并保持排面整齐，越接近轴翼者，其步幅越小，转到90°时踏步并看齐。听到口令前进或停止。

（2）纵队转弯走。

口令：左（右）转弯，齐步——走！［左（右）后转弯，齐步——走！］

（行进间口令）左（右）转弯——走！［左（右）后转弯——走！］

动作要领：一路纵队方向变换时，基准学生在左（右）后转弯时，按单人行进转法要领实施，在左（右）后转弯时，用小步边行进，边变换方向，转到90°或180°后照直前进；其他学生逐次进到基准学生的转弯处，转向前进的方向跟进。

多路纵队方向变换时，按照多列横队方向变换的要领实施。

### （二）行进间转法

#### 1. 齐步向左转走

口令：向左转——走！（动令落在左脚上）

动作要领：听到口令后，右脚向前迈半步，脚尖稍向左，身体向左转90°，同时出左脚，向新的方向行进。

#### 2. 齐步向右转走

口令：向右转——走！（动令落在右脚上）

动作要领：听到口令后，左脚向前迈半步，脚尖稍向右，身体向右转90°，同时出右脚，向新的方向行进。

#### 3. 齐步向后转走

口令：向后转——走！（动令落在右脚上）

动作要领：听到口令后，左脚向前迈半步，脚尖稍向右，以两脚的前脚掌为轴，从右向后转体180°，出左脚向新的方向行进。转体时上体正直，两腿挺直，两臂自然摆动，不得外张。



# 第五节　队列变化练习的动作要领及教法

## 一、原地队列变化

### （一）一列横队变二列横队

口令：成二列横队——走！

动作要领：学生先1～2报数，然后指挥员下达口令。听到口令后，报“1”的学生不动，报“2”的学生右脚向右后退一步，左脚向右脚靠拢，站到报“1”的学生后面。全体学生成二列横队并自动对正向右看齐（排头学生不动）。（图3-5-1）

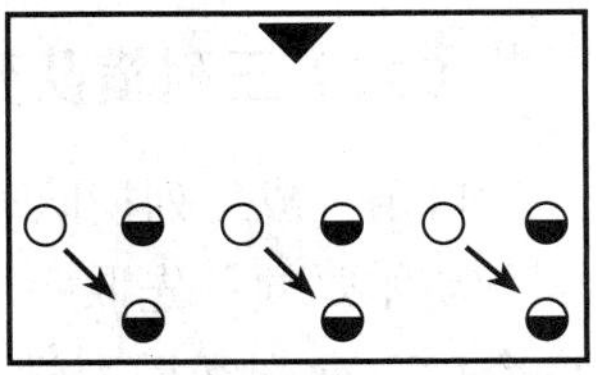

图3-5-1

### （二）二列横队变一列横队

口令：成一列横队——走！

动作要领：学生先间隔一步散开，然后指挥员下达口令。听到口令后，前排学生不动，后排学生左脚向左前方迈一步，右脚向左脚靠拢，进到前排学生左侧。全体学生成一列横队并自动向右看齐（排头学生不动）。（图3-5-2）

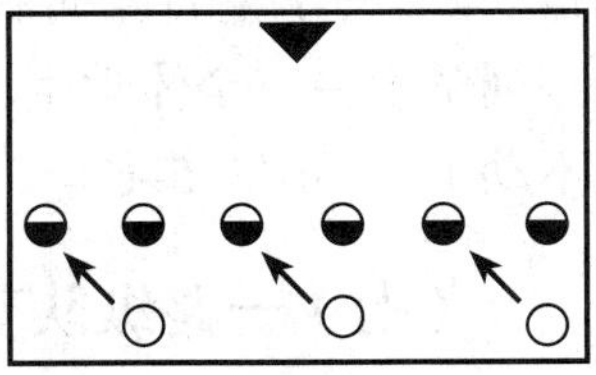

图3-5-2

### （三）一列横队变三列横队

口令：成三列横队——走！

动作要领：学生先1～3报数，然后指挥员下达口令。听到口令后，报“2”的学生不动，报“1”的学生左脚向左前方迈一步，右脚向左脚靠拢站到报“2”的学生前面；同时，报“3”的学生右脚向右后方退一步，左脚向右脚靠拢站在报“2”的学生后面。全体学生成三列横队并自动向右密集对正看齐（排头学生不动）。（图3–5–3）

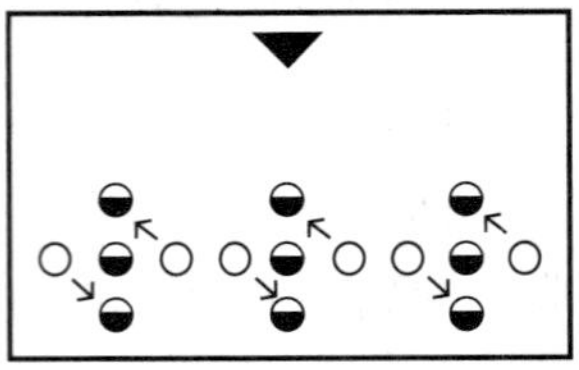

图3–5–3

### （四）三列横队变一列横队

口令：成一列横队——走！

动作要领：学生先间隔两步散开，然后指挥员下达口令。听到口令后，中间一列学生不动，前列学生右脚向右后方退一步，左脚向右脚靠拢站到中间一列学生的右侧；同时，后列学生左脚向左前方迈一步，右脚向左脚靠拢站到中间一列学生的左侧。全体学生成一列横队并自动向右看齐（排头学生不动）。（图3–5–4）

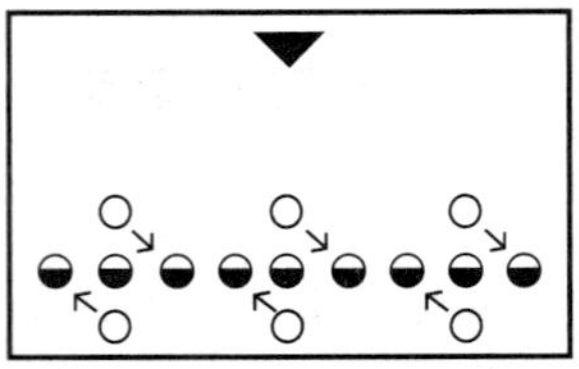

图3–5–4



### （五）二列横队变三列横队

口令：成三列横队——走！

动作要领：先取两步距离，1～3报数。听到口令后，报“1”“3”的学生不动，前列报“2”的学生右脚向右后方退一大步，左脚向右脚靠拢站到两列报“1”的学生之间；同时，后列报“2”的学生左脚向左前方迈一大步，右脚向左脚靠拢，站到两列报“3”的学生之间。全体学生成三列横队并自动向右密集对正看齐（排头学生不动）。（图3–5–5）

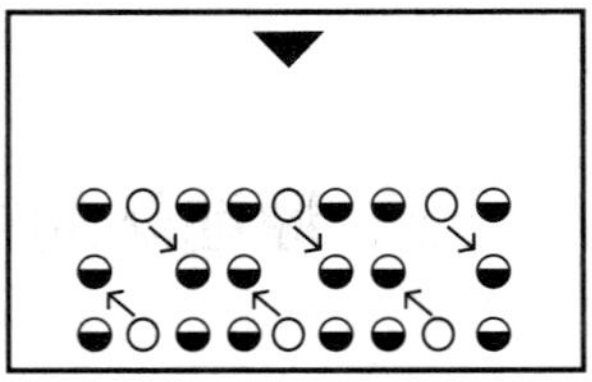

图3–5–5

### （六）三列横队变二列横队

口令：成二列横队——走！

动作要领：先取一步间隔散开，中间一列1～2报数。听到口令后，前列和后列学生不动，中间一列报“1”的学生左脚向左前方迈一步，右脚向左脚靠拢进到前一列学生中；同时，报“2”的学生右脚向右后方退一步，左脚向右脚靠拢进到后一列学生中。全体学生成二列横队并自动对正看齐（排头学生不动）。（图3–5–6）

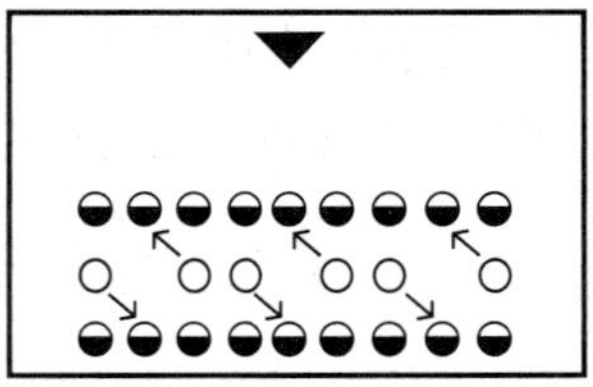

图3–5–6

### （七）一路纵队变二路纵队

口令：成二路纵队——走！

动作要领：先1～2报数。听到口令后报“1”的学生不动，报“2”的学生右脚向右前方迈一步，左脚向右脚靠拢，站于报“1”的学生右侧。全体学生成二路纵队并自动向前密集对正看齐（排头学生不动）。（图3–5–7）

### （八）二路纵队变一路纵队

口令：成一路纵队——走！

动作要领：先取一步距离。听到口令后，左路学生不动，右路学生左脚向左后方退后一步，右脚向左脚靠拢，进到左路学生中。全体学生成一路纵队并自动对正看齐（排头学生不动）。（图3–5–8）

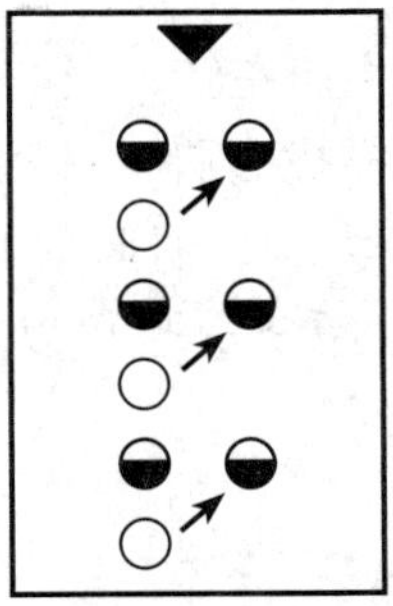

图3–5–7

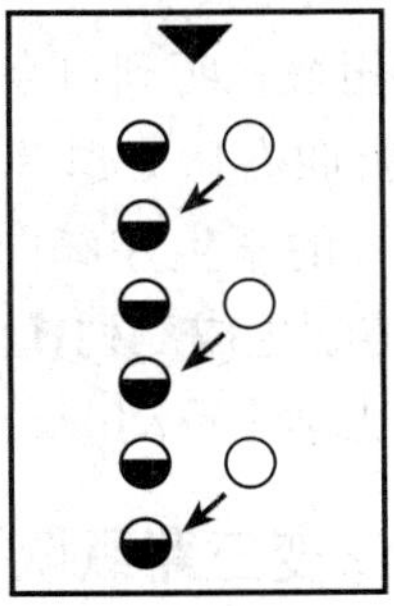

图3–5–8

### （九）一路纵队变三路纵队

口令：成三路纵队——走！

动作要领：先1～3报数。听到口令后，报“2”的学生不动，报“1”的学生左脚向左后方迈一步，右脚向左脚靠拢，站到报“2”的学生左侧；同时，报“3”的学生右脚向右前方迈一步，左脚向右脚靠拢，站到报“2”的学生右侧。全体学生成三路纵队并自动向前密集、对正看齐（排头学生不动）。

### （十）三路纵队变一路纵队

口令：成一路纵队——走！

动作要领：先取两步距离。听到口令后，中间一路学生不动，左路学生右脚向右前方迈一步，左脚向右脚靠拢，站到中间一路学生中；同时，右路学生左脚向左后方一步，右脚向左脚靠拢，站进中间一路学生中。全体学生成一路纵队并自动对正看齐（排头学生不动）。

### （十一）二路纵队变三路纵队

口令：成三路纵队——走！

动作要领：先1～3报数。听到口令后，报“1”“3”的学生不动，左路报“2”的学生右脚向右前方迈一步，左脚向右脚靠拢，站到左路和右路的报“1”的学生之间；同时，右路报“2”的学生左脚向左后方退一步，右脚向左脚靠拢，站到左路和右路的报“3”的学生之间。全体学生成三路纵队并自动对正看齐（排头学生不动）。

### （十二）一路纵队变三列横队

口令：成三列横队——走！

动作要领：先1～3报数。听到口令后，全体学生向左转，报“2”的学生不动，报“1”的学生左脚向左前方迈一步，右脚向左脚靠拢，站到报“2”的学生前面；同时，报“3”的学生右脚向右后方退一步，左脚向右脚靠拢站到报“2”的学生后面。全体学生成三列横队并自动对正看齐，也可以先变成三路纵队再向左转，变成三列横队（排头学生不动）。

### （十三）二路纵队变三列横队

口令：成三列横队——走！

动作要领：先1～3报数。听到口令后，全体学生向左转，报“1”“3”的学生不动，前列报“2”的学生右脚向右后方退一大步，左脚靠拢右脚，站到两列报“1”的学生之间；同时，后列报“2”的学生左脚向左前方迈一大步，右脚向左脚靠拢，站到两列报“3”的学生之间。全体学生成三列横队并自动对正看齐，也可以先变成三路纵队再向左转，变成三列横队（排头学生不动）。

### （十四）二列横队变三路纵队

口令：成三路纵队——走！

动作要领：先1～3报数。听到口令后，全体学生向右转，报“1”“3”的学生不动，左路报“2”的学生右脚向右前方迈一步，左脚向右脚靠拢，站到左路和右路的报“1”的学生之间；同时右路报“2”的学生左脚向左后方退一步，右脚向左脚靠拢，站到左路和右路的报“3”的学生之间。全体学生成三路纵队并自动对正看齐，也可以先变成三列横队后向右转，变成三路纵队（排头学生不动）。



## 二、行进间队列变化

### （一）分队走，合队走

口令：分队——走！合队——走！

动作要领：一路纵队中场行进。听到“分队——走！”的口令后，第一名学生左转弯，第二名学生右转弯，后面的学生依次跟进，全体学生成二路纵队沿左右边线绕场行进。等到即将相遇，听到“合队——走！”的口令时，左路学生左转弯，右路学生右转弯，并依次进到左路学生之后，全体学生成一路纵队行进。（图3–5–9）

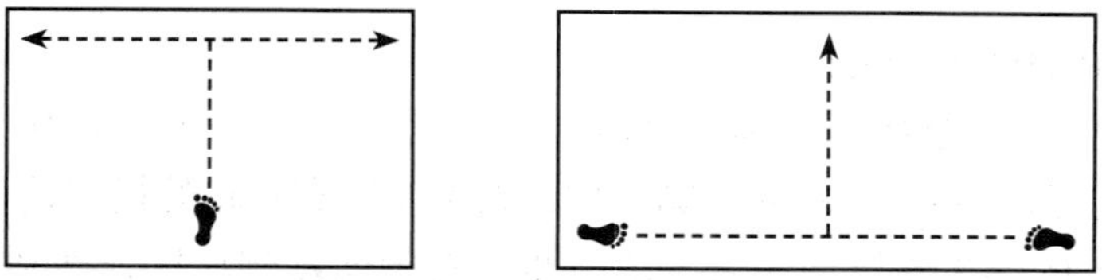

图3–5–9

### （二）由一（二）路纵队变二（四）路纵队

口令：成二（四）路纵队——走！

动作要领：听到口令后，基准学生以小步行进，报双数的学生出右脚，取捷径进到报单数学生右侧，各自调整好间隔和距离，恢复原步法继续前进。

### （三）由二（四）路纵队变一（二）路纵队

口令：成一（二）路纵队——走！

动作要领：先每路前后拉开两步距离。听到口令后，左路学生继续前进，右路学生减速依次向左进到左路（单数）学生后面，并调整好前后距离，恢复原步法继续前进。

### （四）由一（二）列横队变二（四）列横队

口令：成二（四）列横队——走！

动作要领：听到口令后（动令落在左脚上），报单数的学生继续前进，报双数的学生原地踏两步，第三步时进到报单数学生后面，并随之继续前进。

### （五）由二（四）列横队变一（二）列横队

口令：成一（二）列横队——走！

动作要领：先每列左右拉开一步距离。听到口令后，报单数（前列）的学生原地踏两步，报双数（后列）的学生向左跨一步，右脚不靠拢，再向前跨一步进到报单数学生左侧。随即全体学生继续前进。

### （六）一路纵队变多路纵队

两路以上均为多路，下面以变成四路纵队为例进行讲解。

口令：成四路纵队，向左转——走！

动作要领：听到口令后，前四名学生同时向左转以小步前进，后面的学生到达前四名学生转体位置时，自动向左转，并与前四名学生对正前进，依次进行。（图3–5–10）

### （七）多路纵队变一路纵队

口令：成一路纵队，向右转——走！

动作要领：听到口令后，各路纵队的排头学生同时向右转大步行进，并自动对正；后面各路纵队学生依次走到同一地点，自动向右转，排头与前一列的排尾相接，成一路纵队前进。（图3–5–11）

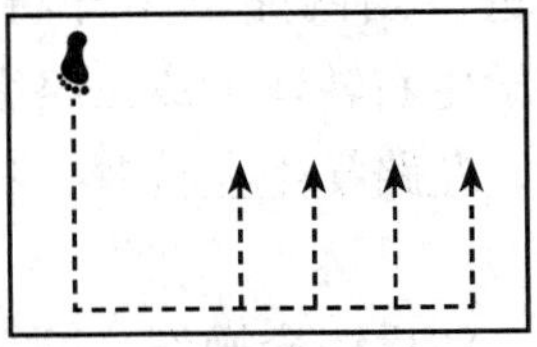
图3–5–10

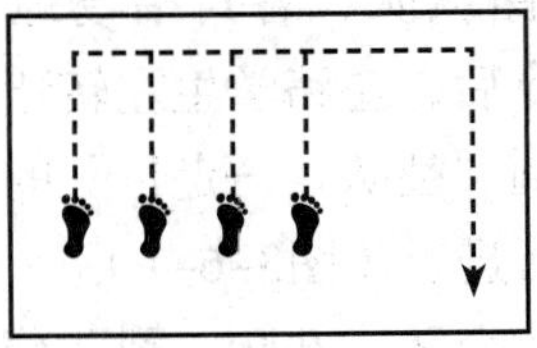
图3–5–11

# 第六节 队形变化练习的动作要领及教法

## 一、原地队形变化

### （一）散开

口令：以右翼（××）为基准一臂（两臂）间隔散开。

动作要领：听到口令后，基准人不动，队伍中的其他人按照一臂间隔、一步距离（两臂间隔、两大步距离）散开，然后对正看齐。

### （二）靠拢

口令：以××为基准向×（前、右、左、中）看齐（以××为基准靠拢）。

动作要领：听到口令后，全体学生按照口令提示的要求（前后一步距离，左右10厘米间隔或体操队形等），向某位学生靠拢、看齐。

## 二、行进间队形变化



### （一）直线方向行进

#### 1. 绕场行进

口令：左后转弯（左转弯）绕场行进齐步（跑步）——走！

如果由两路纵队变为一路纵队绕场行进，口令为：右路依次插入左路成一路纵队，左后转弯（左转弯）绕场行进齐步（跑步）——走！

动作要领：排头学生带领其余学生绕场地边线按逆时针方向行进，每到一角自动左转弯，转弯时尽量保持沿直角行进。

教法：在场地四角转弯处设标志物进行练习。

#### 2. 并队走，裂队走

口令：并队——走！裂队——走！

动作要领：两路纵队，各自沿场地相对行进。当两路学生即将相遇时，听到“并队——走！”的口令后，左路学生左转弯，右路学生右转弯，成二路纵队并列前进；二路纵队中场行进，听到“裂队——走！”的口令后，左路学生左转弯，右路学生右转弯，各自沿左右边线绕场行进。（图3–6–1）

教法：将分队、合队、并队、裂队分别教授，然后综合操作，可一次完成，如一路纵队可按分队、并队、裂队、合队的顺序进行练习。二路纵队可按裂队、合队、分队、并队的顺序进行练习。

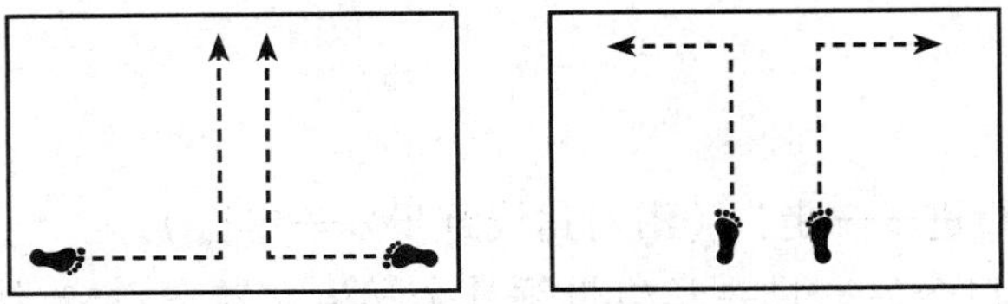

图3-6-1

### 3. 分列式

这种队形变化，在体育教学中，常作为广播体操或徒手、轻器械体操比赛的入场队形。

口令：分列式，正步——走！

动作要领：

（1）让每个学生明确自己在纵队中行进的步数。

教法：每路纵队从排尾向前报数，每人所报的数乘2再减1，所得到的结果就是每个学生前进的步数。例如，每路7人，第一个学生走13步，最后一个学生走1步。

（2）让每个学生明确自己在横队中向前行进的步数。

教法：在横排队形中，由最后一排的每个学生开始向前报数，报至第一排。每一排的数乘2减1，所得到的结果就是每个学生前进的步数。例如，共有4列，第一列学生走7步，最后一列学生走1步。

（3）指挥员下口令。听到口令后，每一路第一个学生向前迈出两步后，迈第三步时，第二个学生开始向前行进，依次进行。

（4）每个学生走完自己的步数（数在左脚上）后，右脚向左脚并拢，同时向左转体90°。

（5）第一排学生向前迈出两步后，迈第三步时，第二排学生开始向前行进，依次进行。最后一步结束后，右脚向左脚靠拢。全体学生迅速自动向右看齐（看齐时保持原间隔和距离不变）。

### 4. 错肩行进

口令：错肩行进——走！（错肩跑步——走！）（成纵队迎面相遇对走）

动作要领：左右两路纵队即将相遇时，听到口令后，各自靠左行进（相隔一步），错右肩继续绕场地行进（也可靠右行，错左肩）。（图3-6-2）

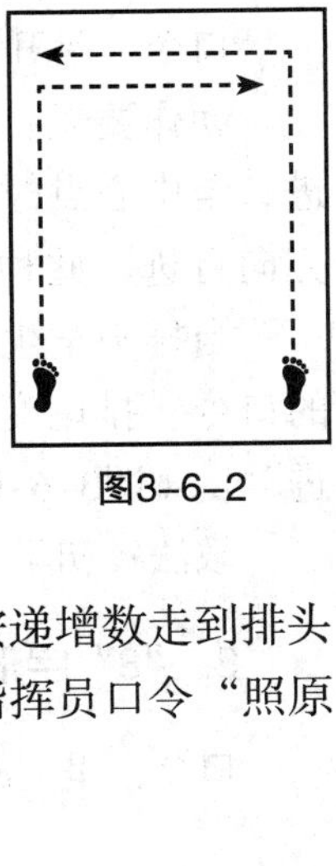

图3-6-2

### 5. 一路纵队变三角形

口令：呈三角形向左转——走！

动作要领：听到口令后，排头学生向左转小步行进，其余学生依次按递增数走到排头学生转体处向左转跟进（一般距离两步，间隔一步），呈三角形后，按指挥员口令“照原步幅前进”“立定”等执行。

## （二）斜线方向行进

### 1. 对角线行进

口令：沿对角线行进——走！（沿对角线跑步——走！）

动作要领：听到口令后，排头学生带领其余学生左转弯135° 按对角行进，到达终点时如无特殊要求自动转弯沿边线逆时针行进。在反复练习中，队伍相交时应依次穿插通过。（图3–6–3）

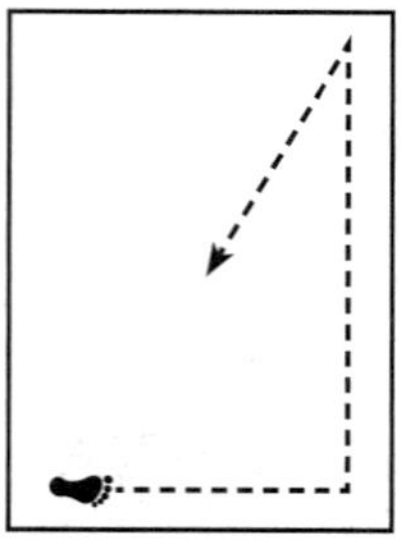

图3–6–3

教法：在两对角处设标志物进行练习。

### 2. 交叉行进

口令：交叉行进——走！

动作要领：两路学生沿左右边线行进。听到口令后，左路学生左转弯135° ，右路学生右转弯135° ，各自沿对角线行进，至中心点相交时，左先、右后依次穿插通过。（图3–6–4）

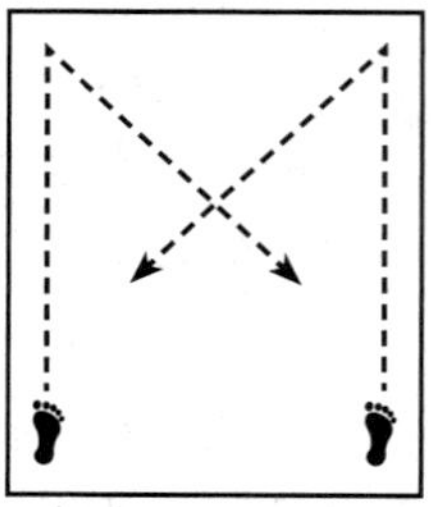

图3–6–4

教法：交叉前先拉开一倍距离，指挥员站在场地中心点附近观测，防止学生碰撞。

## （三）曲线方向行进和来回行进

### 1. 蛇形行进

口令：呈蛇形行进——走！（呈蛇形跑步——走！）

动作要领：由排头学生带领其余学生左后转弯走，到达规定点后自动右后转弯走，依次往复行进。要求学生之间保持一臂间隔。（图3–6–5）

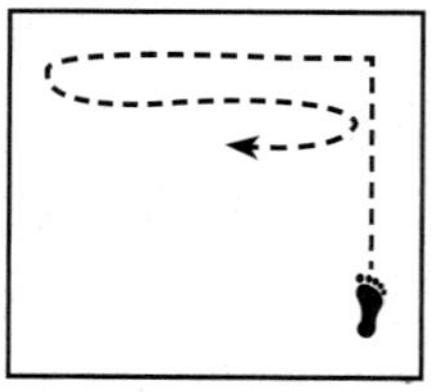

图3–6–5

教法：场地中设置标志或指挥员带领练习。

### 2. 螺旋形行进

口令：呈开（闭）口螺旋形行进——走！（呈开（闭）口螺旋形跑步——走！）

动作要领：由排头学生带领其余学生沿队伍的内缘做螺旋形行进，至中心点时（不能再前进时）自动右后转弯，沿队伍的外缘反方向行进。此种做法称为“开口螺旋形行进”。

当排头学生行进至中心点时，指挥员也可下达向后转走（跑）的口令，排尾变排头，反方向行进。此种做法称为“闭口螺旋形行进”。（图3–6–6）

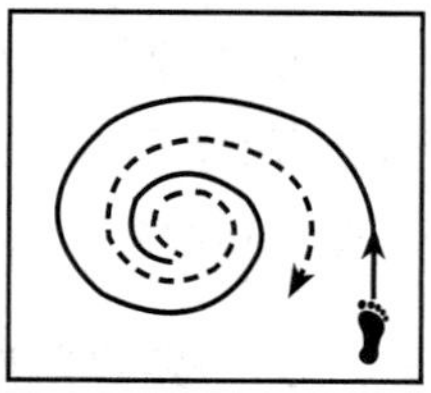

图3–6–6

教法：初学者可先手拉手相接进行练习，以保证队伍的整齐性。

### 3. “8”字形行进

口令：呈“8”字形行进——走！（呈“8”字形跑步——走！）

动作要领：排头学生带领其余学生左转弯弧形行进，通过场地中心点自动右转弯弧形行进成圆形至中心点左转弯，两圆在场地中心点相切，当队伍相交时，依次穿插通过。（图3–6–7）

教法：确定场地中心点。先在画有标志线的场地上进行练习，也可由体育教师带领进行练习。

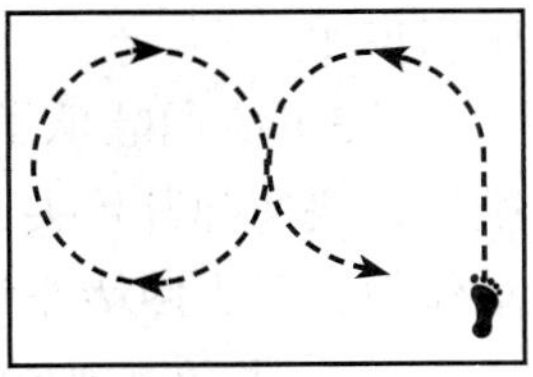

图3–6–7

4. 圆形行进

口令：呈圆形行进——走！（呈圆形跑步——走！）

动作要领：排头学生带领其余学生沿弧形绕场行进，自动调整步幅，至队伍首尾相接后按圆形行进。（图3–6–8）

教法：确定圆心后，排头学生根据队伍长短调整半径；也可以面向圆心，左右拉手呈圆形后进行练习。

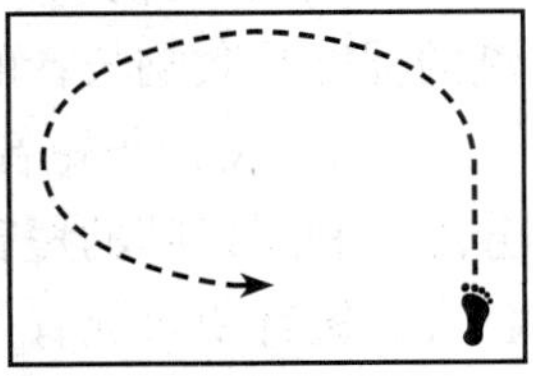

图3–6–8

# 第七节　口哨的功能及运用方法

## 一、口哨的功能

口哨丰富了教师教学语言的表达形式，具有口头语言和非口头语言所能表达的语言功能，代表了教师命令和指示。

（1）正确的哨音短促、洪亮、有威慑力，可规范课堂纪律，在某些特定场合可及时警告、制止一些不文明、不正确的言行，如运动竞赛中的犯规语言、身体冲突等，保证体育课或体育竞赛正常有序进行。

（2）富有节奏的哨音可培养学生的节奏感，减轻教师的工作负担，如指挥学生练习广播体操、队列队形练习。

（3）短促、洪亮、有节奏的哨音可激发学生练习的积极性，并使学生情绪保持振奋状态，从而取得更好的练习效果，如体能练习或径类项目的练习，尤其是冲刺阶段。

（4）简明、有效的哨音可代替更长的语言指令，充满活力和号召力，可有效提升体育课堂练习密度和强度，从而提高课堂教学效率。

（5）体育竞赛或体育教学通常在室外或较大区域体育场馆进行，场地大、人数多、风大、教师距离口令指示区域较远等不利因素，导致语言口令指示大大受限，此时哨子的有效使用可大大提高指令效果，同时可有效保护教师的咽喉和口腔卫生。

## 二、口哨的运用方法

（1）含口哨的方法是用上下牙齿轻轻咬住口哨的吹口，双唇较用力紧闭，舌尖顶住哨口，憋气，收住双腮，手放开。注意：要轻轻咬住哨口。

（2）口哨的绳子要挂在脖子上，右手或左手的拇指、食指紧抓口哨放在胸前，让哨口向上。

（3）应用吐瓜子皮的动作方法吹响口哨，轻轻咬住口哨。全身憋住气，用舌尖抵满哨口，快速弹开舌尖，让气流冲出后迅速将舌尖抵哨口，准备吹下一口。在连续吹响口哨动作中，舌尖回堵非常重要。

（4）短音的吹法：快速弹开舌尖，让气流快速冲出后迅速将舌尖抵满哨口。舌尖伸缩的灵活性决定短音的质量。

（5）长音的吹法：气流冲出的强度保持一段时间后，迅速用舌尖抵满哨口。保持气流的强度是吹响长音的关键。

（6）长音与短音的结合关键在于两者的应用，长音后短音要快，长音气流强度合理分配。利用口哨的短音和长音，吹响调节口令“一、二、一”：“一”用短音，“二”用长音，短音要短促有力，命令性强。

（7）手持口哨做准备，用4拍完成下达口令及送口哨的动作，下达口令“齐步——走！”后把口哨放到嘴里吹响。“齐步——走！”：“齐步”用一拍，停一拍，“走”用一拍，第四拍完成送口哨的动作，不能含着口哨说话。

## 三、体育课中使用口哨的四忌

（1）整节课没有哨声，或只有几次哨声，还有哨声有气无力，根本听不到声。学生在练习，如果哨声小，学生无法听到，哨声就不能很好地为学生服务。



（2）整节课教师一定要把口哨挂在脖子上。如果要做示范，教师可以把口哨放进运动服中，忌把口哨拿在手上，或放在口袋里，或在指导学生动作时一直含在嘴里。

（3）禁止在讲解的过程中使用口哨。在讲解的过程中，学生都围在教师身边，此时使用口哨很容易使口哨中的唾沫溅到学生的脸上。

（4）该吹的不吹，不该吹的吹。

## 【复习思考题】

1. 简述队列练习、队形练习的概念。
2. 根据队列队形口令下达的方法，说明口令分哪几种，各有什么特点。
3. 简述下达口令时应注意的问题。
4. 试述队列队形练习的意义。
5. 队列队形练习时，对指挥员、练习者的要求有哪些？
6. 口哨有什么功能？简述体育课中教师使用口哨的禁忌。

# 第四章　徒手体操

【学习目标】

1. 了解徒手体操的特点及作用。
2. 掌握徒手体操的基本动作、练习形式以及教学中的注意事项。
3. 熟练运用徒手体操的创编原则与步骤，创编和设计一套徒手体操。

【章前导言】

本章主要阐述徒手体操的特点、作用、动作内容及练习形式，分析徒手体操动作的创编原则及徒手体操编排的基本方法、步骤，对练习者进行徒手体操编排有一定的指导意义。通过本章的学习，学生会对徒手体操有一个比较全面的认识，并学会徒手体操的创编方法，了解徒手体操教学中的注意事项，做到理论与实践相结合，为徒手体操的学习奠定基础。

## 第一节　徒手体操的特点及作用

### 一、徒手体操的特点

徒手体操是由身体各个部位各种不同动作组成的单个动作或成套动作。

#### （一）动作简单，易于普及

徒手体操多采用徒手形式进行身体各部位简单动作的练习。因此，它不受场地、器材的限制。

#### （二）动作设计，安全科学

在进行徒手体操练习时，练习者可根据自身的特点进行徒手体操动作内容的选择，根据快、慢有序的动作节奏，科学、合理地调节练习的运动负荷。因此，徒手体操不受性别、年龄等的限制。

#### （三）动作表现，形式多样

徒手体操动作的表现形式多样，可单人练习、双人练习、集体练习，也可原地或者行进间练习，以此达到锻炼身体的目的。

## 二、徒手体操的作用

### （一）有利于促进身体健康

长期进行徒手体操练习，可提高人体各系统、器官的功能，促进血液循环，缓解精神压力，提高内脏器官功能，增强肌肉力量。

### （二）能培养良好的身体姿态

长期进行徒手体操练习，能培养人的正确姿态，矫正身体的不良形态，利于提高身体各部位肌肉的控制能力及关节的灵活性和协调性。

### （三）是体育教学的辅助手段

作为体操项目的一个部分，徒手体操是体操专业的一个基础训练内容，也是各运动项目热身准备活动的首选，是培养学生协调性、节奏感等的良好手段。

# 第二节　徒手体操的基本动作



根据人体各部位所做动作的特点，徒手体操的基本动作分为以下五大部分。

## 一、头颈的基本动作

屈：前屈、侧屈、后屈。
转：左转、右转。
绕和绕环：向左绕和绕环、向右绕和绕环。

## 二、上肢的基本动作

举：前举、上举、侧举、后举，前上举、前下举、侧上举、侧下举，前斜上举、前斜下举、后斜下举。

振：上举后振、侧举后振、胸前平屈后振等。

屈：胸前平屈、胸前上屈、肩侧屈、肩侧上屈、两手叉腰后屈等。

伸：前伸、侧伸、上伸等。

绕和绕环：向前、向后、向左、向右、向内、向外的绕和绕环等。（从臂前举和侧举开始，可以做向上和向下的绕和绕环；从臂上举和体侧开始，可以做向前、向后、向左、向右、向内、向外的绕和绕环）

## 三、躯干的基本动作

屈：前屈、侧屈、后屈。
振：前振、侧振、后振。
倾：前倾、侧倾、后倾。
转：左转、右转。
绕环：向左绕环、向右绕环。

## 四、下肢的基本动作

立：直立、开立、点地立、提踵立等。
蹲：全蹲、半蹲，并腿蹲、分腿蹲等。
举：前举、侧举、后举等。
踢：前踢、侧踢、后踢等。
屈：前屈、侧屈、后屈。
伸：前伸、侧伸、后伸等。
弓步：前弓步、侧弓步、后弓步等。
坐：并腿坐、分腿坐、屈腿坐等。
跪：跪立、跪坐等。
跳：单脚跳、双脚跳，开合跳、弓步跳等。

## 五、复合部位的基本动作

撑：俯撑、侧撑、仰撑、跪撑等。
卧：俯卧、侧卧、仰卧等。

# 第三节　徒手体操的练习形式

按练习形式分，徒手体操可以分为单人练习、双人练习等。按运动方式分，徒手体操可以分为定位练习、行进间练习、配合练习等形式。

## 一、单人练习

依据人体解剖学特征和身体运动部位，单人练习可以分为头颈动作练习、上肢动作练习、下肢动作练习和全身动作练习。练习者在统一口令节拍下，同时完成相同内容的动作。

### （一）单人定位练习

单人定位练习是练习者在原地进行练习。在练习过程中对场地大小的要求相对较低。

### （二）单人行进间练习

单人行进间练习是练习者在行进中进行练习，练习是需要移动的。这种练习需要较大的场地面积，组织练习有一定难度，同时这种练习的运动负荷比定位练习要大。

## 二、双人练习

双人练习是两人协调配合完成动作的练习。这种练习可激发练习者的学习兴趣，同时可达到更好的练习效果。

### （一）练习形式

双人练习一般采用原地定位练习的方式。

### （二）站位

在配合做动作时，站位可分为两人面对、背对、侧对或同向重叠等。

### （三）双人配合练习



双人配合练习是在两人相互协助配合下完成的，方法可分为以下3种。

（1）助力性练习：一人帮助另一人做动作，如帮助拉肩。（图4–3–1）

（2）对抗性练习：两人相互用力做动作，如两人面对站立，两臂轮流互推。（图4–3–2）

（3）协同性练习：两人配合用力做动作，如两人并立，外侧臂上举互握手，内侧臂侧下举互握手，同时向外侧迈步成开立体侧运动。（图4–3–3）

图4–3–1

图4–3–2

图4–3–3

## 第四节　徒手体操的创编

### 一、徒手体操的创编原则

进行徒手体操动作的创编，首先要了解影响徒手体操动作效果的各种因素。徒手体操动作是人体各肢体部位在一定时间和空间状态下的复合运动，影响其动作效果的因素包括身体姿态、动作方向、动作幅度、动作路线、动作频率、动作速度、动作节奏和动作配合8种。因此，在创编徒手体操动作时正确掌握和运用影响动作效果的各个因素，能有效地改变动作做法、动作难度，合理调节运动负荷，有选择地锻炼身体的不同部位，达到预期的锻炼效果。

创编是徒手体操的生命力，只有不断变化、更新才能保持徒手体操的活力。人们经过长期的实践，总结成功的经验，研究和探索徒手体操创编的客观规律，将实践获得的经验与科研成果归纳、升华为理论认识，从而提出了用于指导徒手体操动作创编的原则。

#### （一）针对性原则

在创编一节操和整套动作时，要明确目的，根据对象和任务选择内容，如有具体侧重身体素质练习的、有具体侧重培养身体姿态练习的等。创编徒手体操时只有根据练习者的性别、年龄、身体状况等合理编排符合他们特点的动作，才能达到良好的练习效果。例如，创编少年儿童徒手体操时，应有造型美观、动作活泼以及游戏性质的内容，以给少年儿童带来愉快和欢乐，提高少年儿童的练习兴趣，这既符合少年儿童的心理特点，又能达到锻炼的目的。特别要选择一些有利于少年儿童形成正确姿势、发展少年儿童主要肌群力量、促进少年儿童身体的正常发育、增进少年儿童健康、增强少年儿童体质的动作。再如，创编以保健为目的的广播体操，选择的动作既要简单易学，又要有锻炼价值，应根据身体主要活动的部位选择动作内容。为培养良好的身体姿态，在选择动作时应全面规范。

任务不同，创编要求也就不同。例如，对于老年人和体弱者，应选择简单易学、节奏慢的动作；对于少年儿童，应选择活泼轻快和具有模仿性的动作；对于青年人，应选择刚健有力、富有朝气、速度稍快、节奏分明的动作；对于女性锻炼者，则应适当选择一些协调、优美、柔和的动作；等等。总之，只有任务明确，所编排的内容才能达到好的效果。

#### （二）科学性原则

创编成套动作时应遵循人体运动生理变化规律，合理选择动作内容。内容的选择不仅要符合人的身心特征，还要注重人的全面发展。因此，整套动作应包含头颈、上肢、下肢、躯干、全身、跳跃和整理运动。动作的方向要有前、后、左、右的对称性，还应把培养良好的身体姿态与全面提高身体素质相结合，使身体各部位都能得到充分的锻炼，动作要由慢到快、由简到繁，运动负荷量也要由小到大，逐步上升，以此达到预期的锻炼效果。

### （三）创新性原则

徒手体操的内容极为丰富，创编徒手体操不仅应根据实际情况选择动作，而且应针对不同要求选择一些新动作。可以通过改变开始姿势、方向、幅度、路线等方法创编具有锻炼实效的动作；也可以不断变化补充新的动作内容激发练习者的积极性，以提高其兴趣，达到良好的教学效果。

## 二、徒手体操的创编步骤

徒手体操创编的基础是单人徒手体操动作。它以身体各部位做各种类型动为核心，再加上影响动作效果的8个因素的各种变化，巧妙组合成千姿百态、丰富多彩的动作。通常情况，徒手体操的创编分为3个阶段。

### （一）创编准备阶段

明确创编的目的及任务；了解练习者各方面的情况，如性别、年龄、身体情况、实际运动能力水平等；查阅相关徒手体操资料及研究动态；等等。

### （二）创编动作阶段



确定操的类别形式后，根据具体的用途和创编的目的，制定具体内容和练习形式，确定徒手体操的名称及节数和次数等。一般顺序是头部或伸展运动、上肢运动、肩部运动、胸部运动、体侧运动、体转运动、腹背运动、全身运动、跳跃运动、整理运动。应依据对象的年龄、性别、素质水平等因素，确定每节操动作的难度及幅度、路线、速度、频率、节奏的变化和整套操的运动负荷。

### （三）创编结束阶段

在完成动作创编后，依据动作内容配乐，也可以先选好音乐，再根据音乐创编动作，但总的要求是音乐和动作成为一个完美的整体。创编完成后，需要对所创编的内容做进一步的修改和完善，目的是使所创编的内容尽可能地符合练习的要求。因此，要组织部分练习者对所创编的动作内容进行试做，从中发现存在的问题并加以修改，同时检验运动负荷是否合理、难度是否适宜、各节之间是否衔接协调，通过图解、视频等形式向专家展演，根据专家所提意见和建议进行修改。

# 第五节　徒手体操成套动作范例

## 一、基本动作组合练习

### （一）上肢动作组合1（4×8拍）

上肢动作组合第一个8拍如图4-5-1所示。

图4-5-1

预备姿势：直立。
第一个8拍：
第1拍：两臂前举，五指并拢，掌心相对。
第2拍：两臂上举，五指并拢，掌心相对。
第3拍：两臂侧举，五指并拢，掌心向下。
第4拍：两臂还原至体侧。
第5~第6拍：脚侧出一步，同时两臂经体前交叉绕至侧上举，五指并拢，掌心相对。
第7拍：两臂侧下举，五指并拢，掌心向内。

第8拍：左脚并右脚，同时两臂还原至体侧。
第二个8拍：动作同第一个8拍，但方向相反。
第三至第四个8拍：动作同第一至第二个8拍。

### （二）上肢动作组合2（4×8拍）

上肢动作组合2第一个8拍如图4-5-2所示。

图4-5-2

预备姿势：直立。
第一个8拍：
第1拍：两臂胸前上屈，两手握拳，拳心向内。
第2拍：两臂胸前平屈，两手握拳，拳心向下。
第3拍：两臂胸前屈交叉，两手握拳，拳心向内。
第4拍：两臂肩侧上屈，两手握拳，拳心相对。
第5拍：两臂肩侧屈，手扶头后（并掌）。
第6拍：两臂肩侧屈，手指触肩。
第7拍：两手叉腰。
第8拍：还原成直立。
第二至第四个8拍：动作同第一个8拍。

## （三）下肢动作组合（4×8拍）

下肢动作组合第一个8拍如图4-5-3所示。

图4-5-3

预备姿势：直立，两手叉腰。

第一个8拍：

第1拍：左腿提膝。

第2拍：还原成直立。

第3拍：左腿前踢至90° 。

第4拍：还原成直立。

第5拍：左腿侧踢。

第6拍：两腿并拢，屈膝半蹲。

第7拍：左腿后踢。

第8拍：还原成直立。

第二个8拍：动作同第一个8拍，但方向相反。

第三至第四个8拍：动作同第一至第二个8拍。

## 二、《单人定位操》成套动作图解及文字说明

**第一节　伸展运动（4×8拍）**

伸展运动预备姿势和第一个8拍前4拍动作如图4-5-4所示。

预备姿势　1　2　3　4

图4-5-4

预备姿势：直立。

第一个8拍：

第1拍：左脚向侧一步成开立，同时两臂侧举，五指并拢，掌心向下。

第2拍：右脚并左脚成直立，两臂胸前平屈，五指并拢，掌心向下。

第3拍：左脚向侧一步成开立，两臂侧上举，五指并拢，掌心向外。

第4拍：右脚并左脚收左腿还原成直立，两臂经侧还原至体侧。

第5~第8拍：动作同第1~第4拍，但方向相反。

第二至第四个8拍：动作同第一个8拍。

**第二节　四肢运动（4×8拍）**

四肢运动预备姿势和第一个8拍动作如图4-5-5所示。

预备姿势　1　2　3

图4-5-5

4　　5，6　　7　　8

图4–5–5（续）

预备姿势：直立。

第一个8拍：

第1拍：屈膝半蹲，同时左臂前上举，右臂后下举，五指并拢，掌心向下。

第2拍：还原成直立。

第3~第4拍：动作同第1~第2拍，但方向相反。

第5~第6拍：左脚向侧一步成半蹲，同时两臂侧举，五指并拢，掌心向下。

第7拍：左脚并于右脚成直立，同时两臂胸前平屈，五指并拢，掌心向下。

第8拍：还原成直立。

第二个8拍：动作同第一个8拍，但方向相反。

第三至第四个8拍：同第一至第二个8拍。

**第三节　扩胸运动（4×8拍）**

扩胸运动预备姿势和第一个8拍动作如图4–5–6所示。

预备姿势　　1　　2　　3

4　　5，6　　7　　8

图4–5–6

预备姿势：直立。

第一个8拍：

第1拍：左脚向前一步成弓步，两臂经前举至胸前平屈，握拳，拳心向下，向后扩胸一次。

第2拍：收左脚还原成直立，两臂前举，握拳，拳心向下。

第3~第4拍：动作同第1~第2拍，但方向相反。

第5~第6拍：左脚向侧一步成开立，同时两臂侧举，握拳，拳心向下，向后扩胸两次。

第7拍：左脚并于右脚成直立，同时两臂前举，握拳，拳心向下。

第8拍：还原成直立。

第二至第四个8拍：动作同第一个8拍。

**第四节　踢腿运动（4×8拍）**

踢腿动作预备姿势和第一个8拍前4拍动作如图4–5–7所示。

预备姿势　1　2　3　4

图4–5–7

预备姿势：直立。

第一个8拍：

第1拍： 左脚向前一步，同时两臂上举，五指并拢，掌心相对。

第2拍：右腿向前踢起90°，同时两臂经前摆至后下举，五指并拢，掌心向后。

第3拍：还原至1拍姿势。

第4拍：收左腿还原成直立，两臂经前还原至体侧。

第5~第8拍：动作同第1~第4拍，但方向相反。

第二至第四个8拍：动作同第一个8拍。

**第五节　体侧运动（4×8拍）**

体侧运动预备姿势和第一个8拍动作如图4–5–8所示。

图4-5-8

预备姿势：直立。
第一个8拍：
第1拍：左脚向侧一步成开立，同时两臂经胸前至上举，五指并拢，掌心相对。
第2拍：两臂胸前平屈，五指并拢，掌心向下。
第3拍：上体向左侧屈45°。
第4拍：动作同第2拍。
第5~第6拍：动作同第3~第4拍。
第7拍：上体向右侧屈45°，同时左臂经肩侧上屈至上举，右手叉腰。
第8拍：收左腿还原成直立，左臂经侧还原至体侧。
第二个8拍：动作同第一个8拍，但方向相反。
第三至第四个8拍：动作同第一至第二个8拍。

**第六节　体转运动（4×8拍）**

体转动作预备姿势和第一个8拍前4拍动作如图4-5-9所示。

预备姿势　1　2　3　4

图4–5–9

预备姿势：直立。

第一个8拍：

第1拍：左脚向左侧一步成开立，同时两臂侧平举，五指并拢，掌心向下。

第2拍：上体左转90°，左手叉腰，右臂前举，五指张开，掌心向后。

第3拍：上体右转180°，同时左臂胸前平屈，右臂侧举，五指并拢，掌心向下。

第4拍：收左腿还原成直立，左臂经前，右臂经侧还原至体侧。

第5~第8拍：动作同第1~第4拍，但方向相反。

第二至第四个8拍：动作同第一个8拍。

**第七节　全身运动（4×8拍）**

全身运动预备姿势和第一个8拍前4拍动作如图4–5–10所示。

预备姿势　1　2　3　4

图4–5–10

预备姿势：直立。

第一个8拍：

第1拍：左脚向左侧一步成开立，同时两臂经侧摆至上举交叉，五指并拢，掌心向前，抬头，目视手。

第2拍：上体前屈，两臂经侧至左腿后击掌。

第3拍：动作同第2拍，但方向相反。

第4拍：收左腿还原成直立，两臂还原至体侧。

第5~第8拍：动作同第1~第4拍，但方向相反。

第二至第四个8拍：动作同第一个8拍。

**第八节　跳跃运动（4×8拍）**

跳跃运动预备姿势和第一个8拍动作如图4-5-11所示。

预备姿势　1　2　3　4

5　6　7　8

图4-5-11

预备姿势：直立。

第一个8拍：

第1拍：跳成开立，两腿弯曲，同时两臂侧举，五指并拢，掌心向下。

第2拍：跳成并立，同时两臂还原至体侧。

第3~第4拍：动作同第1~第2拍。

第5拍：左腿提膝跳，两臂胸前上屈，握拳，拳心向内。

第6拍：还原成直立。

第7~第8拍：动作同第5~第6拍，但方向相反。

第二至第四个8拍：动作同第一个8拍。

## 三、《双人定位操》成套动作图解及文字说明

**第一节　上肢运动（4×8拍）**

上肢运动预备姿势和第一个8拍前4拍动作如图4-5-12所示。

预备姿势　1　2　3　4

图4-5-12

预备姿势：面对面站立，两手相握。

第一个8拍：

第1拍：异侧脚向侧迈出一步，两手相握。

第2拍：转体90°，脚尖点地，外侧手臂成侧举，内侧手臂成前举，手互握。

第3拍：动作同第1拍。

第4拍：还原成并立，两手相握。

第5~第8拍：动作同第1~第4拍，但方向相反。

第二至第四个8拍：动作同第一个8拍。

**第二节　四肢运动（4×8拍）**

四肢运动预备姿势和第一个8拍动作如图4-5-13所示。

预备姿势　1　2　3　4

5　6　7　8

图4-5-13

预备姿势：面对面站立，两手相握。
第一个8拍：
第1拍：异侧脚向侧迈出一步，两手相握，同时两臂侧举。
第2拍：两脚保持不动，同时两臂胸前上屈，两手相握。
第3拍：两脚保持不动，同时两臂上举，两手相握，抬头，目视手。
第4拍：动作同第1拍。
第5拍：两人同时转体90° 成弓步，脚尖点地，外侧臂侧平举，内侧臂前举，两手相握。
第6拍：动作同第2拍。
第7拍：动作同第4拍。
第8拍：还原成并立，两手相握。
第二至第四个8拍：动作同第一个8拍。

**第三节　扩胸运动（4×8拍）**

扩胸运动预备姿势和第一个8拍动作如图4-5-14所示。

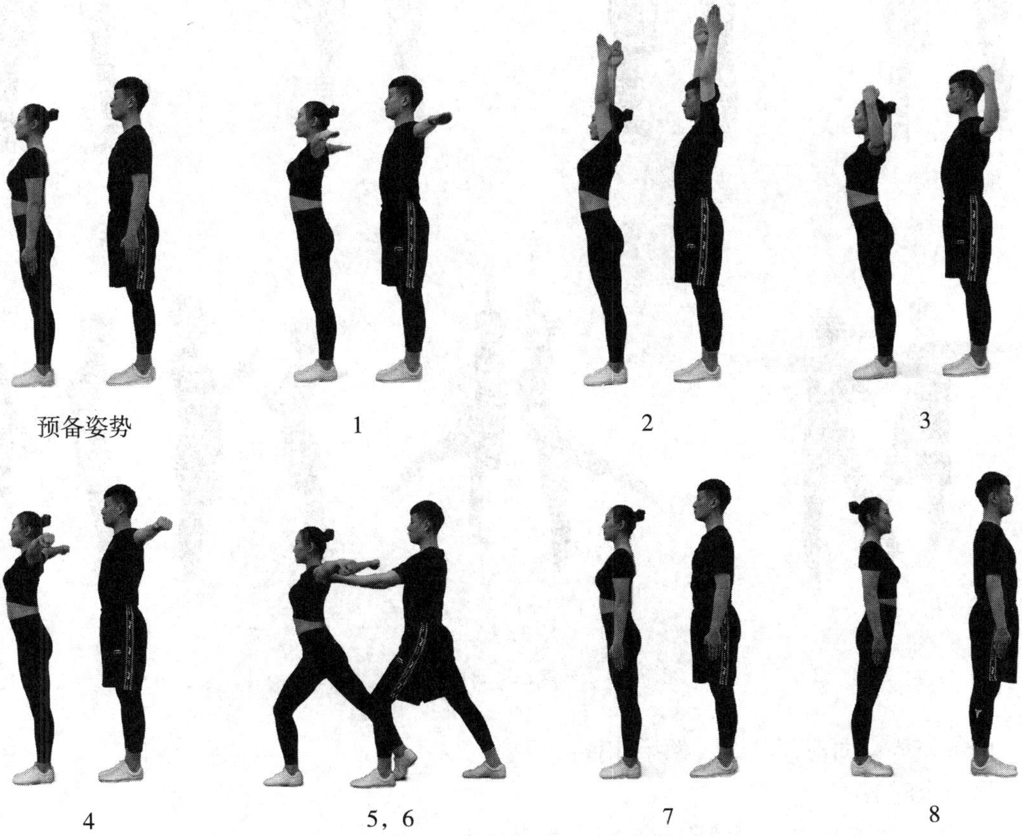


图4-5-14

预备姿势：直立。
第一个8拍：
第1拍：两脚并立，两臂侧举，五指并拢，掌心向下。
第2拍：两脚保持不动，两臂肩侧屈，两手握拳，拳心相对。

第3拍：两脚保持不动，两人两臂上举，五指并拢，掌心相对。

第4拍：动作同第1拍。

第5~第6拍：左脚向前迈出一步成弓步，前方人两臂侧举向后振臂两次，后方人两手扶前方人手肘进行辅助。

第7拍：收左脚还原成直立，两臂经前还原至体侧。

第8拍：两人同时右转体180° 成预备姿势。

第二至第四个8拍：动作同第一个8拍。

**第四节　踢腿运动（4×8拍）**

踢腿运动预备姿势和第一个8拍动作如图4-5-15所示。

图4-5-15



预备姿势：面对面站立，两手相握。

第一个8拍：

第1拍：两脚并立，两臂胸前上屈，两手相握。

第2拍：左腿向侧踢起90°，两臂胸前上屈，两手相握。

第3拍：动作同第1拍。

第4拍：右脚向右侧迈出一步，左脚尖点地，右臂侧举，左臂胸前上屈，两手相握。

第5~第6拍：左腿后踢，同时右臂经前成上举，掌心向内。

第7拍：动作同第1拍。

第8拍：还原成直立。

第二至第四个8拍：动作同第一个8拍。

**第五节　体侧运动（4×8拍）**

体侧运动预备姿势和第一个8拍前4拍动作如图4-5-16所示。

预备姿势　1　2　3　4

图4-5-16

预备姿势：面对面站立。

第一个8拍：

第1拍：异侧脚向侧迈出一步，同时两臂侧举，两手相握。

第2拍：上体同时向同侧侧屈45°，同侧臂体前下举，异侧臂上举，两手相握。

第3拍：动作同第1拍。

第4拍：还原成直立。

第5~第8拍：动作同第1~第4拍，但方向相反。

第二至第四个8拍：动作同第一个8拍。

**第六节　体转运动（4×8拍）**

体转运动预备姿势和第一个8拍前4拍动作如图4-5-17所示。

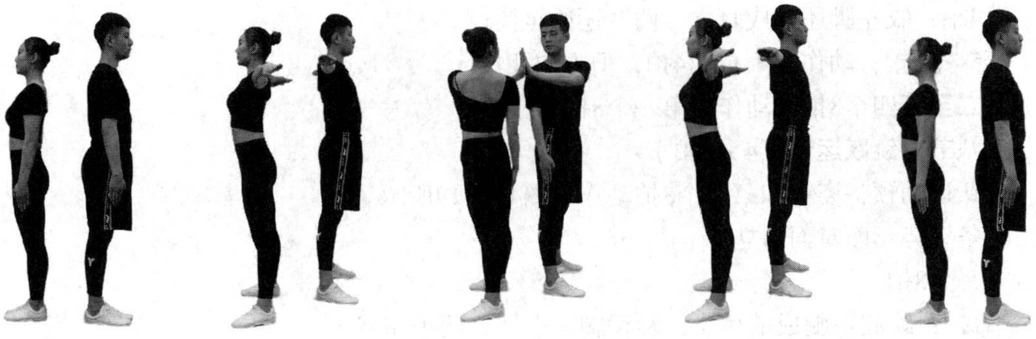

预备姿势　1　2　3　4

图4-5-17

预备姿势：背对背站立。
第一个8拍：
第1拍：左脚向左侧迈出一步，两臂侧举，掌心向下。
第2拍：两脚保持不动，上体向右转90°，左手击掌，右臂还原至体侧。
第3拍：动作同第1拍。
第4拍：收左脚还原成直立，两臂还原至体侧。
第5~第8拍：动作同第1~第4拍，但方向相反。
第二至第四个8拍：动作同第一个8拍。

**第七节　全身运动（4×8拍）**

全身运动预备姿势和第一个8拍前4拍动作如图4-5-18所示。

预备姿势　1　2，3　4

图4-5-18



预备姿势：背对背站立。
第一个8拍：
第1拍：异侧脚向左侧迈出一步，同时两臂经前至上举，五指并拢，掌心向前。
第2~第3拍：上体前屈，同时两手胯下击掌两次。
第4拍：收左脚还原成直立，两臂还原至体侧。
第5~第8拍：动作同第1~第4拍，但方向相反。
第二至第四个8拍：动作同第一个8拍。

**第八节　跳跃运动（4×8拍）**

跳跃运动预备姿势和第一个8拍动作如图4-5-19所示。
预备姿势：面对面站立。
第一个8拍：
第1拍：跳起左腿成前弓步，两臂胸前上屈，两手相握。
第2拍：还原成直立。
第3~第4拍：动作同第1~第2拍，但方向相反。
第5拍：跳起成开立，两臂成侧举，两手相握。

预备姿势，2，4，6，8　　　　　1　　　　　　　　　　3　　　　　　　　　　5，7

图4–5–19

第6拍：动作同第2拍。

第7~第8拍：动作同第5~第6拍。

第二至第四个8拍：动作同第一个8拍。

## 第六节　徒手体操教学的注意事项



### 一、充分的课前准备

在练习徒手体操前，应选择平整的练习场地，同时注意做好充分的准备活动，避免肌肉拉伤和关节损伤。练习的运动负荷要循序渐进。在练习的过程中要确保动作正确、规范。

### 二、合理的练习队形

为了获得良好的练习效果，应组织合理的练习队形。选择适当的队形，不但能使做操顺利进行，而且对安全和健康都有一定的保障，同时是培养组织纪律性的一种手段。

### 三、及时纠正错误

在教学过程中，体育教师要严格要求，如发现错误，应及时纠正。体育教师应多采取一对一、面对面的方式互教互学，改正错误，这种方式既能使学生更快、更好地掌握动作，又能使体育教师提高教学技能，培养学生的互助精神。

## 【复习思考题】

1. 简述徒手体操的特点和作用。
2. 徒手体操练习的主要形式有哪些?
3. 徒手体操编排各阶段的主要工作内容有哪些?
4. 徒手体操教学中应注意哪些事项?
5. 根据徒手体操的创编原则，创编一套徒手体操。

# 第五章　轻器械体操

【学习目标】

1. 了解轻器械体操的内容、分类、特点与作用。

2. 掌握轻器械体操的基本动作及编排的基本要求。

3. 熟练运用轻器械体操创编方法，创编和设计一套轻器械体操。

【章前导言】

本章主要阐述轻器械体操的内容与分类、特点及作用和常用轻器械体操动作内容与方法以及教学的注意事项，重点介绍了体操棍、实心球、跳绳、木哑铃的成套动作创编及成套动作范例。通过本章的学习，学生可以充分利用不同器械进行身体练习，使练习方法多样化，同时学会轻器械体操的创编方法，了解轻器械体操教学中的注意事项，做到理论与实践相结合，为轻器械体操的学习奠定基础。

## 第一节　轻器械体操的内容与分类

轻器械体操是在徒手体操的基础上，手持轻器械（如体操棍、实心球、跳绳、木哑铃等），充分利用不同器械的特点进行的身体练习。它既有身体各部位的运动，又有轻器械变化的动作，还可利用轻器械设置障碍物、游戏来练习，使轻器械体操练习内容更加丰富、形式更加多样。

依据轻器械的材料质地，轻器械体操可分为硬轻器械体操、软轻器械体操和弹性轻器械体操。硬轻器械包括体操棍、实心球、木哑铃、火棒等，软轻器械包括纱巾、彩旗、彩带、跳绳等，弹性轻器械包括健身球、弹力带等。根据高校体育课程教学实际，本章仅介绍体操棍、实心球、跳绳、木哑铃等轻器械体操的基本动作。

## 第二节　轻器械体操的特点及作用

### 一、轻器械体操的特点

轻器械体操的主要特点是种类繁多、内容丰富、形式多样、特点鲜明、功效显著。人们结合不同轻器械的特点，改变轻器械对身体的影响，从而改变练习的强度；改变轻器械与身体各部位动作的配合，从而改变练习的难易程度；利用不同轻器械的使用方法，变化多种多样的练习形式，最终达到锻炼的目的。轻器械体操除常用于体育课的准备活动、辅助练习及身体素质练习外，还可用于各种形式的个人、集体和团体操的表演。

## 二、轻器械体操的作用

轻器械体操练习，能培养学生正确优美的身体姿态，增强学生身体各关节的柔韧性、灵活性和肌肉的控制能力，提高学生的身体协调性，发展学生的灵敏素质，提高学生的学习兴趣，增强学生的协作能力和集体荣誉感。

# 第三节　轻器械体操动作内容与编排

各种轻器械体操练习的方式不同，内容也不同。本节仅介绍体操棍、实心球、跳绳、木哑铃等轻器械体操的练习内容与方法。

## 一、体操棍

体操棍为木质的，一般长1~1.2米，直径为2~2.5厘米，长度和质量可以根据练习对象和动作进行调节。在无专用体操棍时，可用小竹竿、小木棍等代替。



### （一）握棍方法

握棍方法有正握、反握、正反握、交叉握、单手握棍、双手握棍、垂直握棍等。

### （二）握棍部位

握棍的部位有棍两端、棍一端、棍中间、棍的1/4处或1/3处等。

### （三）换握方法

换握方法一般包括单手离棍换握、滑动换握等。

### （四）棍在空间的部位

棍在空间的部位是以棍与上体的关系来确定的，通常有水平位、垂直位和倾斜位。棍在倾斜位时，如不指明倾斜度数，则与地面成45° 角。

### （五）持棍基本动作

#### 1. 持棍立正

立正，右臂下垂，右手拇指与食指握棍一端，其余三指贴紧棍身，使棍垂直于右肩并靠肩。（图5-3-1）

2. 持棍稍息

左脚侧出一步与肩同宽，同时右手压棍，使棍上端落下轻放于左脚尖前的地面上（图5–3–2），或稍息的同时右手压棍，使棍上端轻放于左脚尖前的地面上（图5–3–3）。

3. 持棍行进

同立正持棍姿势相同，但行进中，一般是右手持棍不动，左臂自然摆动。（图5–3–4）

图5–3–1

图5–3–2

图5–3–3

图5–3–4

## （六）持棍动作内容



1. 持棍举的动作

（1）正握，棍上下水平运动，有臂下垂、前下举、前举、前上举、上举、后举。
（2）正握前举，棍左右水平运动，同时单手滑棍，如臂侧举。（图5–3–5）
（3）垂直握，棍垂直运动，如前举滑棍。（图5–3–6）

图5–3–5

图5–3–6

（4）正握上举，单手滑棍，成一臂上举、一臂胸前平屈。（图5–3–7）

（5）正握棍两端，棍倾斜，成一臂侧举、一臂上举。（图5–3–8）

图5–3–7

图5–3–8

（6）单手握棍，棍水平运动、垂直运动成倾斜运动，有臂下垂、前下举、前举、前上举、上举、侧下举、侧举、后举，如单臂上举。（图5–3–9）

（7）正握前举，转棍换握成棍在肩前，两臂屈臂交叉。（图5–3–10）

图5–3–9

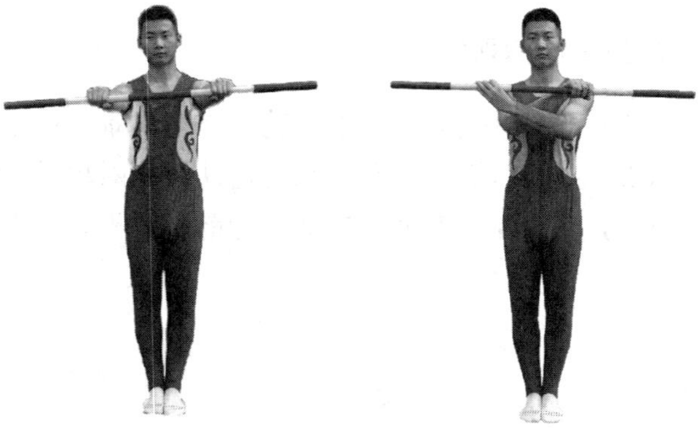

图5–3–10

## 2. 持棍绕和绕环动作

持棍绕和绕环动作是在做操的过程中，棍在练习者手中转动的动作。

（1）小绕和小绕环动作：单手持棍，以腕关节为轴转动，向各个方向做向内或向外绕或绕环动作。

（2）中绕和中绕环动作：单手持棍，以肘关节为轴转动，向各个方向做向内或向外绕或绕环动作。

（3）大绕和大绕环动作：单手持棍，以肩关节为轴转动，直臂向各个方向做向内或向外绕或绕环动作。

#### 3. 持棍限制性动作

（1）两手握棍两端，两臂依次或同时向前、向后转肩。
（2）两手握棍同肩宽，两腿依次摆越或同时跳过棍。
（3）将棍竖立在地面上，单腿摆越过棍。
（4）单手握棍一端沿地平面绕环，两脚依次跳过。

#### 4. 模仿动作

手持棍，模仿军队的扛枪、刺杀，武术的刀、枪、剑、棍，以及击剑的刺、劈等动作。

### （七）持棍练习内容

#### 1. 棍操

棍操是指将持棍动作内容进行合理的组合，按照一定的顺序、节奏进行的练习。按照不同的练习形式，棍操可分为如下几种。

（1）单人练习：单人手持棍进行原地或行进间的练习。
（2）双人练习：双人配合完成协同性、助力性和对抗性动作。
①双人配合完成协同性动作有两人同握一棍做举或体前、侧、后屈等。
②双人配合完成助力性动作有一人握棍上举，另一人在后帮助拉肩等。
③双人配合完成对抗性动作有两人同握一棍，互相拉棍、推棍、扭棍等。
（3）集体练习：在统一口令下，多人或全体队员同时或依次完成相同或专门规定的动作。

#### 2. 游戏

利用棍进行各种竞赛性游戏，如将棍按一定距离排列在地面上，做各种跑过、跳过动作；一人持棍由纵队排头将棍沿地面移动至排尾，每人依次跳过；队伍围成圆形，一人持棍顺时针或逆时针将棍沿地面移动，每人依次跳过；传递棍；对抗推拉棍；等等。

### （八）棍操的编排

创编棍操除遵循徒手体操创编的原则、创编步骤与方法外，还应遵守以下要求。

#### 1. 动作名称与动作内容要相符

根据动作名称创编动作内容，每节操的动作内容要有针对性地锻炼身体的主要部位，身体其余部位的运动是为完成主要部位的锻炼而进行的配合动作。例如，腹背运动主要锻炼的部位是身体的前后肌，能使身体的腹肌、背肌得到充分锻炼。

#### 2. 持棍动作练习内容要体现棍的特点

根据棍的特点，从持棍动作内容中选择持棍举的动作、持棍绕和绕环的动作、持棍限制性动作和模仿动作进行编排。

### 3. 确定棍操的编排顺序

棍操通常按照以下顺序编排。

（1）预备姿势：持棍的方法和练习中换棍的方法。

（2）第一节：上肢运动。

（3）第二节：伸展运动。

（4）第三节：踢腿运动。

（5）第四节：体侧运动。

（6）第五节：体转运动。

（7）第六节：腹背运动。

（8）第七节：全身运动。

（9）第八节：跳跃运动。

### 4. 范例：棍操

**第一节　上肢运动（4x8拍）**

上肢运动预备姿势和第一个8拍前4拍动作如图5-3-11所示。

图5-3-11

预备姿势：直立，正握棍。

第一个8拍：

第1拍：左脚向侧一步成开立，两臂持棍前举。

第2拍：两臂持棍上举。

第3拍：动作同第1拍。

第4拍：收左脚还原成预备姿势。

第5~第8拍：动作同第1~第4拍，但方向相反。

第二至第四个8拍：动作同第一个8拍。

**第二节　伸展运动（4x8拍）**

伸展运动预备姿势和第一个8拍前4拍动作如图5-3-12所示。

预备姿势　　1　　2　　3　　4

图5–3–12

预备姿势：直立，正握棍。

第一个8拍：

第1拍：左脚向侧一步成开立，两臂持棍，左臂侧举，右臂胸前平屈，头左转90°。

第2拍：两手持棍上举，抬头，目视手。

第3拍：动作同第1拍，但方向相反。

第4拍：收左脚，还原成预备姿势。

第5~第8拍：动作同第1~第4拍，但方向相反。

第二至第四个8拍：动作同第一个8拍。

**第三节　踢腿运动（4x8拍）**

踢腿运动预备姿势和第一个8拍前4拍动作如图5–3–13所示。

预备姿势　　1　　2　　3　　4

图5–3–13

预备姿势：直立，正握棍。

第一个8拍：

第1拍：半蹲，两臂持棍前举。

第2拍：右腿直立，左腿侧踢，两臂持棍下举。

第3拍：动作同第1拍。

第4拍：还原成预备姿势。

第5~第8拍：动作同第1~第4拍，但方向相反。

第二至第四个8拍：动作同第一个8拍。

**第四节　体侧运动（4x8拍）**

体侧运动预备姿势和第一个8拍前4拍动作如图5-3-14所示。

预备姿势　1　2　3　4

图5-3-14

预备姿势：直立，正握棍。

第一个8拍：

第1拍：左脚向侧一步成开立，同时棍左转90°，至两手持棍垂直前举（右臂在上）。

第2拍：上体向右侧屈，同时向左绕棍180° 成左臂在上的两手持棍垂直前举。

第3拍：动作同第1拍。

第4拍：还原成预备姿势。

第5~第8拍：动作同第1~第4拍，但方向相反。

第二至第四个8拍：动作同第一个8拍。



**第五节　体转运动（4x8拍）**

体转运动预备姿势和第一个8拍前4拍动作如图5-3-15所示。

预备姿势　1　2　3　4

图5-3-15

预备姿势：直立，正握棍。

第一个8拍：

第1拍：左脚向左侧迈一步，上体左转90°，同时两手持棍，两臂胸前屈。

第2拍：上体右转180°，同时两臂持棍，右臂侧举，左臂胸前平屈。

第3拍：上体左转90°，两手持棍，两臂胸前屈。

第4拍：收左脚还原成预备姿势。

第5~第8拍：动作同第1~第4拍，但方向相反。

第二至第四个8拍：动作同第一个8拍。

**第六节　腹背运动（4x8拍）**

腹背运动预备姿势和第一个8拍前4拍动作如图5-3-16所示。

图5-3-16

预备姿势：直立，正握棍。

第一个8拍：

第1拍：左脚向侧一步成开立，两手持棍，两臂前举。

第2拍：两手持棍上举，抬头，目视手。

第3拍：体前屈，同时两手持棍触地。

第4拍：收左脚还原成预备姿势。

第5~第8拍：动作同第1~第4拍，但方向相反。

第二至第四个8拍：动作同第一个8拍。

**第七节　全身运动（4x8拍）**

全身运动预备姿势和第一个8拍前4拍动作如图5-3-17所示。

图5-3-17

预备姿势：直立，正握棍。

第一个8拍：

第1拍：左脚向前一步成弓步，同时两手持棍上举。

第2拍：左脚并右脚，体前屈，同时两手持棍触脚尖。
第3拍：左脚向侧成弓步，身体侧倾右转90°，同时两手持棍侧上举。
第4拍：收左脚还原成预备姿势。
第5~第8拍：动作同第1~第4拍，但方向相反。
第二至第四个8拍：动作同第一个8拍。

**第八节　跳跃运动（4x8拍）**

跳跃运动预备姿势和第一个8拍动作如图5-3-18所示。

图5-3-18

预备姿势：直立，正握棍。
第一个8拍：
第1~第4拍：4次后踢腿跑，两手持棍，两臂胸前上屈。
第5~第6拍：2个开合跳，但第5拍两手持棍前举，第6拍两手持棍上举。
第7拍：动作同第5拍。
第8拍：还原成预备姿势。
第二至第四个8拍：动作同第一个8拍。



## 二、实心球

实心球是用棉花、布头、沙子等细软物装在用帆布、皮革及胶皮等制成的球壳内，并有一定质量的实心圆球。实心球一般重0.5~2.0千克，直径有15厘米、20厘米、25厘米等多种规格。

### （一）持球方法

#### 1. 定位持球

（1）单手持球：直立，右臂伸直，五指向内托球下部，将球靠于体侧持球，左臂自然下垂。

（2）双手持球：直立，五指自然张开，手心相对抱球，两臂自然下垂。

（3）两脚夹球：将球放于地上，两脚夹球。

2. 行进间单手持球

右臂伸直，五指向内托球下部，将球靠于体侧持球，左臂自然摆动。

## （二）持球动作内容

1. 持球举的动作

单手或双手持球做上肢的前下举、前举、前上举、上举、后举、侧下举、侧举、侧上举等动作。

2. 持球振的动作

单手或双手持球做上肢、上体振的动作。

3. 持球屈的动作

单手或双手持球做上肢、上体屈的动作。

4. 持球绕、绕环的动作

单手或双手持球做上肢、上体、下肢绕或绕环的动作。

## （三）持球练习内容

1. 定位球练习

将若干球按一定距离在地上摆成纵队，行走、跑、跳、绕球穿行，或用跑、跳及其他方法从球上依次越过。

2. 传递球练习

（1）单人练习：个人单手将球绕颈、腰、腿传至另一只手接球的自传。

（2）双人练习：两人面对、背对、侧对将球经头上、胯下、腰侧等部位相互传递。

（3）多人练习：多人纵队、横队将球经头上、胯下、体前、背后、体侧等部位依次传递。

3. 抛接球练习

（1）单人练习：一人单手或双手将球向上抛起后，完成身体练习（如跑、跳、下蹲、转体、击掌等动作）再接球。

（2）双人练习：两人采用面对、背对、侧对、重叠站立，抛接者可用单手或双手从头上、肩上、胸前、体侧、胯下等身体的不同部位进行抛接球，也可用两脚夹球，将球抛出。

#### 4. 游戏

利用球做各种竞赛性游戏，如集体搬运球比赛、集体传递球接力赛、脚带球接力赛、定位球绕行或跳跃比赛等。

#### 5. 球操

球操是指在徒手体操的基础上，充分利用球的特性，采用双手持球、单手持球或单手持球互换球的方法，按照一定的顺序、节奏完成的成套动作。

### （四）球操的编排

球操的创编除遵循徒手体操创编的原则、创编步骤与方法外，还应遵守以下要求。

#### 1. 动作名称与动作内容要相符

要求同棍操。

#### 2. 持球动作练习内容要体现球的特点

根据球的特点，从持球动作内容和练习内容中选择动作进行编排。

#### 3. 确定球操的编排顺序



球操通常按照以下顺序编排。

（1）预备姿势：持球的方法。

（2）第一节：伸展运动。

（3）第二节：下肢运动。

（4）第三节：踢腿运动。

（5）第四节：体侧运动。

（6）第五节：体转运动。

（7）第六节：腹背运动。

（8）第七节：全身运动。

（9）第八节：跳跃运动。

#### 4. 范例：球操

**第一节　伸展运动（4x8拍）**

伸展运动预备姿势和第一个8拍前4拍动作如图5-3-19所示。

预备姿势：直立，两手持球。

第一个8拍：

第1拍：两臂持球上举，抬头，目视手。

第2拍：左脚向侧一步成开立，两手持球头后屈臂。

第3拍：收左脚，动作同第1拍。

第4拍：还原成预备姿势。

预备姿势　　1　　2　　3　　4

图5–3–19

第5~第8拍：动作同第1~第4拍，但方向相反。

第二至第四个8拍：动作同第一个8拍。

**第二节　下肢运动（4x8拍）**

下肢运动预备姿势和第一个8拍前4拍动作如图5–3–20所示。

预备姿势　　1　　2　　3　　4

图5–3–20

预备姿势：直立，两手持球。

第一个8拍：

第1拍：左脚向侧一步成半蹲，两臂侧举，掌心向上，左手持球。

第2拍：左脚并右脚，直立，两手上举持球。

第3拍：动作同第1拍，但方向相反。

第4拍：还原成预备姿势。

第5~第8拍：动作同第1~第4拍，但方向相反。

第二至第四个8拍：动作同第一个8拍。

**第三节　踢腿运动（4x8拍）**

踢腿运动预备姿势和第一个8拍前4拍动作如图5–3–21所示。

预备姿势　　1　　2　　3　　4

图5-3-21

预备姿势：直立，两手持球。

第一个8拍：

第1拍：左脚向前一步成弓步，同时两手持球上举。

第2拍：向前踢右腿，同时左手持球经侧、右臂经侧至腿下两手持球。

第3拍：后撤右腿落下，同时右手持球经侧、右臂经侧至头上两手持球。

第4拍：还原成预备姿势。



第5~第8拍：动作同第1~第4拍，但方向相反。

第二至第四个8拍：动作同第一个8拍。

### 第四节　体侧运动（4x8拍）

体侧运动预备姿势和第一个8拍前4拍动作如图5-3-22所示。

预备姿势　　1　　2　　3　　4

图5-3-22

预备姿势：直立，两手持球。

第一个8拍：

第1拍：左脚侧出一步成开立，同时左手持球侧上举，目视左手。

第2拍：上体左侧屈，右臂上举，左臂下举手持球。
第3拍：动作同第1拍。
第4拍：收左脚还原成预备姿势。
第5~第8拍：动作同第1~第4拍，但方向相反。
第二至第四个8拍：动作同第一个8拍。

**第五节　体转运动（4x8拍）**

体转运动预备姿势和第一个8拍前4拍动作如图5-3-23所示。

预备姿势　　哒　　1　　哒　　2

哒　　3　　哒　　4

图5-3-23

预备姿势：直立，两手持球。
第一个8拍：
第1拍：左脚向侧一步成开立，两手持球经胸前至前举。
第2拍：上体左转90°，两手持球经胸前至前举。
第3拍：上体右转90°，两手持球经胸前至前举。
第4拍：左脚并右脚还原成预备姿势，两手持球经胸前至下举。
第5~第8拍：动作同第1~第4拍，但方向相反。
第二至第四个8拍：动作同第一个8拍

**第六节　腹背运动（4x8拍）**

腹背运动预备姿势和第一个8拍前4拍动作如图5-3-24所示。

预备姿势　1　2　3　4

图5-3-24

预备姿势：直立，两手持球。

第一个8拍：

第1拍：左脚向侧一步成开立，同时两手持球上举。

第2拍：体前屈，两手持球，球触左脚尖。

第3拍：继续体前屈，两手持球，球触右脚尖。

第4拍：左脚并右脚还原成预备姿势。

第5~第8拍：动作同第1~第4拍，但方向相反。

第二至第四个8拍：动作同第一个8拍。



**第七节　全身运动（4x8拍）**

全身运动预备姿势和第一个8拍前4拍动作如图5-3-25所示。

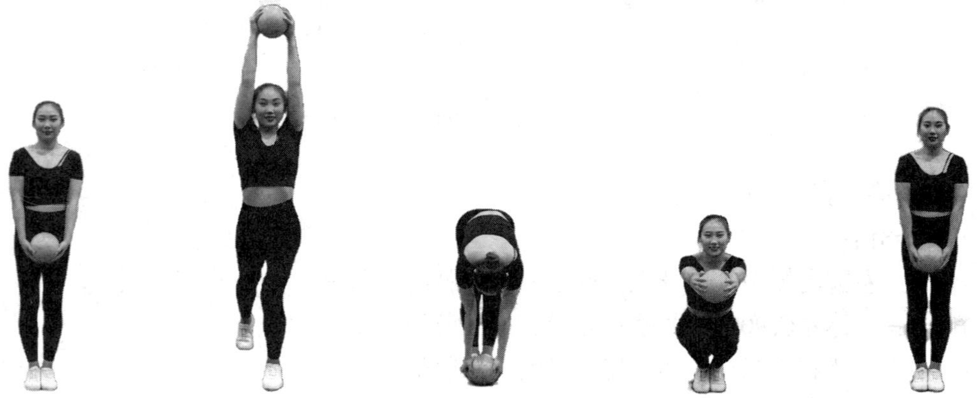

预备姿势　1　2　3　4

图5-3-25

预备姿势：直立，两手持球。

第一个8拍：

第1拍：左脚向前一步成弓步，同时两手持球上举。

第2拍：左脚并右脚体前屈，同时两手持球触脚尖。

第3拍：全蹲，两手持球前举。

第4拍：还原成预备姿势。

第5~第8拍：动作同第1~第4拍，但方向相反。

第二至第四个8拍：动作同第一个8拍。

**第八节　跳跃运动（4x8拍）**

跳跃运动预备姿势和第一个8拍动作如图5-3-26所示。

图5-3-26

预备姿势：直立，两手持球。

第一个8拍：

第1拍：跳左腿，右腿左侧后屈，两手持球至左肩前上屈肘。

第2拍：两脚并跳，同时两手持球下举。

第3~第4拍：动作同第1~第2拍，但方向相反。

第5~第6拍：两个开合跳，但第5拍两手持球上举，第6拍两手持球于胸前。

第7拍：动作同第5拍。

第8拍：还原成预备姿势。

第二至第四个8拍：动作同第一个8拍。

## 三、跳绳

绳是一种软器械，主要包括长绳和短绳两种。跳绳练习有跳短绳、跳长绳和持绳练习。

### （一）跳绳方法

#### 1. 持绳、摇绳、停绳方法

（1）短绳。

①持绳行进：将绳按对折方法折3折或4折，右手持绳行进。

②摇绳方法：两手握绳两端，两臂体侧屈肘，手稍外张，用手腕转动摇绳，通常包括向前摇绳、向后摇绳、交叉臂摇绳、绕“8”字空摇绳。

③停绳方法：前摇跳结束时，一只脚脚跟着地，前脚掌离地，绳摇至脚下停住；后摇绳结束时，一只脚前脚掌着地，脚跟离地，绳摇至脚下停住。

（2）长绳。

①摇绳：两人面对，相距3米以上同向摇动，或绳的一端拴在固定物上一人摇动。摇绳时以肩为轴屈臂，绕环不宜大，绳中央在上时高于一人，在下擦地而过。摇绳有正摇和反摇。绳向学生由上而下摇转为正摇，绳向学生由下而上摇转为反摇。

②摇荡绳：绳子左右摆荡，倾斜不超过45°。



#### 2. 跳绳方法

跳绳练习的跳跃动作是用前脚掌或由全脚掌过渡到前脚掌蹬地起跳，并用前脚掌或由前脚掌过渡到全脚掌着地。

（1）短绳跳的方法。

①基本跳法：前摇绳、后摇绳、交叉臂摇绳，进行双脚垫跳、连跳、单脚垫跳和连跳、交换脚垫跳和连跳、跳绳跑、双脚或单脚两摇跳和多摇跳。

②一人跳法：在基本跳法的基础上可进行变化跳法的练习，如后踢腿跳、高抬腿跳、前踢腿跳、分腿跳、屈腿跳、蹲跳等。

③两人跳法：一人摇绳跳，另一人跳进、跳出；两人并立同时摇跳，或两人并立一人助摇另一人摇跳。动作可采用基本跳法和变化跳法。

（2）单长绳跳的方法。

①跑过：绳子摇转至空中时，由一面跑至另一面而不跳过绳子。一般多用正摇绳跑过，可从正面或侧面进绳跑过。

做法：每摇绳一转或两转跑过一人或几人；每摇绳一转，一人在跑过途中做转体、拾物等动作后跑过；两人或多人拉手跑过；等等。

②基本跳过：跑进跳过一次摇绳后立即跑出。

③一人从不同方向跑进：用单脚、双脚、交换腿、屈腿、分腿、转体、击掌、蹲跳摸地等任一跳法跳过一次后跑出。

④两人或多人拉手跑进：用抛接物、击掌或同步、不同动作跳过一次后跑出。

⑤基本连跳：跑进连续多次跳过绳子后跑出。

⑥一人连续同一动作或不同动作跳。

⑦两人连续同步动作或不同动作跳。

⑧一人或多人定时或定数连跳。

（3）双长绳跳的方法。双长绳跳是指将平行的两根长绳有节奏地轮流向内或向外摇转，一人或两人跑进做各种跳法。

（4）长短绳跳的方法。长短绳跳是指一人持短绳跑进，长短绳同步摇转做各种跳法。

### （二）跳绳游戏

跳绳游戏形式和内容较多，一般采取比赛的形式进行。跳绳游戏通常有以下几种形式。

（1）花样赛：在规定的时间内看谁跳的花样多。

（2）计时赛：各种跳法的接力赛，看哪队在最短的时间内先完成。

（3）计数赛：在规定的时间内，看谁跳的数量多。

### （三）持绳动作内容

持绳做各种举、振、屈、绕、绕环、转肩、踢腿等动作。

### （四）绳操的编排

绳操的创编除遵循徒手体操创编的原则、创编步骤和方法外，还应遵守以下要求。



#### 1. 动作名称与动作内容要相符

要求同棍操。

#### 2. 持绳动作练习内容要体现绳的特点

根据绳的特点，从持绳动作内容中，选择持绳做各种举、振、屈、绕、绕环、转肩等动作进行编排。

#### 3. 确定绳操的编排顺序

绳操通常按照以下顺序编排。

（1）预备姿势：将绳对折3折或4折，持绳两端或同肩宽，绳绷直。

（2）第一节：伸展运动。

（3）第二节：下蹲运动。

（4）第三节：踢腿运动。

（5）第四节：体侧运动。

（6）第五节：体转运动。

（7）第六节：腹背运动。

（8）第七节：全身运动。

（9）第八节：跳跃运动。

4. 范例：绳操

**第一节　伸展运动（4x8拍）**

伸展运动预备姿势和第一个8拍前4拍动作如图5-3-27所示。

预备姿势　　1　　2　　3　　4

图5-3-27

预备姿势：直立，对折绳，体前两手持绳。

第一个8拍：

第1拍：左脚向侧一步成开立，两手持绳前举。

第2拍：两手持绳上举，抬头，目视手。

第3拍：动作同第1拍。

第4拍：左脚并右脚还原成预备姿势。

第5～第8拍：动作同第1～第4拍，但方向相反。

第二至第四个8拍：动作同第一个8拍。

**第二节　下蹲运动（4x8拍）**

下蹲运动预备姿势和第一个8拍前4拍动作如图5-3-28所示。

预备姿势　　1　　2　　3　　4

图5-3-28

预备姿势：直立，对折绳，体前两手持绳。

第一个8拍：
第1拍：两手持绳上举。
第2拍：半蹲，两手持绳下举。
第3拍：左脚向前一步成弓步，两手持绳前举。
第4拍：左脚并右脚还原成预备姿势。
第5~第8拍：动作同第1~第4拍，但方向相反。
第二至第四个8拍：动作同第一个8拍。

**第三节　踢腿运动（4x8拍）**

踢腿运动预备姿势和第一个8拍前4拍动作如图5-3-29所示。

预备姿势　1　2　3　4

图5-3-29

预备姿势：直立，对折绳，体前两手持绳。
第一个8拍：
第1拍：左脚向后一步，重心后移，同时两手持绳前举。
第2拍：后踢右腿，同时两手持绳，臂上摆至上举。
第3拍：右腿向前迈步，重心前移，同时两手持绳前举。
第4拍：左脚并右脚还原成预备姿势。
第5~第8拍：动作同第1~第4拍，但方向相反。
第二至第四个8拍：动作同第一个8拍。

**第四节　体侧运动（4x8拍）**

体侧运动预备姿势第一个8拍前4拍动作如图5-3-30所示。
预备姿势：直立，对折绳，体前两手持绳。
第一个8拍：
第1拍：左腿向侧一步成开立，同时两手持绳上举。
第2拍：上体向左侧屈，同时右臂上举，左臂叉腰。
第3拍：动作同第1拍。
第4拍：还原成预备姿势。
第5~第8拍：动作同第1~第4拍，但方向相反。
第二至第四个8拍：动作同第一个8拍。

预备姿势　1　2　3　4

图5-3-30

**第五节　体转运动（2x8拍）**

体转运动预备姿势和第一个8拍前4拍动作如图5-3-31所示。

预备姿势　1　2　3　4

图5-3-31

预备姿势：直立，对折绳，体前两手持绳。

第一个8拍：

第1拍：左脚向侧一步成开立，两手持绳前举。

第2拍：上体左转90°，两手持绳前举。

第3拍：上体右转180°，两手持绳前举。

第4拍：左脚并右脚还原成预备姿势。

第5~第8拍：动作同第1~第4拍，但方向相反。

第二个8拍：动作同第一个8拍。

**第六节　腹背运动（4x8拍）**

腹背运动预备姿势和第一个8拍前4拍动作如图5-3-32所示。

预备姿势：直立，对折绳，体前两手持绳。

第一个8拍：

第1拍：左腿向左侧一步成开立，同时两手持绳前举。

第2拍：体前屈，上体左转90°，两手持绳，右手触左脚尖，左臂在上。

第3拍：体前屈1次，上体左转180°，两手持绳，左手触右脚尖，右臂在上。
第4拍：左脚并右脚还原成预备姿势。
第5~第8拍：动作同第1~第4拍，但方向相反。
第二至第四个8拍：动作同第一个8拍。

预备姿势　1　2　3　4

图5-3-32

**第七节　全身运动（4x8拍）**

全身运动预备姿势和第一个8拍前4拍动作如图5-3-33所示。

预备姿势　1　2　3　4

图5-3-33

预备姿势：直立，对折绳，体前两手持绳。
第一个8拍：
第1拍：左脚向前一步成弓步，同时两手持绳上举。
第2拍：左脚并右脚体前屈，同时两手持绳触脚尖。
第3拍：左脚向侧一步成弓步，身体侧倾右转90°，同时两手持绳前上举。
第4拍：收左脚还原成预备姿势。
第5~第8拍：动作同第1~第4拍，但方向相反。
第二至第四个8拍：动作同第一个8拍。

**第八节　跳跃运动（4x8拍）**

跳跃运动预备姿势和第一个8拍前4拍动作如图5-3-34所示。

预备姿势　　1，2　　3，4

图5-3-34

预备姿势：直立，对折绳，体前两手持绳。

第一个8拍：

第1~第2拍：小马跳，左脚全脚掌、右脚前脚掌着地，两手持绳，右臂上举，左臂侧下举。

第3~第4拍：动作同第1~第2拍，但方向相反。

第5~第8拍：动作同第1~第4拍。

第二至第四个8拍：动作同第一个8拍。



## 四、木哑铃

木哑铃由握把和铃头组成，握把长为11~12厘米，直径为2.8~3.5厘米，中部稍粗，铃头呈圆形。在无专用木哑铃时，可用空的塑料瓶、易拉罐瓶装上沙子或小石子封口后等代替。其特点：在练习时可利用哑铃的撞击声，使动作整齐、有力、富有节奏感，有利于培养练习者的协调性、节奏感，提高其练习兴趣。

### （一）持铃与击铃方法

两手各持一个木哑铃，虎口相对或向外，铃头相击出声，或两手持铃上下重叠铃头相击出声。

### （二）哑铃操的编排

哑铃操的创编除遵循徒手体操创编的原则、创编步骤与方法外，还应遵守以下要求。

#### 1. 动作名称与动作内容要相符

要求同棍操。

#### 2. 持哑铃动作练习内容要体现哑铃的特点

根据哑铃的特点，选择动作进行编排。

3. 确定哑铃操的编排顺序

哑铃操通常按照以下顺序编排。
（1）预备姿势：持哑铃的方法。
（2）第一节：伸展运动。
（3）第二节：四肢运动。
（4）第三节：踢腿运动。
（5）第四节：体侧运动。
（6）第五节：体转运动。
（7）第六节：腹背运动。
（8）第七节：全身运动。
（9）第八节：跳跃运动。

4. 范例：哑铃操

**第一节　伸展运动（4x8拍）**

伸展运动预备姿势和第一个8拍前4拍动作如图5-3-35所示。

预备姿势　1　2　3　4

图5-3-35

预备姿势：直立，两手持哑铃。
第一个8拍：
第1拍：两手持哑铃前举，拳心向下。
第2拍：两手持哑铃上举，拳心向前。
第3拍：两手持哑铃侧平举，拳心向下。
第4拍：还原成预备姿势。
第5~第8拍：动作同第1~第4拍。
第二至第四个8拍：动作同第一个8拍。

**第二节　四肢运动（4x8拍）**

四肢运动预备姿势和第一个8拍动作如图5-3-36所示。

图5-3-36



预备姿势：直立，两手持哑铃。

第一个8拍：

第1拍：左脚向侧一步成半蹲，两手持哑铃，左臂侧举，右臂前举，拳心向下。

第2拍：左脚并右脚还原成预备姿势。

第3~第4拍：动作同第1~第2拍，但方向相反。

第5拍：半蹲，同时两手持哑铃经侧摆至侧上举，拳心向外。

第6拍：两腿直立，两手持哑铃，两臂经侧摆至体侧下垂。

第7~第8拍：动作同第5~第6拍。

第二至第四个8拍：动作同第一个8拍。

**第三节　踢腿运动（4x8拍）**

踢腿运动预备姿势和第一个8拍动作如图5-3-37所示。

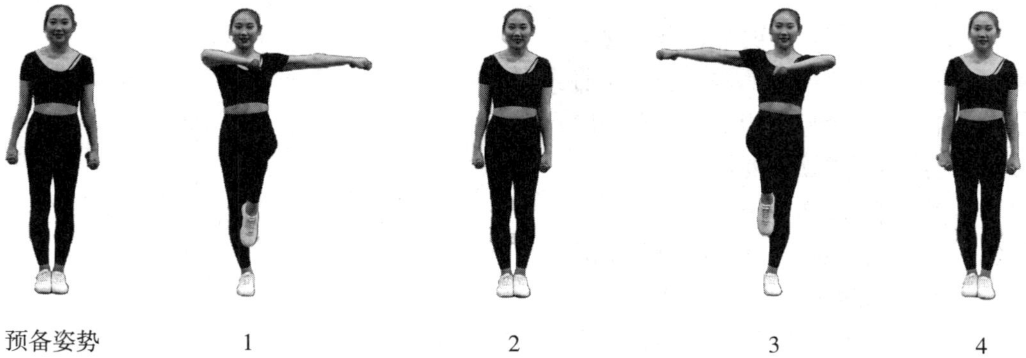


图5-3-37

5　　6　　7　　8

图5–3–37（续）

预备姿势：直立，两手持哑铃。

第一个8拍：

第1拍：左腿提膝，两手持哑铃，左臂侧举，右臂胸前平屈，拳心向下。

第2拍：左脚并右脚还原成预备姿势。

第3~第4拍：动作同第1~第2拍，但方向相反。

第5拍：前踢左腿，两手持哑铃，左臂侧举，右臂胸前举。

第6拍：左脚并右脚还原成预备姿势。

第7~第8拍：动作同第5~第6拍，但方向相反。

第二至第四个8拍：动作同第一个8拍。

**第四节　体侧运动（4x8拍）**

体侧运动预备姿势第一个8拍前4拍动作如图5–3–38所示。

预备姿势　　1　　2　　3　　4

图5–3–38

预备姿势：直立，两手持哑铃。

第一个8拍：

第1拍：左脚向侧一步成弓步，重心左移，两手持哑铃，左臂侧上举，右臂侧下举。

第2拍：动作同第1拍，但方向相反。

第3拍：重心左移，上体右侧屈，两手持哑铃，左臂上举，右臂下举。

第4拍：左脚并右脚还原成预备姿势。

第5~第8拍：动作同第1~第4拍，但方向相反。

第二至第四个8拍：动作同第一个8拍。

**第五节　体转运动（4x8拍）**

体转运动预备姿势和第一个8拍前4拍动作如图5-3-39所示。

预备姿势　1　2　3　4

图5-3-39

预备姿势：直立，两手持哑铃。

第一个8拍：

第1拍：左脚向侧一步成开立，两手持哑铃，两臂经体侧上伸至上举，拳心相对。

第2拍：半蹲，上体左转90°，两手持哑铃，两臂经体侧下伸至下举，拳心相对。



第3拍：上体右转90°，两手持哑铃，两臂经体侧上伸至上举，拳心相对。

第4拍：左脚并右脚，两臂经侧还原成预备姿势。

第5~第8拍：动作同第1~第4拍，但方向相反。

第二至第四个8拍：动作同第一个8拍。

**第六节　腹背运动（4x8拍）**

腹背运动预备姿势和第一个8拍前4拍动作如图5-3-40所示。

预备姿势　1　2　3　4

图5-3-40

预备姿势：直立，两手持哑铃。

第一个8拍：

第1拍：左脚向侧一步成开立，同时两手持哑铃，两臂侧平举，掌心向下。

第2拍：两手持哑铃，两臂经侧摆至上举交叉，拳心向前。
第3拍：上体前屈，同时两臂经侧摆至体前交叉，拳心向后。
第4拍：左脚并右脚还原成预备姿势。
第5~第8拍：动作同第1~第4拍，但方向相反。
第二至第四个8拍：动作同第一个8拍。

**第七节　全身运动（4x8拍）**

全身运动预备姿势和第一个8拍前4拍动作如图5-3-41所示。

图5-3-41

预备姿势：直立，两手持哑铃。
第一个8拍：
第1拍：左脚向侧一步成开立，同时两手持哑铃，两臂侧平举，拳心向下。
第2拍：重心左移，上体右侧屈，两手持哑铃，左臂侧上举，右臂胸前上屈。
第3拍：动作同第2拍，但方向相反。
第4拍：左脚并右脚还原成预备姿势。
第5~第8拍：动作同第1~第4拍，但方向相反。
第二至第四个8拍：动作同第一个8拍。

**第八节　跳跃运动（4x8拍）**

跳跃运动预备姿势和第一个8拍动作如图5-3-42所示。

图5-3-42

5 6 7 8

图5-3-42（续）

预备姿势：直立，两手持哑铃。

第一个8拍：

第1~第4拍：4次后踢腿跑，同时两手持哑铃叉腰。

第5拍：吸左腿跳，两手持哑铃，左臂侧举，右臂胸前平屈，拳心向下。

第6拍：并立跳，两臂还原至体侧。

第7~第8拍：动作同第5~第6拍，但方向相反。

第二至第四个8拍：动作同第一个8拍。



## 第四节　轻器械体操教学的注意事项

### 一、充分的课前准备

（1）课前教师应将轻器械进行有序摆放，课中学生有组织地按要求拿取和归还轻器械。

（2）动作的难度、运动强度及练习时间，应根据学生的水平和课的任务而定。

### 二、合理的练习队形

应根据轻器械的性能、规格和特点，以及学生人数、场地选择合适的练习队形，考虑学生的左右间隔和前后距离，确保学生有足够的练习空间。

### 三、严密的课堂组织

加强安全和纪律教育，严密课堂组织，遵守游戏规则，注意安全，严格按照要求，在统一指挥下进行练习，避免意外事故和伤害事故的发生。

## 【复习思考题】

1. 什么是轻器械体操?
2. 简述轻器械体操的特点与作用。
3. 除了体操棍、实心球、跳绳、木哑铃外，还有哪些轻器械？如何练习？
4. 创编一套轻器械体操，绘制图解并写出动作说明。

# 第六章　保护与帮助

【学习目标】

1. 明确保护与帮助的意义以及对保护与帮助者的要求。
2. 掌握保护与帮助的种类及运用方法，懂得预防损伤的措施。
3. 将理论与实践相结合，并能运用于教学与训练实践。

【章前导言】

本章主要阐述保护与帮助的意义、内容和分类等，介绍了在体操教学中常用的自我保护、他人保护、直接帮助和间接帮助等方法，以及保护与帮助在实际操作中的执行策略。通过本章的学习，学生会对保护与帮助有一个比较全面、正确的认识，并学会正确、熟练地运用保护与帮助的方法，做到理论与实践相结合，达到规范体操教学、训练和科研的目的，为体操教学与训练实践奠定基础。



## 第一节　保护与帮助的意义

### 一、保护与帮助是预防事故发生的有效措施之一

体操动作如翻转、腾越、回环和倒立等，在人们的日常生活中是很少见的，而在体操学习中却经常出现。体操练习常使人体处在一定高度的器械上或空间中去完成某种非常规的和复杂的动作，在这个过程中，有可能出现脱手、跌落和碰撞等情况，从而发生运动创伤，使学生在学习过程中产生恐惧心理。在体操教学与训练中经常采用保护与帮助，不仅能保障学生安全，还能消除学生的恐惧心理，增强学生学习的信心，从而有利于学生的身心健康。当练习中发生意外时，保护与帮助可以使学生化险为夷，预防事故的发生。

### 二、保护与帮助是提高教学与训练效率的有效手段

保护与帮助能使学生正确地体会动作要领，提高动作质量，尽快建立动作概念。体操动作的非常规性和复杂性，对人的神经系统、心理素质和身体素质等都提出了更高的要求。在体操教学与训练中，学生要想体会动作要领、建立动作概念、掌握正确的动作技术，只有通过反复实践才能实现。具有一定难度的较复杂的动作，离开了保护与帮助，就无法进行教学与训练，还会发生伤害事故。

正确运用保护与帮助，能有效消除学生的思想顾虑，使他们克服恐惧心理，把注意力集中在思考动作要点上，避免错误动作的产生。在保护与帮助下进行练习，学生可以正确体会完整的动作过程，加速形成正确的条件反射，省去了出现错误动作后的改错过程。正确运用保护与帮助能使学生少走弯路，从而缩短教学与训练过程，提高教学与训练的质量，加快正确动作的掌握。

## 三、保护与帮助是教师必备的基本技能之一

技能是指："运用知识和经验完成某一活动的动作方式，是经过训练才能得以巩固的一种操作技术。"广泛使用保护与帮助是体操教学与训练最显著的特点，是竞技体操教学与训练中经常采用的一种有效的教学与训练手段和防止运动创伤发生的一种重要的安全措施，是体操教学与训练中不可缺少的重要手段。保护与帮助是体操教学与训练的基本技能之一，是每位体操教师必不可少的基本功，是衡量一位体操教师业务水平的重要方面。保护与帮助技术具有操作性强的特点，学生只有通过实际操作才能掌握。学生通过实际操作，既学到了保护与帮助的技能，也提高了观察能力、分析能力和纠正错误的能力。保护与帮助技术是体操教学与训练的重要内容之一，教师在教学与训练中应有计划、有目的地培养学生掌握保护与帮助的技术。每个学生都必须掌握这一技能。

## 四、保护与帮助是体操课程思政教育的重要手段

课程思政指以构建全员、全程、全课程育人格局的形式将各类课程与思想政治理论课相结合，形成协同效应，把"立德树人"作为教育的根本任务的一种综合教育理念。学校德育的内容是多方面的，而且德育和智育是相互联系的，不能把二者对立起来、割裂开来。智育中有德育，但德育起主导作用，贯穿学校教育的全过程。在全国体育学院普修通用教材《体操》第一章绪论部分的体操任务中首要一条就是培养共产主义道德品质。共产主义道德品质是人类社会最美好的生活准则和规范，因此按照党的教育方针和新时期建设的需要，在体操课上对学生进行思想品德教育是必要的。在体操教学中，体操教师所面对的学生不是一名，而是十多名或更多名。因此，体操教师很难做到对每个学生都进行保护与帮助，这就要求学生之间互相帮助。体操教学与训练中保护与帮助不仅可以培养学生保护与帮助的能力，还可以培养学生之间互相关心、互相帮助、团结友爱的集体主义精神。有的学生只愿意接受他人的帮助，而不愿意去保护和帮助他人，针对这种思想，体操教师要给予批评和正确引导，指出接受保护与帮助是掌握动作的必要途径，而掌握保护与帮助的技能，并且去帮助他人同样有利于自己掌握动作。因为只有清楚动作要领，才能正确地保护和帮助他人完成动作，所以帮助他人，也是帮助自己。在体操教师的严格要求和正确引导下，学生可以明确学习目的，端正学习态度，培养良好的道德品质，通过努力学习、刻苦钻研培养良好的班风，形成严肃活泼的课堂气氛，加快对动作的掌握。学生互相保护与帮助的过程往往也是自身人文素质提高的过程，这个过程有助于学生树立正确的人生观、价值观，培养学生的责任感和担当意识。另外，运动能力强的学生可以主动给身体素质差、运动能力弱的学生一些言语上的鼓励和行动上的帮助，以增强他们的信心。在这种

互相保护与帮助的过程中，学生懂得关心和爱护同学，形成“人人为我，我为人人”的价值观念。体操教学与训练要根据学生的思想特点，把德育融入教学与训练内容。

## 五、保护与帮助可促进体操技术的创新和发展

设计和发展任何一个体操难新动作，首先要解决的问题就是如何利用保护与帮助的方法，尽可能保证运动员在安全的条件下进行练习。

随着科学技术的不断发展、器械的不断改进、规则的不断修改以及国际竞争的日益激烈，体操运动技术水平飞速发展。20 世纪50年代至60年代，被称为高难度的动作（如技巧空翻转体360°）在今天已被视为基本的难度动作，取而代之的是“旋”“1080°”“三周空翻”等高难度动作。

在体操赛场上，运动员的表演体现了“难、新、稳、准、美”的特点。因此，有人把体操称为“空中芭蕾”。这就意味着体操在带给人们美的享受的同时，也带给人们一种惊险刺激的感觉。有“惊”必然有“险”。排除体操训练与比赛中的“险”，靠的就是教练员、运动员保护与帮助技能的不断提高，保护与帮助设施的不断完善。反之，也正是教练员、运动员保护与帮助技能的不断提高，保护与帮助设施的不断完善，避免或减少了伤害事故的发生，才使得体操运动技术不断向前发展。



# 第二节　保护与帮助的种类及方法

## 一、保护与帮助的种类

在体操教学与训练中，保护与帮助的方法很多，随着体操技术的不断发展，保护与帮助的方法也在不断地改进、创新和日趋完善。根据保护与帮助在体操教学与训练中实际操作的不同形式与不同目的，可将其进行如下分类：

（1）保护分为他人保护、自我保护、利用器械的保护。

（2）帮助分为直接帮助、间接帮助、利用器械的帮助。

### （一）保护

练习过程中，借助他人、依靠自身或利用器械设备以防止伤害事故的发生而采取的安全措施叫作保护。它包括发生危险时的安全措施、未发生危险时的预防措施，还包括他人采取的安全措施及自我保护措施。

#### 1. 他人保护

练习过程中，练习者由于技术不正确或意外而出现危险时，保护者及时采取使其摆脱危险的安全措施，叫作他人保护。

保护者应根据项目的特点和动作的结构，选择合适的位置，始终仔细观察练习者完成

动作的情况，随时做好保护的准备。一旦练习者出现危险，保护者就应迅速采取接、抱、挡、拨、拦等手法，使其减缓或停止运动速度，改变身体位置，避免伤害事故的发生。

（1）接、抱。当练习者在动作过程中失去重心或脱手，由高处跌落时，保护者可采用接或抱的方法来使之摆脱危险。例如，练习者在做单杠特卡切夫腾越、空翻下等动作时发生失误，通常保护者迅速采用接、抱的方法使其摆脱危险。

（2）拨。当练习者在发生危险时采用接、抱等方法已来不及时，保护者可采用拨的方法以防止其头部直接撞击地面。

（3）拦、挡。当练习者在做技巧的翻腾动作落地后失去重心，在做单杠、吊环的回环动作失败后回落时，保护者可采用拦、挡的方法来使其摆脱危险。

#### 2. 自我保护

练习过程中，练习者由于技术不正确或意外而出现危险时，依靠自身的力量及时地采取安全措施以摆脱危险，这种自救的方法叫作自我保护。练习者在练习过程中出现险情时，头脑要清醒、冷静，反应要迅速，措施要果断，动作要敏捷，要立刻做出反应。自我保护的方法一般有以下几种：

（1）停止练习法。练习者在上器械后或在练习过程中出现手滑、护掌断裂、器械不牢固、突感身体不适、做动作前犹豫不决等情况时，应及时停止练习或主动跳下器械。

（2）紧握器械法。在做鞍马和单杠回环练习时，动作失败或用力过大、过小不能使身体处于正撑位置时，采用紧握器械的方法，以免跌下发生危险。

（3）改变身体姿势法。在动作过程中，由于用力过大或过小，不能正常完成动作而将要出现危险时，可采用改变身体姿势的方法来摆脱危险。例如，在做技巧直体后空翻时，由于翻转速度不够，头朝下身体不能翻转，眼看就要发生危险时，有经验的运动员会立刻采用团身姿势来缩短转动半径，加大角速度，使身体继续翻转，避免头朝下摔的危险。

（4）缓冲惯性法。练习者从器械上跌下、摔倒或者冲力过大向前或向后跌倒时，可采用滚动、滚翻、下蹲、向前或向后迈出一大步等动作来缓冲惯性，减少冲击力造成的危险。例如，在做跳马分腿腾跃动作时，出现提臀、推手腕的错误动作，造成进入第二腾空时上体不能够抬起，手脚同时落地，此时运动员顺势做前滚翻动作，就可避免头朝下撞的危险。

#### 3. 利用器械的保护

利用器械的保护是指借助沙坑、稻草坑、海绵坑、各种垫子和腕套、护掌、护腕、护肘、护踝、护膝和护腹等器械设备，达到保护的目的的方法。

### （二）帮助

在练习过程中，给予练习者助力或利用信号、标志物和限制物等，使其更好地体会动作要领，建立正确的动作概念，改进和提高动作技术叫作帮助。

#### 1. 直接帮助

帮助者给练习者以直接的助力叫作直接帮助。直接帮助是一种最基本、最普遍、最简便、最常用的帮助方法，通常采用的手法有托、顶、送、挡、搓、拨、扶、推、拉、提、按等。在实际运用时，帮助者应根据不同的项目、不同的动作以及练习者在练习动作过程中出现的具体情况，采用某种单一的或综合的手法来进行帮助。

（1）托。托是指通过托住练习者身体某部位，使其身体重心升高或靠近器械轴，以便其完成动作。例如，做双杠上的挂臂撑屈伸上时，帮助者就是用手从杠下托练习者的背部和臀部，使练习者能正确地完成动作的。（图6–2–1）

（2）顶。顶是指通过顶住练习者身体某部位，使其固定某种姿势或有利于其支撑、推手、提高腾空高度或加大动作幅度。例如，做垫子上的肩肘倒立时，帮助者用膝顶住练习者背部；做山羊的分腿腾越时，帮助者用两手顶在练习者肩部，以使练习者获得第二腾空的高度。（图6–2–2）

图6–2–1

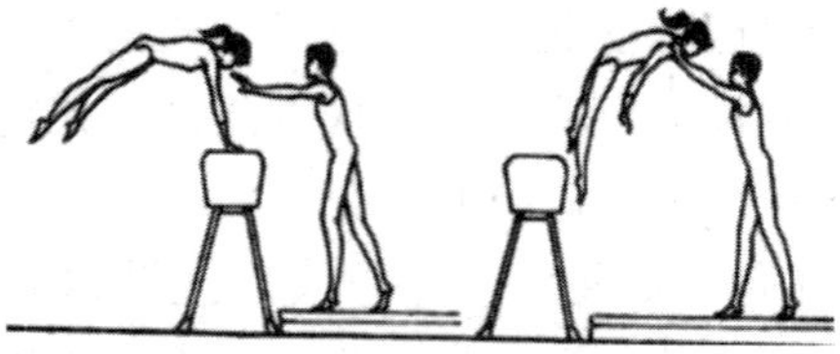

图6–2–2



（3）送。送是指使练习者身体重心远离器械轴，以获得较大的摆动或使练习者身体重心沿抛物线方向送出。例如，做低单杠上的支撑后倒弧形下时，帮助者一只手从杠下握住练习者的手腕，另一只手托送其臀部，使其顺利地完成动作。（图6–2–3）

（4）挡。挡是一种阻力性的手法，在练习者完成动作用力过大时起减缓或制动的作用。例如，由于单杠的骑撑前回环前冲力过大，练习者不能停止在骑撑部位，帮助者使用挡的手法，阻止练习者肩部向前，使其顺利地完成动作。（图6–2–4）

图6–2–3

图6–2–4

（5）搓。搓是一种两手向相反方向用力的手法，能加速身体沿纵轴转动。例如，做双杠上的前摆向内转体180° 时，帮助者就是用两手放在练习者髋关节部位，用搓转助其转体。（图6–2–5）

图6–2–5

（6）拨。拨是一种顺势用力，加大练习者回环或翻转速度的手法。例如，当练习者做低单杠上的骑撑前回环、技巧的后空翻等动作时，帮助者都要采用拨的手法。

（7）扶。扶即扶持，主要帮助练习者维持动作平衡和下法时落地动作的稳定，如双杠上的肩倒立、手倒立和技巧的燕式平衡及各项目的下法等。

（8）推。推是用手向外或向前用力，使练习者身体重心远离器械轴的一种手法，即推开。例如，做双杠的支撑后摆挺身下时，帮助者可站在练习者下的异侧，一只手推其肩部，另一只手推其腿侧。

（9）拉。拉是用手向内或向后拉身体某部位，使练习者身体重心远离器械轴的一种方法。例如，练习者做双杠上的外侧坐越两杠下，帮助者就可采用一只手托其臀，另一只手握其上臂向内拉的方法。

（10）提。提是帮助者两手握住练习者踝部或膝部，用力向上，使练习者身体重心升高、肩部拉开或髋部伸直的一种手法。例如，做技巧的肩肘倒立或手倒立不直时，帮助者就应采用这种手法，使练习者能正确体会和完成动作。

（11）按。按是用手向下按住背部或腿部的一种顺势用力的手法。例如，当练习者做低单杠的单挂膝摆动上时，帮助者就是一只手托其背，另一只手按住其摆动腿，帮助其加大摆动的。

### 2. 间接帮助

帮助者不直接给练习者以助力，而是通过信号或使用标志物和限制物等，提示动作要领、指示和限制动作的方向位置，从而让练习者建立正确的动作概念、改进动作技术或提高动作质量的帮助叫作间接帮助。

（1）信号法。信号法是用语言、呼声、击掌、手势的方式提示练习者动作发力的时机，帮助练习者掌握动作节奏的方法。例如，做头手翻时，帮助者发出“打腿”的信号，帮助练习者掌握正确的发力时机；做鞍马支撑左右挥摆时，帮助者发出“1—2—1—2”的信号，帮助练习者掌握正确的节奏。

（2）标志物法。标志物法是用醒目的物品来标识动作的方向，帮助练习者掌握正确的动作发力方向的方法。例如，做单杠骑撑前回环时，帮助者可站在正前方1～2米处，将手掌心向外置于胸前，作为练习者撑起身体后，向前伸腿的方向标志。

（3）限制物法。限制物法是用绳、球、竿等物品来限制动作范围、增大动作幅度的方法。例如，做低单杠的弧形下时，帮助者在杠前1米处拉一根平行于杠面的绳子，让练习者从绳子上面越过，这样做限制了动作范围，使得下法的动作幅度有明显提高。

### 3. 利用器械设备的帮助

借助各种形式与高度的保护凳、保护腰带和保护滑车等器械设备达到帮助的目的的方法叫作利用器械设备的帮助。使用专门的保护帮助器械设备进行保护与帮助，更能达到保护与帮助的目的，大大地增强教师和学生的安全感。但是，绝不可因为有了较好的保护与帮助的器械设备而麻痹大意，掉以轻心，放松警惕，忽视对器械设备的安全检查，甚至不认真掌握使用，否则不仅不能预防练习中伤害事故的发生，还可能发生更大的伤害事故。

## 二、保护与帮助的关系

### （一）保护与帮助的区别

首先，保护与帮助在概念上有所不同。保护是练习过程中借助他人、依靠自身或利用器械设备，以防止伤害事故的发生而采取的安全措施。帮助是在练习过程中，给予练习者助力或利用信号、标志物和限制物等，使其更好地体会动作要领，建立正确的动作概念，改进和提高动作技术。

这种区别在国际体操比赛评分规则上体现得很明显：练习者在做动作时是否得到直接外力的援助和语言提示。比赛时，规则允许有保护者上场的项目有单杠、吊环、双杠、跳马。只要保护者触及了正在完成动作的运动员的身体，不论主动还是被动，也不论比赛者是否得到助力都被视为帮助，都要被扣分，且只允许一名教练员上场保护，若有第二名教练教练员在器械旁，不管帮助与否都要扣分，和运动员说话也要扣分。

其次，从功能上看二者也有区别。保护是一种安全措施，主要目的是防止伤害事故的发生，在训练和比赛时保护者观察运动员做动作，一旦发生危险及时扶救，这时保护便转化为帮助。而帮助主要是一种教学与训练手段，它可以使练习者完成独立完成不了的动作，有利于练习者提高动作的质量，克服动作连接的困难。

### （二）保护与帮助的联系



保护与帮助的联系是密不可分的，作用是互相渗透的。保护中有帮助，帮助中有保护，因为可靠的保护能帮助学生消除思想顾虑、增强信心、集中精力去思考动作的技术要领，有利于学生动作的完成。而正确的帮助本身就是一种可靠的保护，学生通过帮助能正确地体会技术要领，较顺利地完成动作，同时可以减少伤害事故的发生。

# 第三节　保护与帮助在体操教学与训练中的运用

保护与帮助是体操教学与训练中一种极为有效的重要手段，合理地加以运用，能帮助学生克服紧张和恐惧心理，增强学习信心，有利于学生建立正确的动作概念，改进动作技术，提高动作质量，预防伤害事故的发生，最后达到独立完成动作的目的。

教师在运用保护与帮助时，必须根据动作技能形成的3个阶段的特点，正确地使用，做到既使学生学习动作时对保护与帮助不产生依赖，又注意培养学生独立完成动作的能力。

## 一、不同阶段保护与帮助的运用

根据运动生理学的研究，动作技能的形成分为粗略地掌握动作（泛化）、改进与提高动作（分化）、巩固与运用自如（自动化）3个阶段，不同阶段保护与帮助的运用是不同

的，各有侧重。（表6–3–1）

表6–3–1　动作技能形成阶段保护与帮助的运用

| 阶段 | 学习特点 | 教学任务 | 保护与帮助的运用 |
|---|---|---|---|
| 泛化 | 动作显得吃力、紧张、不协调、缺乏控制能力、出现多余动作和害怕心理 | 初学：体会建立正确的动作概念，排除多余动作，克服害怕心理 | 帮助主要是助力性帮助运用得多 |
| 分化 | 紧张、多余和错误动作逐渐消除，动作变得准确协调轻松，但不熟练 | 掌握动作：消除错误，改进提高协调性和节奏感 | 帮助与保护交替使用但间接帮助运用较多 |
| 自动化 | 形成动力定型，能够准确、熟练、省力、轻松地完成动作，达到自动化程度 | 巩固提高：加大运动量，改进动作细节，提高动作的准确性和熟练性 | 利用器械与自我保护，在脱保后以自我保护为主 |

### （一）粗略地掌握动作阶段

粗略地掌握动作阶段的特点，是大脑皮层兴奋过程扩散，动作显得吃力、紧张、不协调，缺乏控制力，出现一些不应有的错误，甚至伴有恐惧害怕心理。这一阶段主要是学生通过教师的示范与讲解，取得感性认识，在学生体会动作的过程中，教师主要采用直接帮助的方法，逐步消除学生的害怕心理，帮助学生改进不合理的动作技术，树立学好动作的坚定信心。

### （二）改进与提高动作阶段

在改进与提高动作阶段，大脑皮层兴奋与抑制过程处于分化阶段，紧张、不协调、动作技术不合理等现象已逐步消失，动作变得比较准确、轻松，但还不够熟练，不能运用自如。因此，应继续强化动作的正确技术，进一步排除多余的动作。在此阶段，保护与帮助应交替进行，并逐步向间接帮助和自我保护过渡。

### （三）巩固与运用自如阶段

在巩固与运用自如阶段，大脑皮层兴奋过程高度集中，内抑制相当牢固，形成了动力定型，动作表现轻松自如、准确熟练，已达到自动化程度。这一阶段，教师主要采用保护，最后使学生达到完全脱保，独立完成动作。

## 二、保护与帮助在实际操作中应该注意的几个问题

### （一）明确所用的手法

特别是对直接帮助手法的操作，明确所用手法是十分重要的。因为不同的动作有不同的技术要求，那么进行帮助时也要求用不同的手法。这就要求帮助者了解动作技术，并

在此基础上明确所要选用的帮助手法，只有这样才能使保护与帮助真正起作用，否则就会适得其反。例如，做单杠的翻上成支撑时，主要的帮助手法应是“托”和“扶”，如果用“送”就很难让练习者完成动作了。

## （二）选择合理的站位

保护者所处的位置合理与否，关系到保护与帮助能否起作用。如站位选择不当，不但不能起到帮助的作用，反而会成为一种障碍。例如，做技巧的侧手翻时，帮助者应站在前侧练习者经倒立时的背面，如果位置站反了，就会影响练习者做动作，还有可能被练习者的腿打到。因此，选择合理的站位是非常必要的，站位的选择应根据项目特点和动作结构来进行。

### 1. 单杠、吊环、高低杠站位选择

动作以摆动、回环为主。从力学分析中可知，摆动、回环动作在垂直位的动能最大。在做大回环时，身体在垂直位的垂直负荷是人体自身重的4～5倍，因而在垂直位容易造成脱手现象。根据这一特点，单杠、吊环、高低杠这3项的保护位置一般在杠下两侧。向前摆动的动作保护位置在前侧，向后摆动的动作保护位置在后侧。而回环动作却与摆动动作站位相反，即向前回环的动作保护位置在后侧，向后回环的动作保护位置在前侧。

### 2. 双杠站位选择



动作由悬垂、挂臂、支撑3个部分组成，可分为杠上动作和杠下动作，如屈伸上、摆倒立等。根据这一特点，杠下动作如前摆上、后摆上等站在杠下两侧进行保护较为简便。杠上动作如前空翻下、倒立转体180°等可利用保护凳在高位置进行保护较为简便。

### 3. 技巧站位选择

动作由各个方向的单个或成串的手翻、空翻、空翻转体组成，大部分动作需借助跑动来完成。因此，下手、起跳、落地点是不固定的，要求在移动中选择位置，如踺子小翻，连续侧手翻等。一般来说，向前翻的动作保护位置在前侧，向后翻的动作保护位置在后侧，向侧翻的动作保护位置在侧前（背面），如前手翻、原地后手翻、侧手翻等。

### 4. 跳马站位选择

动作由助跑、上板起跳、第一腾空、推手、第二腾空、落地几个环节组成，大部分动作要求有明显的第一和第二腾空，而且要求落地稳。根据这一特点，如需改进第一腾空技术，帮助者应站马后侧帮助练习者摆腿；如需改进第二腾空技术，帮助者应站马前侧帮助练习者顶肩；对落地的保护，帮助者应站在落地点的两侧，防止练习者前倒后仰。

### 5. 平衡木站位选择

运动员要在10厘米宽的器械上完成各种翻腾动作，因而对稳定性和准确性要求很高。一般来说，在进行高木练习之前都要进行低木练习，故保护位置的选择与技巧相同，在进行高木练习时帮助者位于木的两侧进行保护。

### （三）选择合理的抄手部位

抄手的部位不合理，即使站位正确，也不能发挥保护与帮助的作用。例如，做双杠的支撑摆动时，初学者往往因上肢力量弱，在身体后摆过高时会向前、向下翻下来。但是只要帮助者顶住其上臂，就可以避免初学者在身体后摆过高时，发生向前、向下翻下来的危险。如果帮助者顶的不是上臂而是前臂，那么由于抄手部位的不合理，用多大的力也无济于事。

### （四）选择合理的抄手时机

抄手的时机不合理，即使站位、抄手部位都正确了，也不能发挥保护与帮助的作用。例如，做技巧向后带臂的团身前空翻时，正确的抄手时机应在练习者的两臂向后带过身体时，将其手臂贴在腹部上。如果抄手时机早了，就会影响练习者的两臂向后带起的动作，而妨碍其动作的完成。

### （五）选择合理的发力时机、大小、方向

正确的发力时机、大小、方向，对帮助练习者体会动作要领、建立正确的本体感觉有着十分重要的作用。例如，做倒立顶肩推手练习时，帮助者发力时机不对，不仅在帮助时费力，而且不利于练习者体会正确的动作。要掌握好发力的时机、大小、方向，就应做到与练习者同心、同力、同气，默契配合，也就是做到与练习者心往一处想，力往一处使，形成统一、一致的节奏感。

上述5个方面是紧密联系、不可分割的，在运用保护与帮助的过程中，必须全面实施，缺一不可，切不可顾此失彼，单一地进行。否则，不仅不能起到保护与帮助的作用，还可能出现一些不应有的伤害事故。

## 三、如何正确处理保护与帮助和独立完成动作之间的关系

在体操动作学习过程中，技能、技巧一旦形成，就应选择合适的时机脱离助力而试着独立完成，此过程就是所谓的脱保。脱保是对练习者的一种必要的心理训练措施，目的在于帮助练习者建立独立完成动作的信心，使运动技能从分化阶段及时向动力定型阶段过渡。

在体操教学与训练中，保护与帮助只是手段，最终还是要练习者独立完成动作。因此，根据练习者的技术水平和新动作的难易程度等具体情况，给予帮助与保护是必要的。但是，这种助力的大小应有利于加快练习者掌握动作的技术，有利于提高质量，高标准地完成动作。初学时助力大些，随着完成动作能力的提高，应逐渐减小助力增加保护的因素，最终实现脱保。适时地脱保会促进能力的飞跃；反之，则会延误学习进程及有碍动作概念的精确建立。

### （一）脱保的条件

脱保一般是在运动技能形成过程的分化阶段后期，时机的选择应具备下列条件：

（1）动作基本掌握，在帮助下已具备极高的成功率。

（2）对完成动作有充分的信心，并具有强烈的求试心理。

（3）凭帮助者操作时的感觉，确认自己已具有独立完成的能力。

（4）对可能失误的情况已做充分估计，并具有果断采取相应防护措施的能力。

### （二）脱保前的准备工作

（1）对拟脱保的动作，在脱保前的数次训练中就应逐渐减小助力，心中充分估计练习者独立完成的能力。

（2）试行脱保应事先列入训练课的计划。对课的组织、项目顺序、进行方式等应根据练习者的特点做具体安排。

（3）应具体分析练习者的个性特征。对性格外向者应稳定其情绪，避免其鲁莽行事；对性格内向者，要尊重其个人意见，进行诱导、鼓励。

（4）在临脱保前，教师应有针对性地重点提示动作关键，并使练习者默念动作过程及要领。

（5）事先安排和仔细检查场地器械，认真落实保护措施，包括个人防护用品。

脱保是动作掌握过程的一次飞跃，但并非该动作学习过程的结束，而是精细分化，提高质量、形成自动化过程的开始。因而在脱保以后仍需进行针对性的、时脱时保的帮助，使动作能达到精确、熟练的程度。



# 第四节　对保护与帮助者的要求

## 一、保护与帮助者要有高度的责任感

保护与帮助者不仅应把保护与帮助看成重要的教学与训练手段，而且应该看到保护与帮助是维护学生健康、预防伤害事故发生的有力措施。保护与帮助是一件十分严肃而必须认真对待的工作，切忌嬉戏、打闹和开玩笑。因此，在保护与帮助的过程中，自始至终都应精神饱满、精力集中、任劳任怨、耐心细致、全力以赴。一旦学生出现危险，保护与帮助者就应毫不犹豫、奋不顾身地以自我牺牲、舍己救人的精神，使学生摆脱危险，保证其安全。

## 二、保护与帮助者要熟悉动作的技术

熟悉动作技术是正确运用保护与帮助的基础。虽然体操动作技术有它的共同规律，但是不同的项目、不同类型的动作，又有着各自不同的特点。只有熟悉动作的技术，详细了解每个动作的技术要求，才能明确完成动作的关键，预见完成动作时容易发生危险的地方，适时地给予练习者有力的保护和帮助。由于动作技术的不断改进和发展，对于一些难新动作，保护者应在不断的实践中总结经验，创造出一些新的行之有效的保护与帮助的方法。

## 三、保护与帮助者要掌握正确的保护与帮助的方法

保护与帮助是体操教学与训练中的基本技能之一，保护与帮助者必须掌握好这一专门的技能，才能完成好保护与帮助。初学保护与帮助的任务，可能会感到生疏、别扭、插不上手或用不上劲，甚至会挨打、被砸、妨碍练习者做动作。这需要有一个从不会到会、从生疏到熟练的学习和实践过程，逐步掌握过硬的保护与帮助的技能。

## 四、保护与帮助者要了解练习者的特点

不同的练习者具有不同的特点，了解练习者的情况是为了更好地区别对待。为此，首先，要了解练习者对动作技术掌握的情况；其次，要了解练习者对保护与帮助者的习惯要求；最后，要了解练习者的性别、年龄、体质、性格、体力、思想状态、身体素质和心理素质等情况，在运用保护与帮助时予以区别对待。对那些体力差、技术水平低、注意力不易集中或情绪急躁的练习者要加强保护与帮助。特别是对女性和胆小者，要在加强助力性帮助的同时，消除他们的思想顾虑，激发和培养他们克服困难的决心和勇气，增强他们完成动作的信心。只有全面了解练习者的情况，才能使保护与帮助恰到好处。

# 第五节　体操创伤的预防



为了完成教学与训练任务，维护和增进学生健康，防止运动创伤的发生，在教学与训练中，除采取积极的保护与帮助措施外，还应注意以下几点。

## 一、遵守教学与训练原则

教师应根据循序渐进的原则，由简到繁、由易到难，合理地制定大纲，科学地安排进度，不可脱离学生的客观实际单纯地追求“难”“新”和“高标准”，更不能急于求成。

## 二、严密课的组织

教学与训练的组织要合理，场地的安排应得当，队伍的调动要合适，内容的衔接应紧密，使课堂秩序有条不紊，教学与训练过程井井有条。

## 三、做好充分的准备活动

身体的各个部位，特别是颈、肩、腰部和各关节、韧带、肌肉都应得到充分的活动，为正式参与各种运动做好机能上的准备，以最佳的状态投入运动。

## 四、合理安排运动量

运动量太小，不仅对机体的影响不大，达不到锻炼身体的目的，而且不能让学生很好地体会动作要领，掌握动作。运动量过大，超过了身体的生理负荷，就会造成运动创伤，出现伤害事故。因此，过多地安排某一项目或过多地重复某一动作，都是不合适的。

## 五、重视骨干培养

教学与训练中，仅靠教师的组织和保护与帮助是不够的，还必须加强体育骨干的培养，充分发挥他们在课堂上的辅助作用。

## 六、加强医务监督

教师除注意观察、了解和听取学生的自我感觉外，还应随时与校医加强联系，密切配合，及时了解和掌握学生的身体健康发展状况。

## 七、健全检查制度



场地器材设备是体操教学与训练顺利进行的重要保证。器材布置是否合理，安装是否牢固、得当，管理人员都应经常检查，及时进行调试。特别是使用前，教师要仔细、严格、认真地进行检查。

## 【复习思考题】

1. 保护与帮助有何区别和联系？
2. 体操动作技能形成的各个阶段具有哪些特点？各阶段应怎样运用保护与帮助？
3. 保护与帮助者应具备哪些条件？
4. 自我保护有哪些方法？
5. 体操教学与训练中的预防创伤的措施有哪些？
6. 为什么要学习保护与帮助？它在体操教学与训练中有何重要意义？
7. 在运用保护与帮助时，应注意哪些问题？
8. 如何处理保护与帮助和独立完成动作之间的关系？

# 第七章　竞技体操基本动作技术与教法

【学习目标】

1. 了解技巧、跳跃、双杠、单杠和平衡木的特点、功能和动作类型等。
2. 掌握竞技体操基本动作的做法、规格、教法提示和保护与帮助方法等。
3. 培养体操教学能力、良好的心理品质和顽强自信的意志力。

【章前导言】

本章根据体育院校学生的入学水平和培养目标的要求，选择了技巧、跳跃、双杠、单杠和平衡木等项目中的基础动作作为体操教学的基础练习内容，主要阐述各个项目的特点与功能及动作做法、动作规格、教法提示和保护与帮助等。通过本章的学习，学生会对竞技体操基本动作有一个比较全面的认识，培养基本的体操教学能力。

## 第一节　技巧



### 一、技巧的特点与功能

技巧不但是竞技体操的基础训练内容，而且是一个独立的运动项目，又在戏剧、杂技、舞蹈、跳水以及许多现代竞技体育项目训练中被广泛运用。其动作内容丰富，形式变化多样，有易有难，适用于不同水平的练习者练习。它主要包括各种滚翻、手翻、空翻、倒立、平衡等动作。技巧练习的器械有12平方米的自由体操垫、长方形垫子等。练习技巧动作可以发展人体的力量、灵敏、柔韧、协调等素质，对提高人体前庭器官机能有突出作用，同时在培养思想意志品质和自我保护能力等方面有着非常重要的作用。

### 二、技巧的动作与教法

#### （一）前滚翻

【动作做法】

从蹲立开始，两手体前撑地，重心前移，提臀，两脚蹬地，同时屈臂，低头，含胸屈体前滚。当背、腰着垫时，屈膝团身，两手迅速抱小腿，起上体成站立姿势。（图7–1–1）

图7–1–1

【动作规格】

腿蹬直，方向正，滚翻圆滑。

【教法提示】

（1）做原地滚动练习。当前滚至背部着地、腿与地面夹角约45° 时，迅速收腹，上体紧跟大腿团身抱腿。

（2）在垫子下面放斜板，由高处向低处做前滚翻。

（3）该动作的运动变化规律为增加蹬地的初速度、加大转动惯量，再缩短半径、增加角速度。

【保护与帮助】

保护与帮助者跪于练习者侧前方。当练习者头部将要着地时，保护与帮助者一只手托其颈；当其滚翻至臀部着地时，另一只手顺势推其背部。

## （二）前滚翻分腿起



【动作做法】

从蹲立开始，两臂体前撑地，同时两腿用力蹬地，顺势低头、含胸、屈臂。经屈体前滚翻，然后分腿，两手在两腿内侧撑地快速推起成开立姿势。（图7–1–2）

图7–1–2

【动作规格】

两腿伸直，方向正，滚翻圆滑。

【教法提示】

（1）蹬地要有力，形成快速滚动。

（2）及时撑手推地跟上体。

【保护与帮助】

分解练习时，保护与帮助者可站于练习者体后提拉其腰部。完整练习时，保护与帮助者要站在练习者的侧前方臂落地的位置。

## （三）前滚翻直腿起

【动作做法】

从蹲立开始，两臂体前撑地，同时两腿用力蹬地，顺势低头、含胸、屈臂。当滚至臀部时，上体迅速向前压叠，同时两手在膝部外侧快速向后撑地，经屈体成直立姿势。（图7-1-3）

图7-1-3

【动作规格】

脚离地后保持直腿姿势直到成直立姿势，滚动圆滑。

【教法提示】

（1）蹬地要有力，形成快速摆动。

（2）滚动过程稍展髋（135° 左右）。

（3）及时撑手、推地、跟上体。

【保护与帮助】

保护与帮助者跪或站立于练习者侧前方。当练习者折叠推撑时，保护与帮助者提拉其腰部或推其背部，帮助其完成动作。

## （四）鱼跃前滚翻

【动作做法】

从直立开始，屈膝半蹲，两臂后引，身体重心前移，两臂前摆，同时两脚用力蹬地向前上方跃起，两手撑地，顺势屈臂缓冲、低头、含胸屈体前滚，随即屈膝团身前滚翻成站立姿势。（图7-1-4）

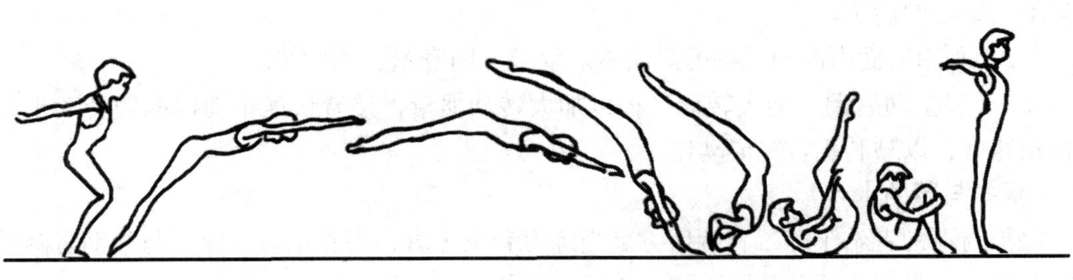

图7-1-4

【动作规格】

有明显腾空，腾空时髋角大于120°，滚翻圆滑。

【教法提示】

（1）从半蹲开始，做两臂前摆远撑的前滚翻。要求：腿用力蹬地后积极上摆、紧腰。

（2）从高处（30～40厘米）向下做前滚翻。要求：在前方铺一块海绵垫，手撑地先屈臂，再低头做前滚翻，体会两臂撑地的控制力量及技术。

（3）做越过低障碍物的前滚翻。要求：空中紧腰、髋关节大于90°，腿处于水平位置（在他人帮助下完成）。待熟练后，可做加助跑的鱼跃前滚翻。

（4）从半蹲开始，脚用力蹬地使身体向上前方跃起腾空，进入空中抛物线，当转入手撑地被动屈臂做退让性动作时，再屈体屈膝完成动作。

【保护与帮助】

保护与帮助者站于练习者侧前方。当练习者腾空时，保护与帮助者一只手托其胸腹，另一只手托其腿，帮助其缓冲落地和向前滚动。

### （五）后滚翻

【动作做法】

从蹲撑开始，身体稍向前移，随即两手推地、含胸、低头，团身后屈臂夹肘，两手放肩上。后滚至肩、头着地时，臀部继续上翻，顺势推地经蹲撑成站立姿势。（图7–1–5）

图7–1–5

【动作规格】

团身紧，方向正，滚翻圆滑。

【教法提示】

（1）两手放在肩上方，做向后滚动手撑地的练习。要求：屈臂抬肘、夹肘翻腕，置于肩上（掌心向后）。

（2）利用斜面由高向低练习后滚翻。要求：团身紧、推撑快。

（3）肩主动后倒，增大转动半径以加大转动惯量，接着快速举腿以缩短转动半径、加快角速度，以顺利翻转完成动作。

【保护与帮助】

保护与帮助者站于练习者侧后方。当练习者滚至肩、头着地时，保护与帮助者两手扶其髋两侧向上提拉，帮助其推手和翻转。

### （六）屈体后滚翻

【动作做法】

从直立开始，上体前屈，两腿伸直，臀部后坐，两手靠近大腿中部两侧撑地，接着上体顺势后倒，同时向后举腿翻臀，屈体后滚翻，两手翻撑于肩上。当滚到肩部时，两手用力推地，尽量收腹屈体，经屈体立撑站立。（图7–1–6）

图7–1–6

【动作规格】

腿直，滚翻圆滑。

【教法提示】

（1）前屈后坐时，屈体要充分，两手靠近大腿中部，先于臀部着地。

（2）臀部着地的同时，上体及时快速后倒，同时快速、充分屈体翻臀。

（3）动作结束时，两脚尽量靠近两手着地。

【保护与帮助】

保护与帮助者站于练习者侧后方。当练习者举腿翻臀后，保护与帮助者两手提拉其髋部两侧，助其翻转。

### （七）肩肘倒立

【动作做法】

从直角坐开始，上体前屈。接着向后滚动，收腹，举腿，翻臀，用力下压，当膝部至头上方时向上伸髋。至倒立部位时，髋关节充分挺开，收紧腰、臀。屈肘内夹，两手掌心向内、虎口向上撑于背部两侧，成肘、颈肩支撑的倒立姿势。（图7–1–7）

【动作规格】

身体与地面垂直、稳定，一次伸到位。

【教法提示】

（1）直腿坐，屈体后滚向上做伸髋练习。要求：当脚尖至头部上方时伸髋，体会伸腿方向。

（2）坐撑后滚动，屈体，翻臀，做两臂屈肘撑腰练习。要求：夹肘撑腰，以稳定支撑。

图7-1-7

（3）在身体滚动成肩肘倒立的过程中，通过快速伸长半径达到制动的目的。因此，制动时应考虑将身体重心控制在支撑面内。

【保护与帮助】

保护与帮助者可以站于练习者体侧提拉其小腿，必要时可用膝顶练习者髋部帮助其展髋。

## （八）经单肩后滚翻成单腿跪撑平衡

【动作做法】

以经右肩为例。从直角坐开始，上体前屈，接着向后滚动，在收腹、举腿、翻臀时，头向左侧倒。当臀部翻至支点垂面时，右臂经侧伸与左臂及时用力推地，经右肩向后滚翻，右腿下落屈膝跪地成单腿跪撑平衡。（图7-1-8）

图7-1-8

【动作规格】

滚翻节奏均匀，方向正，后举腿高于头。

【教法提示】

（1）后倒的同时举腿，翻臀。

（2）头向撑手一侧偏，不要转头，经单肩滚动。

（3）两腿前后分开，支撑腿主动着地，后举腿尽力高举。

【保护与帮助】

保护与帮助者跪于练习者左侧方，一只手拖其左腿，另一只手扶其左肩。

## （九）一腿摆动、一脚蹬地成头手倒立

【动作做法】

从蹲立开始，上体前倾，两手体前撑地，与肩同宽。屈臂提臀，身体重心前移，头前额在两手前着地。一腿摆动、一脚蹬地成头手倒立姿势。（图7–1–9）

图7–1–9

【动作规格】

直腿摆动、倒立伸直、稳定。

【教法提示】

（1）两手和前额上部呈等腰三角形支撑，颈部紧张，两肘内夹，形成稳定的三角支撑。

（2）动作过程中，始终保持重心投影点落在支撑面内。

【保护与帮助】

保护与帮助者站于练习者侧面，也可以站在练习者前面，两手扶其腿部。

## （十）屈体慢起头手倒立

【动作做法】

从蹲立开始，上体前倾，两手体前撑地与肩同宽。两腿伸直，屈臂提臀，身体重心前移，头前额在两手前着地。两手用力推撑，身体重心继续前移，脚离地后展髋成头手倒立姿势。（图7–1–10）

图7–1–10

【动作规格】

腿直、匀速、倒立直、稳定。

【教法提示】

（1）两手和前额上部呈等腰三角形支撑，颈部紧张，两肘内夹，形成稳定的三角支撑。

（2）动作过程中，展髋要伴随着髋的回移，始终保持身体重心投影点落在支撑面内。

【保护与帮助】

保护与帮助者站在练习者前方，两手扶其髋部，当练习者成倒立姿势时扶其腿部。

### （十一）手倒立

【动作做法】

从直立开始，两臂前上举，一腿前跨，接着上体前倾，两手向前撑地与肩同宽，稍含胸，目视手。一只脚蹬地，一条腿后摆，接近倒立时，两腿并拢上伸，顶肩、立腰、夹臀，伸直身体成手倒立姿势。（图7–1–11）

图7–1–11

【动作规格】

身体伸直、稳定。

【教法提示】

（1）背对墙蹲撑，两脚依次蹬墙上移，直至膝、髋伸直成面向墙的斜倒立支撑或成手倒立姿势。要求：手撑地离墙的距离逐步缩小。

（2）在他人帮助下做手倒立练习或靠墙手倒立练习。要求：摆蹬腿有力，充分顶肩、紧腰、伸直身体。

（3）当身体重心接近垂直位时用力抬头。及时顶肩、伸髋制动，以增大半径成手倒立姿势。

【保护与帮助】

（1）靠墙蹬摆手倒立。保护与帮助者站在练习者一侧，一只手扶其肩，另一只手托其腿，助其成倒立姿势。

（2）无墙的直立蹬摆手倒立。保护与帮助者站在练习者侧前方，拨腿助其成倒立姿势并扶稳。保护与帮助者也可站在练习者前方。当练习者手撑地时，保护与帮助者两手扶其髋部，助其成倒立姿势，然后换扶腿部。对冲肩者，可用膝顶其肩。

（3）独立练习的自我保护方法。倒立前翻时，顺势屈臂、低头、含胸团身做前滚翻；也可放开一只手顺势转体屈髋，两腿依次落地。

### （十二）手倒立前滚翻

【动作做法】

从手倒立姿势开始，脚尖远伸使身体重心前移，接着低头，使头的后部在两手前着地，同时微屈髋、紧腰，以肩、背、腰、臀依次前滚。当滚至背部着地时，迅速收腹、屈膝、跟上体、团身抱腿，经蹲立成直立姿势。（图7–1–12）

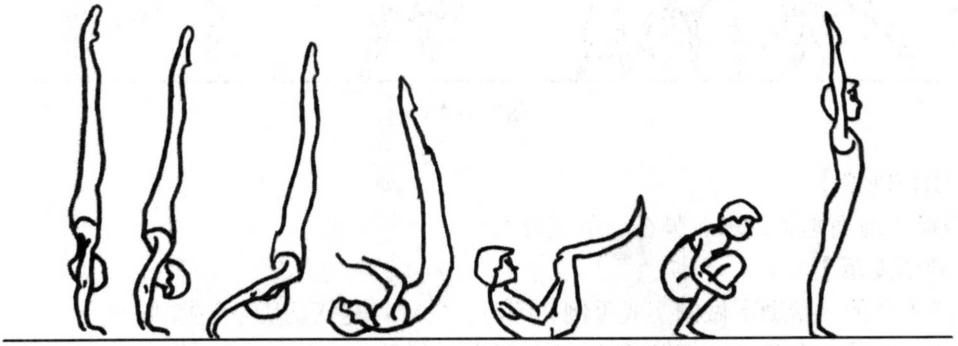

图7–1–12

【动作规格】

倒立直，滚动圆滑。

【教法提示】

（1）做一条腿后摆，一只脚蹬地，不经手倒立的前滚翻动作。要求：体会屈臂低头前滚翻的技术。

（2）在他人帮助下慢做手倒立前滚翻动作。要求：掌握先屈臂，再低头、含胸、屈髋、屈膝抱腿的动作顺序与技术。

（3）在手撑地摆蹬腿时形成向前的水平速度，要及时控制身体重心，在接近垂直位前积极顶肩、伸髋，以增大半径达到制动的目的；在前倒时身体重心应尽量远离垂直线，以利于滚翻。

【保护与帮助】

（1）仰卧举腿经肩肘倒立前滚翻起。保护与帮助者站在练习者侧方拨其腿，助其做前滚翻。

（2）在他人帮助下做完整练习。保护与帮助者站于练习者侧前方，先扶稳其手倒立，随着练习者前翻，顺势前送。当练习者滚至臀部着地时，保护与帮助者一只手拨其背部，助其成蹲立姿势。

## （十三）侧手翻

**【动作做法】**

正下侧起，以左侧为例。从直立开始，左脚前跨一步，同时两臂上举，上体前倾，手撑地前顺势向左转体90°，右腿后摆。左右手前伸依次在左脚的延长线上撑地，左脚蹬地后经倒立姿势，顶肩、立腰。两手依次推地，两脚依次落地。（图7-1-13）

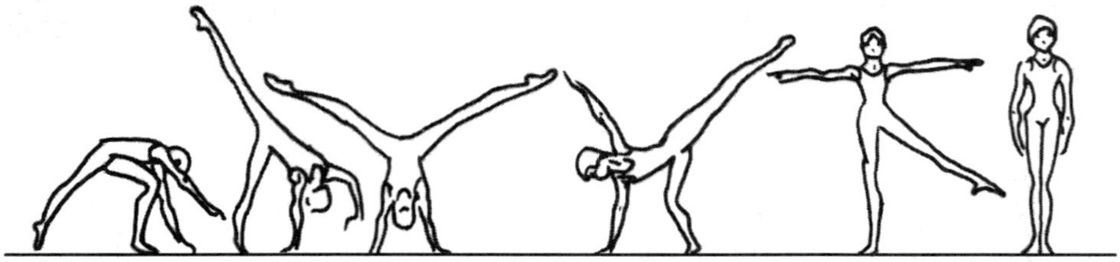

图7-1-13

**【动作规格】**

身体与地面垂直，手、脚在一条直线上。

**【教法提示】**

（1）在他人帮助下做侧摆成手倒立练习。要求：先摆腿后下手撑地。

（2）在他人帮助下做侧手翻练习。要求：经倒立时两臂充分顶肩，分腿大，身体伸直。

（3）在地上画一条直线做侧手翻练习。要求：手、脚都落在线上，推手快。

（4）利用摆蹬腿的力量加大重心的水平移动速度，以加快完成侧翻动作。

**【保护与帮助】**

保护与帮助者站在练习者侧前方（倒立时的背面），两手交叉扶其腰部两侧，帮助其翻转。

## （十四）侧手翻向内转体90°（踺子）

侧手翻向内转体90°（踺子）是向后翻腾类连接动作。踺子连接形式有两种：第一种是连接低腾空、低翻转的动作，如接后手翻、快速后空翻；第二种是连接高腾空或加转体的动作，如接后空翻、后空翻两周和旋空翻等。下面以侧手翻向内转体90°接后手翻和侧手翻向内转体90°接后空翻为例进行详细介绍。

### 1. 侧手翻向内转体90°接后手翻（后手翻踺子）

**【动作做法】**

以侧手翻向左转体为例，从站立两臂前上举开始，节奏跳后，左脚迅速落地，上体顺势前屈下压。右腿快速向后上方摆起，左手立即在前下稍偏右处撑地，同时左脚用力蹬地，左腿快速后摆，顶肩离地后，头部自然带动身体向内转90°。当左脚离地后，右手快速在左手前稍偏左处撑地，两手间距稍宽于肩，接着左腿向右腿靠拢。当转体经手倒立时，两手快速推离，猛烈收腹、提腰，以全脚掌主动向手支点方向着地，上体积极抬起，两臂上摆做后手翻动作的准备姿势（图7–1–14a）。

【动作规格】

方向正，经手倒立过程转体，推手有力，立腰快。

【教法提示】

（1）从站立开始，做侧手翻倒立的向内转体90° 两脚依次落地的慢动作。

（2）从手倒立开始，做两手推地收腹、屈体提腰，以全脚掌着地。

【保护与帮助】

保护与帮助者站在练习者侧面，两手扶其腰，帮助转体和提腰。

2. 侧手翻向内转体90° 接后空翻（空翻踺子）

与后手翻踺子不同之处是两手撑地距离远些，两臂应向上提拉（领臂），梗头。在转体90° 推手后，以前脚掌着地要远些，紧腰，小腹保持紧张（内收）（图7–1–14b）。

a

b

图7–1–14

【动作规格】

方向正，经手倒立过程转体，推手有力，立腰快，向上跳起。

【教法提示】

（1）由手倒立开始，两手推地，屈髋，两脚向远处落地，向上跳起，同时领臂。

（2）用助跑2～3步的节奏跳起来做。

【保护与帮助】

保护与帮助者站在练习者的侧后方。当练习者跳起时，保护与帮助者一只手扶其腰，另一只手扶其腹部，顺势帮助其向上跳起。

## （十五）头手翻

【动作做法】

由直立开始，上体前屈，两腿稍屈蹬地后伸直，两手和头前额撑地，经屈体头手倒立前移。当臀部前移至支点垂直面时，两腿快速向前上方伸腿展髋，同时两手用力推离地面，腾空时抬头挺身，至两脚缓冲落地，成两臂上举的直立姿势。（图7–1–15）

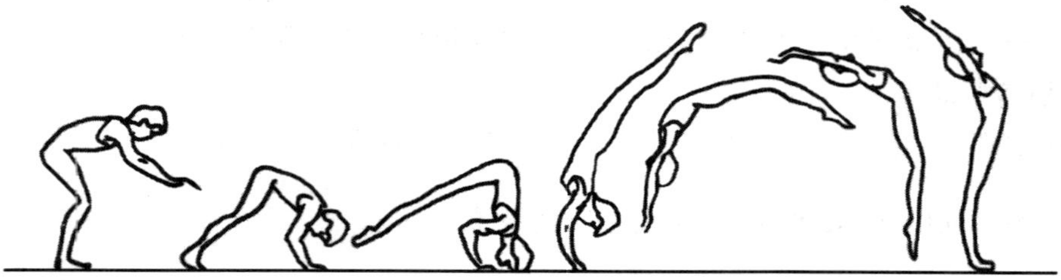

图7–1–15

【动作规格】

有明显腾空，挺身并腿站立。

【教法提示】

（1）从站立开始，上体前屈，两手向前撑地成短暂的屈体头手倒立姿势。要求：稍保持屈体头手倒立姿势后做前滚翻。

（2）两手和头前额撑地呈三角形，蹬地快速、有力。

（3）当臀部经过支点垂直面时，向前上方伸腿、展髋。

（4）推手、展髋迅速、充分，腾空时抬头、挺身。



【保护与帮助】

保护与帮助者单膝跪立在练习者前侧方，一只手托其上臂或肩部，另一只手托其腰部，帮助其翻转。

## （十六）前软翻

【动作做法】

从两腿前后站立、两臂前上举开始，身体重心前移，上体前倒，两手撑地，右（左）腿向后上摆起，左（右）脚蹬地，经前后分腿手倒立后，两肩稍向后引，身体尽量后屈，抬头，右（左）脚尽量在靠近手的地方落地并迅速将身体重心移至右（左）脚，顶肩、推手、顶髋、立腰，右（左）腿向前上方伸出，至最高点后于体前点地，身体还原成开始姿势。（图7–1–16）

图7–1–16

【动作规格】

经分腿手倒立时两腿夹角不小于170° 。

【教法提示】

（1）由分腿手倒立前翻成单腿桥，另一条腿上举。

（2）从单腿桥开始，顶肩，推手，伸腰、顶髋，挺身、立腰、起立。

（3）保护与帮助者位于练习者侧面。当练习者前翻时，保护与帮助者一只手托其腰，另一只手托其上举腿，助其控腿和起立。

【保护与帮助】

保护与帮助者站在练习者侧面，一只手扶其肩部，另一只手托其腰。

### （十七）后软翻

【动作做法】

从右脚站立、左脚前点地、两臂上举开始，向上顶髋、挺胸，向后下腰。左腿经前、上向后方摆，两手尽量靠近右脚撑地，同时右脚蹬地，肩部后送。经分腿手倒立时，顶肩、抬头，然后左脚落地。上体抬起时右腿后控，再落地成站立姿势。（图7–1–17）

图7–1–17

【动作规格】

经分腿手倒立时两腿夹角不小于135° ，直立时应有后控腿姿势。

【教法提示】

（1）前后分腿站立，身体后屈落下成桥。

（2）由单腿桥蹬起，成手倒立姿势，起立，控腿。

（3）在他人的帮助下完成完整动作。

【保护与帮助】

保护与帮助者站在练习者侧面，一只手扶其肩部，另一只手托其腰；或一只手扶其腰，另一只手扶其摆动腿。

### （十八）前手翻

【动作做法】

从直立开始，助跑（也可原地）趋步落地后，上体积极下压。一条腿用力向后上方迅速摆起，两手积极前伸撑地；另一只脚蹬地，迅速与摆动腿并拢，接近手倒立姿势时制动腿，顶肩推手。腾空后稍抬头，保持挺

身，落地缓冲成两臂侧上举的直立姿势。（图7–1–18）

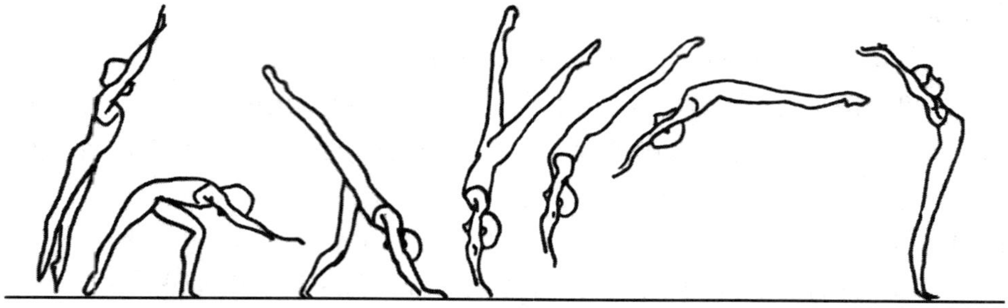

图7–1–18

【动作规格】

有明显腾空，落地站稳。

【教法提示】

（1）靠墙竖放一块厚垫，做趋步摆腿蹬地成靠墙倒立姿势练习。要求：撑地、顶肩、紧腰。

（2）身体快速下压，两手积极前伸撑地，两脚蹬摆快速有力。

（3）在他人的保护与帮助下，由高向低做前手翻，体会腾空、翻转、着地的动作。

（4）加大蹬摆腿的速度，把握制动性推手的用力时机。

【保护与帮助】



在保护与帮助下，由高处向低处做前手翻。保护与帮助者（单人或双人）一只手顶练习者的肩，另一只手托练习者的背，帮助练习者翻转。

### （十九）蹬跳后软翻

【动作做法】

从直立姿势开始，平视前方，两臂上举。开始时两腿弯曲，上体稍前屈，两臂前举。当上体后移至不能站立时（膝盖不能超过脚尖），积极向后甩臂，同时两脚蹬跳、顶髋和挑腰，身体尽量后屈。在经手倒立时，借助身体的反弹，迅速顶肩、提腰，同时两手用力推离地面，上体抬起，两臂前举。（图7–1–19）

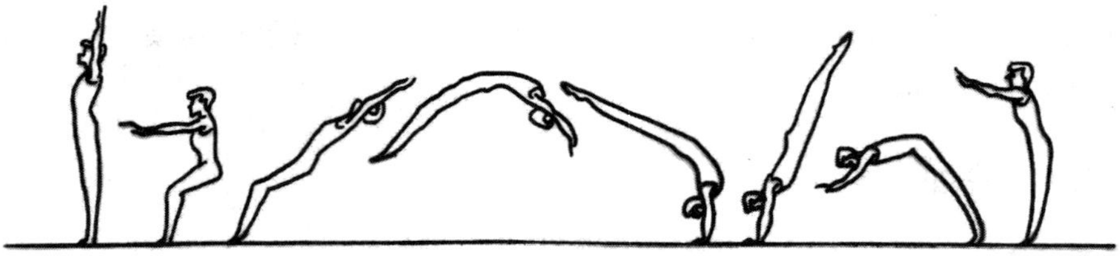

图7–1–19

【动作规格】

推手后有明显的腾空。

【教法提示】

（1）手倒立推手，体会顶肩、提腰、屈体。

（2）在他人的帮助下做后手翻成手倒立动作。

（3）在他人的帮助下做完整练习。

（4）做后手翻接后手翻的落地动作。当全脚掌在靠近手的地方落地后，上体做好接后手翻的姿势，可后退着跑。

【保护与帮助】

两名保护与帮助者分别站在练习者的侧面，一只手托练习者的腰部，另一只手扶练习者的大腿后侧。当练习者翻转时，两名保护与帮助者托其腰和大腿并加助力；翻过后，托腰的手迅速挡住练习者的腰部，防止其后倒。

### （二十）纵劈腿

【动作做法】

从直立姿势开始，两腿同时向前后方滑动落下成前后分腿坐的姿势。两臂侧举，抬头挺胸，上体与地面垂直。

【动作规格】

一条直线，位置到位，上体保持垂直。

【教法提示】

（1）做肋木或把杆的压腿或踢腿练习。

（2）在他人的帮助下，做搬腿练习。

（3）做劈腿后控制时间练习。

（4）注意两腿平衡发展。

【保护与帮助】

保护与帮助者分腿站在练习者后面，两手托其两腋下，慢慢放其下落。

### （二十一）横劈腿

【动作做法】

从分腿立撑姿势开始，两脚向左右滑动落下成左右分腿坐的姿势。两臂侧举，抬头挺胸，上体与地面垂直。

【动作规格】

两腿左右成一条直线，大腿内侧及臀部着地，上体正直。

【教法提示】

（1）多做侧踢腿或侧压腿练习。

（2）动作深度要逐步完成。

（3）可在练习者一只脚或两只脚下放一高度适当的垫子，帮助其往下压，提高其动作质量。

【保护与帮助】

保护与帮助者站在练习者后方，两手扶其髋部，将两侧慢慢向下压。

## （二十二）桥

【动作做法】

以仰卧成桥为例。屈膝仰卧，两手肩上翻掌撑地，髋部上挺，尽力体后屈，抬头，腿、臂伸直成桥。（图7–1–20）

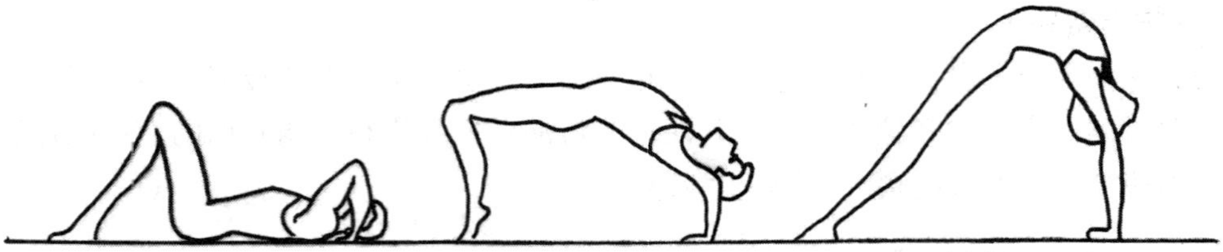

图7–1–20

【动作规格】

充分体后屈，臂伸直，膝基本伸直。

【教法提示】

（1）做仰卧支撑挺腰练习。

（2）背对肋木，手握横杠，依次下移成桥。

（3）在他人的帮助下进行向后甩腰的练习。

【保护与帮助】



保护与帮助者站在练习者侧方或前方，两手托或提拉其腰部。

## （二十三）俯平衡（燕式平衡）

【动作做法】

由直立、两臂上举开始，上体前倒，同时挺胸、抬头，两臂侧举，支撑腿绷直，用全脚掌控制平衡，另一条腿向后上方举起成俯平衡。（图7–1–21）

图7–1–21

【动作规格】

动作舒展、髋正，后举腿的膝高于臀部水平面。

【教法提示】

（1）做纵劈腿练习，两臂侧举，抬头挺胸。要求：体会身体尽量后屈时的肌肉感觉。

（2）做一只手扶器械的平衡练习或在他人的帮助下的完整动作练习。要求：上体高于臀部，后举腿尽量向后上方伸展。

（3）控制好身体，使重心始终保持在支撑面中心。

【保护与帮助】

保护与帮助者站在练习者侧方，一只手托其肩，另一只手扶其后举腿。

### （二十四）跪跳起

【动作做法】

从跪立、两臂前举开始，上体稍前倾，屈髋后坐，同时两臂后引，接着迅速向前上方摆臂，同时展髋立腰，脚背和小腿用力压地。当身体向上腾起时，迅速制动两臂，同时收腹、提膝成蹲立。（图7–1–22）

图7–1–22

【动作规格】

动作协调，有腾空，落地稳。

【教法提示】

（1）向前上方摆臂、展髋、立腰与脚背、小腿用力压地协调配合。

（2）身体向上腾起时，及时制动两臂和收腹、提膝。

【保护与帮助】

保护与帮助者站在练习者侧方或后方。当练习者臂前摆时，保护与帮助者顺势提拉其上臂助其腾起。

### （二十五）单腿全旋

【动作做法】

以绕右腿为例。从两手撑地支撑身体，左腿全蹲、右腿侧伸开始，右腿向前沿地面依次经过两臂、左脚，继续向左、向后全旋至原来位置，并保持身体平衡。当腿绕至两手时依次推撑让腿绕过，再绕过左脚时身体重心移至两手，提臀蹬跳稍有腾空，让右腿绕过。（图7–1–23）

图7–1–23

【动作规格】

动作协调，绕动路线范围大。

【教法提示】

（1）绕动过程中手、腿与身体重心移动配合。

（2）反复练习就能较好地掌握。

【保护与帮助】

保护与帮助者只需用语言提示动作做法、节奏、幅度、姿态等。

## （二十六）俯撑单腿经侧向前摆越转体180° 成仰撑

【动作做法】

以右脚摆越为例。从俯撑开始，腹稍下压，随即提臀，右脚经侧向前摆越，经过两手时交替推起右手换到左手处。当摆越过两手支撑后，迅速转体180° ，左手经上至背后撑地，挺胸抬头成仰撑姿势。（图7–1–24）

图7–1–24



【动作规格】

腿直，不擦地，摆越腿脚尖要经过两手支点前方，方向正。

【教法提示】

（1）当摆越腿经过两手支点时，两手要有主动的推离动作。

（2）当摆越过两手支撑后，迅速转体180° ，挺胸、抬头成仰撑。

【保护与帮助】

保护与帮助者站在练习者左侧，两手扶其髋，左手在下、右手在上，帮助其托、转髋关节。

## （二十七）俯撑双腿经侧摆越成仰撑

【动作做法】

以右侧为例。从俯撑开始，前脚掌蹬地，稍提臀两腿经侧向前摆越，同侧手推离，向异侧移肩，接着两腿前送伸髋，推离手背后撑地，拉开肩角成仰撑姿势。（图7–1–25）

图7–1–25

【动作规格】

两腿直，摆越时不擦地，成仰撑时方向正。

【教法提示】

（1）腿向前摆越时要主动推手向异侧移肩。

（2）摆越后要积极向前伸腿送髋，拉开肩角成仰撑姿势。

（3）在他人的帮助下做俯撑双腿经侧摆越成仰撑动作。要求：塌腰反弹、收腹提臀速度快，顶肩推手有力、及时，向前伸腿快、幅度大。

【保护与帮助】

保护与帮助者跪于练习者支撑臂左侧，一只手扶其上臂，另一只手推送其髋部，帮助其完成动作。

## 第二节　跳跃

跳跃动作是各级学校体育教学的主要内容。跳跃包括一般跳跃和支撑跳跃两大类。一般跳跃有跳上、跳下、跳越障碍等动作，是支撑跳跃的基础。支撑跳跃动作由助跑、上板、踏跳、第一腾空、推手、第二腾空、落地等7个技术环节组成。其中第二腾空动作的高、飘、远、美及落地的稳定性是评定整个动作质量的关键。支撑跳跃按照动作技术结构可分为正腾越、侧腾越和翻转腾越。



### 一、跳跃的特点与功能

跳跃的特点是通过腿和手臂短促有力地作用于器械，使人体在短暂的腾空时间里做出各种不同形式的动作。经常进行跳跃练习，能够全面提高人体运动器官、血液循环器官、呼吸器官及前庭分析器官的功能，对增强下肢、腰腹、肩带肌和上肢肌群的爆发力有明显效果，对发展空间定向判断能力和控制身体平衡能力有着积极的影响，对培养练习者勇敢、顽强、果断的意志品质和超越障碍的实用技能有着积极的作用。

支撑跳跃动作形式多样，技术各环节衔接紧密，完成动作时间短，对动作学习要求相对较高。在体操教学中，体操教师要抓住主要技术环节，多运用辅助练习、诱导练习和保护与帮助方法，加强心理训练，重视安全，以顺利完成教学任务。

支撑跳跃中的跳马是竞技体操男、女比赛的项目之一。跳马动作技术从起初的水平腾越类动作发展为前手翻、前空翻类，侧手翻、空翻类，踺子后手翻空翻类以及前手翻、前空翻多周转体类等不同难度的动作。下面对其进行具体介绍。

## 二、跳跃动作与教法

### （一）助跑起跳

【动作做法】

助跑开始，目视器械，上体稍前倾，前脚掌触地，后腿充分蹬直，向前送髋跑动，动作协调，节奏清晰，摆臂均匀，步点准确。上板前最后几步上体自然抬起，两臂后引，摆动腿迅速前摆，蹬地腿积极蹬离地面，与摆动腿并拢，用前脚掌平行向前下方踏上助跳板，两腿积极缓冲，保持梗头、含胸、紧腰，上体稍前倾，同时两臂由后下方向前快速摆臂并制动，配合两腿快速蹬板，以获得较大的腾起力量。（图7–2–1）

图7–2–1



【教法提示】

（1）做助跑摆臂后蹬练习。要求：摆臂协调，后蹬腿有力。

（2）做三步“单跳双落”练习。要求：保持含胸、立腰，两臂前摆至肩水平位时立即制动。

（3）做快速助跑，踏板练习。要求：助跑和踏跳之间动作连贯协调，摆臂快速，制动有力。

【动作规格】

助跑动作舒展，轻松迅速，摆臂协调；踏跳有力，动作连贯。

【保护与帮助】

保护与帮助者站在助跳板前练习者落点一侧，一只手在前，另一只手在其腰部挡扶。

### （二）挺身跳

【动作做法】

轻松助跑“单跳双落”上板，两腿向下蹬板，同时两臂积极向前上方摆动，使身体向上高高腾起。紧腰、梗头，接近极点时挺身亮相，然后控制身体平衡至落地。（图7–2–2）

【教法提示】

（1）做助跑上板练习。要求：动作协调、起跳有力。

（2）做垫上练习和由高向低挺身跳下的练习。要求：身体充分伸展。

（3）做弹跳板上连续起跳接挺身下的练习。要求：动作连贯，保持身体姿势准确。

图7-2-2

【动作规格】

腾起高，在极点时身体充分伸直。

【保护与帮助】

保护与帮助者站在弹跳板前练习者落点一侧，两手前挡后扶，维持其身体平衡，防止其前后跌倒。

### （三）屈腿（团身）跳

【动作做法】

助跑上板起跳，用力摆臂起肩和充分蹬伸腿相结合，使身体高高向上伸直跳起。接近极点时用力收腹，屈腿上提，两手抱膝团身，随即迅速伸腿，展体落地。（图7-2-3）

图7-2-3

【教法提示】

（1）仰卧于垫上做收伸腿练习。要求：团身紧、收伸腿快。

（2）保护与帮助者在练习者身后扶其腰，帮助其向上跳起完成团身跳练习。要求：收腿快、团身紧。

（3）由高处向低处做团身接伸腿跳下练习。要求：团身紧、展体快。

【动作规格】

腾起高，团身紧，展体好。

【保护与帮助】

保护与帮助者站在弹跳板前练习者落点一侧，两手前挡后扶，维持练习者身体平衡，防止其前后跌倒。

## （四）跳转180°

【动作做法】

助跑上板垂直向上充分起跳后身体保持紧腰、伸直，利用头、臂、肩向转体一侧发力带动身体沿纵轴转动。如果是向左转体，则左臂上举、右臂伸向左腋下。转体接近 180° 时，两臂向前上方伸展制动，然后保持平稳落地。（图7-2-4）

图7-2-4

【教法提示】

（1）做垫上原地练习。要求：身体直，转体方向正。

（2）由高位置向低处做跳转180° 下。

【动作规格】

腾空高，身体直，转体方向正。

【保护与帮助】

保护与帮助者站在练习者转体方向同侧的落点处，两手前挡后扶，维持其身体平衡。

## （五）跳上成蹲撑接挺身跳下

【动作做法】

3～5步助跑上板起跳，两臂同时迅速前摆，含胸，头稍低，撑器械时提腰，屈膝靠胸，前脚掌踏在器械上成蹲撑。两臂推离器械向前上方摆动，同时腿用力蹬离器械，使身体向前上方高高腾起，展体挺身至落地。（图7-2-5）

【教法提示】

（1）做垫上俯撑，蹬地迅速提腰、收腹、屈腿经蹲撑，推手接挺身跳的练习。要求：

收腹快、挺身充分。

（2）做弹板上屈腿跳练习。要求：身体充分团身与伸展。

（3）在鞍马或横马上练习。要求：收腹快、团身紧。

图7–2–5

【动作规格】

经短暂蹲撑过程，向上腾起高，伸展充分。

【保护与帮助】

（1）保护与帮助者站在器械正前方。当练习者跳上成蹲撑时，保护与帮助者两手顶其肩部。

（2）保护与帮助者站在器械前侧，一只手扶顶练习者上臂，另一只手托其大腿后部，帮助其成蹲撑。

### （六）跳上成分腿立撑接挺身跳下

【动作做法】

3～5步助跑起跳，同时两臂迅速前摆，含胸，稍低头，手撑器械，同时提腰、收腹、提臀、顶肩成屈体分腿立撑，接着两臂推离器械，向前上方摆起，同时两腿用力蹬离器械使身体向前上方腾起，并腿展体，挺身落地。（图7–2–6）

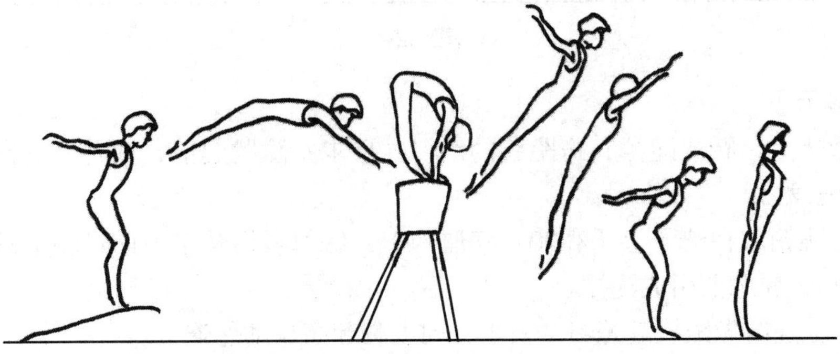

图7–2–6

【教法提示】

（1）做垫上俯撑，同时蹬地、收腹、提臀、顶肩经水平撑，分腿立撑，推手接挺身跳的练习。要求：顶肩有力、收腿快、挺身充分。

（2）做弹板上挺身跳练习。要求：身体充分伸展。

（3）从在鞍马或高垫上练习过渡到在他人的帮助下直接练习。要求：收腿快、动作连贯紧凑。

【动作规格】

向上腾起要高，伸展充分，落地远，动作连贯紧凑。

【保护与帮助】

（1）保护与帮助者站在器械正前方。当练习者跳上成分腿立撑时，保护与帮助者两手顶其肩部。

（2）保护与帮助者站在器械前侧方，一只手顶扶其上臂，另一只手后托其大腿或腹部，帮助其经分腿立撑。当练习者挺身跳下时，保护与帮助者在其落点侧面扶其背，挡扶其腹部。

## （七）跳上成跪撑接跪跳下

【动作做法】

助跑上板起跳后，含胸迅速向前摆臂撑器械，紧腰、屈膝成跪撑，接着两臂推离器械，同时抬上体。当臂后摆至垂面时，小腿积极下压器械，两臂用力上摆使身体向前上方腾起，在空中经跪姿、抬头挺身，伸腿落地。（图7–2–7）



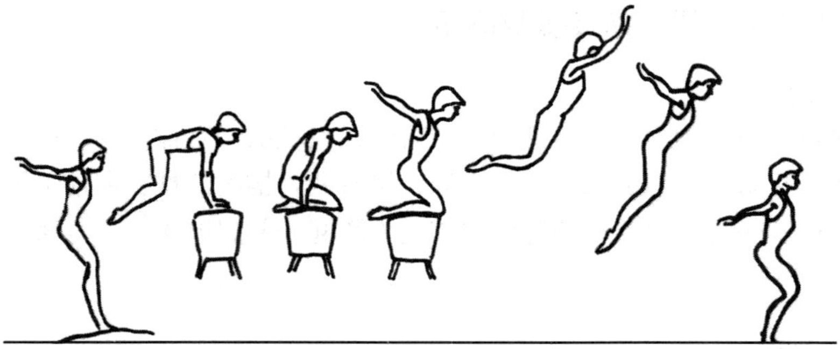

图7–2–7

【教法提示】

（1）做垫上鱼跃成跪撑，跪跳起的练习。要求：跪跳起前，两臂发力向上摆起，提肩，同时小腿发力。

（2）把跳箱放在垫子上（高30～40厘米），练习者做从垫上向跳箱上跳成跪撑的练习。要求含胸、屈膝前引成跪撑。

（3）垫上连续做跪跳起练习。要求：向上腾起高，动作连贯。

【动作规格】

腾起高，空中经跪姿伸展。

【保护与帮助】

（1）保护与帮助者站在器械正前方。当练习者跳上时，保护与帮助者两手顶其肩部，然后移步至侧方保护其落地。

（2）保护与帮助者站在器械前侧方。当练习者跳上时，一只手握其上臂，另一只手托其大腿后部，帮助其成跪撑。在其落地时两手扶挡其腹背部，维持其身体平衡。

### （八）纵箱前滚翻

【动作做法】

有节奏地进行短距离助跑踏跳，保持稍屈髋姿势，含胸，摆臂，起跳，同时目视器械近端。两手主动撑箱近端两侧，提臀、屈臂、低头、紧腰、屈体做前滚翻。当滚至器械远端、臀部接触器械时，用力压大腿，抬上体离开器械，伸展至落地。（图7–2–8）

图7–2–8

【教法提示】

（1）由低垫向高垫做屈体鱼跃前滚翻，在限制标志线内完成。要求：有一定的腾空，滚翻圆滑。

（2）做原地起跳屈体前滚翻，逐渐加高纵放器械的高度，然后加2～3步助跑做此练习。要求：提臀，臀部高于肩部。

【动作规格】

滚翻圆滑，方向正，滚翻时腿并拢伸直。

【保护与帮助】

保护与帮助者站在器械近端一侧。当练习者跳起后，保护与帮助者一只手托其肩，另一只手托送其大腿，帮助其维持平衡及顺势翻转，并向前跟进保护其落地。初学者应由两人在两侧同时保护与帮助。

### （九）斜进助跑直角腾越

【动作做法】

以向右为例。从器械左侧斜向助跑［纵马（纵箱）与跳板约成20°角］，左脚上板踏跳，同时上体稍后倾，挺胸、立腰。右手撑器械右侧，接着右腿带动髋部用力向右前上方“踢”送，左腿踏跳迅速并右腿。两腿高举

经直角支撑将至极点时快速压大腿展体挺身，同时两手推离器械腾越落地。（图7–2–9）

图7–2–9

【教法提示】

（1）做斜进助跑起跳，上器械成直角支撑练习。要求：明确上板脚和撑器械手及其位置。

（2）做双杠外侧坐越两杠下或支撑前摆直角下练习。要求：将至极点时展髋挺身下。

（3）在器械远端放置限制物（实心球）或在前上方设置标志物（吊球），以改进摆腿方向和高度。要求：腾越经直角支撑时髋与肘齐平，脚高于头，落地前展体充分。

【动作规格】

腾越经直角支撑时髋与肘齐平，脚高于头，落地前展体明显。

【保护与帮助】

保护与帮助者站在器械近端右侧。当练习者起跳后，保护与帮助者右手握其上臂，左手托其腰部，帮助其腾越。



### （十）侧腾跃

【动作做法】

以向左为例。短距离助跑后两脚用力踏跳，两臂迅速前摆，含胸，撑器械，屈髋，提臀，带动两腿向左侧上方摆起。接着左手推离器械侧举，重心移至右臂，同时两腿侧向伸髋，经右手单臂支撑展体挺身，越过器械至落地。（图7–2–10）

图7–2–10

【教法提示】

（1）做垫上俯撑弹起，提臀、侧摆至侧撑练习。要求：先提臀，再侧摆，腿向远伸。

（2）在跳板上，手撑器械连续起跳，提臀向左侧上摆。要求：提臀、侧摆动作连贯。

（3）在横鞍马上或在加高支撑点的横器械上练习。要求：腿侧伸，右臂顶肩支撑。

（4）在器械左侧放置限制物或在器械侧上方设置标志物，使练习者有目标地向左侧上方摆。要求：腿侧摆与肩平，落地前展体充分。

【动作规格】

经右臂侧撑时，腿与右肩齐平，落地前展体明显。

【保护与帮助】

保护与帮助者站在器械前方或后方的右侧。当练习者撑器械时，保护与帮助者右手握其右臂，左手托送其右髋，顺势帮助其侧摆越挺身下。

### （十一）斜向助跑俯腾越

【动作做法】

纵马（纵箱），以向右为例。从身体左侧斜向助跑踏跳，向前摆臂、含胸，两手快速撑器械远端，同时稍屈髋，提臀，接着向后摆腿，展髋、挺身。当接近极点时积极制动腿，左、右手依次推离器械，腾越过器械落地。（图7–2–11）

图7–2–11

【教法提示】

（1）垫上俯撑，保护与帮助者在右侧后方抬起练习者两腿，帮助练习者做推手侧移的练习。要求：身体直，推手移重心快。

（2）做双杠支撑后摆挺身下练习。要求：保持挺身姿势。

（3）由在他人的帮助下手撑低器械原地踏跳俯腾越逐渐过渡到在正式器械上练习。要求：推撑器械时腿与肩齐平，落地前有明显挺身。

【动作规格】

后摆腿高于肩，腾空高，展体明显。

【保护与帮助】

保护与帮助者站在器械左侧跳板前。当练习者起跳撑器械时，保护与帮助者一只手扶其左臂，另一只手托送其腿部，帮助其后摆并越过器械挺身下。

## （十二）山羊分腿腾越

【动作做法】

有节奏地逐渐加快助跑速度，单跳双落，积极摆臂踏跳，含胸、紧腰，两臂主动前伸，向下撑山羊并用力快速顶肩推手，同时稍提臀，两腿侧分，有意识地下压制动，两臂顺势上举、起肩、抬上体、挺身，接着迅速并腿前伸落地。（图7–2–12）

图7–2–12

【教法提示】

（1）助跑2～3步踏上跳板起跳，两手撑山羊分腿跳，接着回落在跳板上（在保护与帮助下）。要求：做顶肩、稍提臀、侧分腿的山羊支撑动作，分腿支撑时直腿，回落至跳板时屈膝缓冲。

（2）低山羊练习分腿腾越。要求：腿直，推手快速，展体明显。

【动作规格】

手远撑时，髋部与肩齐平，膝关节直，推手后有明显的腾空和展体动作。

【保护与帮助】

（1）保护与帮助者站在练习者落地点侧方，一只手握其上臂，另一只手扶其腰部，帮助其越过山羊。

（2）保护与帮助者站在山羊的正前方。当练习者撑山羊时，保护与帮助者两手握其臂、顶其肩并顺势上提，同时后退帮助其完成腾越动作。

## （十三）横马（横箱）预先后摆分腿腾越

【动作做法】

有节奏地逐渐加快助跑速度，单跳双落，积极摆臂踏跳。起跳后含胸、紧腰，两腿后摆，两臂主动前伸，向下撑马并用力顶肩推手。同时，稍提臀，侧分两腿，有意识地下压制动。接着两臂顺势上举，起肩，抬上体挺身，迅速并腿前伸落地。（图 7–2–13）

【教法提示】

（1）做跳上横马或高垫成分腿立撑，分腿挺身跳下的练习。要求：跳上接跳下动作连贯，分腿支撑腿直。

（2）做山羊分腿腾越练习，两侧分别由两人牵绳延长山羊。要求：顶肩、推手有力，分腿大。

（3）先慢速助跑跳低横马，然后逐渐增加马的高度，或加快助跑速度，拉远跳板与跳马的距离。要求：腿直，腾空高，展体充分。

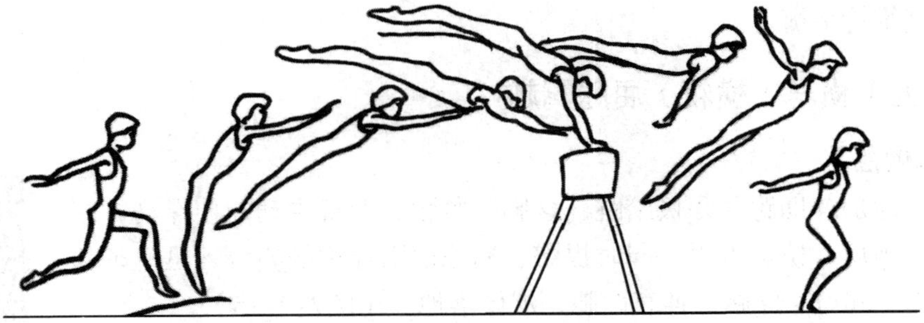

图7–2–13

【动作规格】

后摆腿高于肩，分腿直，腾空和展体明显。

【保护与帮助】

（1）保护与帮助者站在横马的正前方。当练习者撑马时，保护与帮助者两手握其臂、顶其肩并顺势上提，同时后退帮助其完成腾越动作。

（2）保护与帮助者也可站在横马前练习者落地一侧，一只手握其上臂，另一只手扶其腰部，帮助其越过器械。

## （十四）纵马（纵箱）分腿腾越

【动作做法】

动作基本与横马（横箱）预先后摆分腿腾越相同，只是纵马形体长而窄，在心理和技术上都增加了难度，除注意解决练习者的心理问题外，技术上要加长助跑距离，加快水平速度，起跳后要迅速向前上方摆臂，拉开肩角，含胸，手尽量撑在马的远端。（图7–2–14）

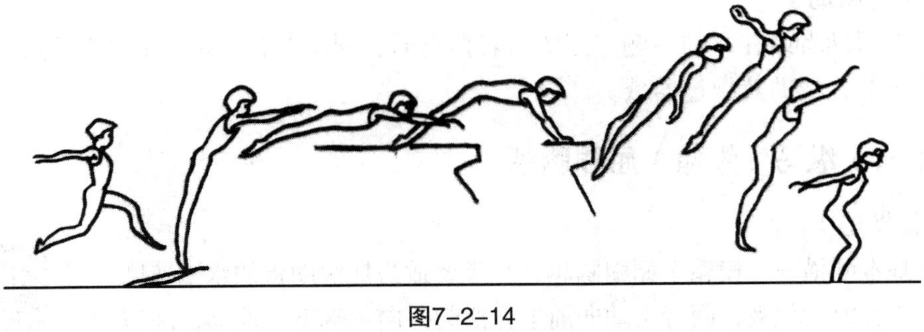

图7–2–14

【教法提示】

（1）跳上纵马成并腿立，鱼跃，手前撑，分腿下。要求：手撑在马的远端。

（2）做山羊、横马分腿腾越练习。要求：逐步拉远助跳板和跳马的距离并限制撑手的宽度，逐步提高后摆高度。

【动作规格】

手远撑时，髋部与肩平，膝关节直，推手后有明显的腾空和展体动作。

【保护与帮助】

保护与帮助者站在练习者落地一侧。当练习者落地时，保护与帮助者两手扶挡其腰腹部，帮助其维持平衡。

### （十五）横马（横箱）屈腿腾越

【动作做法】

有节奏地加速助跑并积极踏跳，含胸、紧腰，两臂主动前伸撑马，用力向前下方顶肩，快速推手，同时提臀、屈膝前引经蹲的姿势，迅速举起两臂，梗头、起肩、立腰、伸直两腿，展体落地。（图7–2–15）

图7–2–15

【教法提示】

（1）做垫上俯撑或鱼跃经水平支撑，推手成蹲立的练习。要求：顶肩有力、收腹快。

（2）做弹跳板上屈腿跳的练习。要求：收腿快、团身紧。

（3）做山羊或横马跳上经蹲撑、挺身跳下的练习。要求：收腿迅速、挺身充分。

【动作规格】

撑马时，经屈腿姿势与肩平，腾空明显，展体落地。

【保护与帮助】

保护与帮助者站在马前一侧。当练习者撑马时，保护与帮助者一只手握其上臂，另一只手托其腰部，帮助其越过器械。

### （十六）纵马（纵箱）屈腿腾越

【动作做法】

动作基本同横马（横箱）屈腿腾越，只是要适当加快助跑的水平速度，起跳要更加有力、积极，两臂主动向前上方摆起并向远端下压撑马，在肩过支点垂直线时完成推手动作。（图7–2–16）

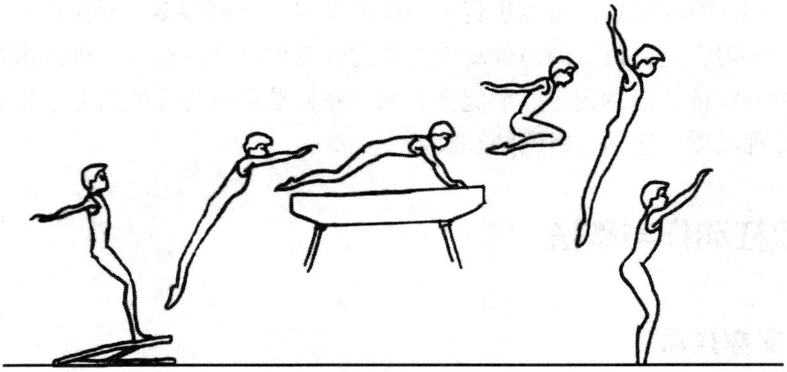

图7-2-16

【教法提示】

（1）动作同横马（横箱）屈腿腾越。

（2）做山羊屈腿腾越的练习。要求：逐渐拉远跳板，使起跳至推手的距离达到跳纵马的要求。

（3）纵马屈腿腾越落在高垫子上，逐渐降低垫子的高度直到在正常状况下完成练习。要求：推手快、腾空高、展体明显。

【动作规格】

撑马时，经屈腿姿势，髋部与肩平，腾空明显，展体落地。

【保护与帮助】

保护与帮助者站在练习者落地一侧，两手前挡后扶，维持练习者身体平衡。



# 第三节　双杠

## 一、双杠的特点与功能

双杠属于器械体操，是竞技体操项目之一，是技术类体操中的一项重要内容。双杠练习可在一杠或两杠的正向、侧向上做各种摆动、摆越、屈伸、弧形、滚翻、空翻、回环、转体和各种静止姿势和用力动作，以上动作均由支撑、挂臂、悬垂来完成。双杠在竞技体操练习或比赛中能为运动员提供做动作的最大空间，可将自由体操、吊环、鞍马的许多动作融入其中，对运动员的力量和平衡素质要求较高。多数双杠动作要求运动员双手或单手脱杠，运动员对于平衡及时空感的把控显得尤为重要。在所有的双杠动作中，运动员的肩臂肌肉应保持紧张。运动员的上杠可以有不同的方法，包括助跑后通过跳板上杠。运动员的下杠包括前、后空翻下杠及转体下杠等。在一套双杠动作结束前，运动员不能触到地面，身体（手臂除外）也不能接触双杠。

双杠运动有很高的锻炼价值，经常进行双杠动作练习，能有效地发展上肢、躯干、肩带肌、腹肌和背肌力量，对身体各部分的控制能力、协调能力和平衡能力等的提高均有着积极的促进作用。双杠锻炼既可以进行单个动作练习，也可以多个动作巧妙地组合在一起进行成套动作练习，还可以将静力性动作与动力性动作结合，进行合理的编排，突出以支撑和摆动为主的特征，以达到更好的健身效果。双杠动作练习还能培养学生勇敢、顽强、果断的良好心理品质，达到很好的健心效果。

## 二、双杠动作与教法

### （一）支撑摆动

【动作做法】

两臂直臂支撑，以肩关节为轴前后摆动。前摆时，身体从后上方保持顶肩，直体自然下摆。当身体前摆过垂直位后主动送髋，向前上方用力摆腿，同时两臂用力向后下方撑杠顶肩，并积极拉开肩角、伸髋、送腿，自然伸直身体前摆至最高点。后摆时，身体从前摆最高点处自然下摆保持顶肩、紧腰、夹臀、直体。当身体下摆至垂直位时，用力向后上方甩腿加速后摆，并逐渐顶开肩角，保持含胸、紧腰、夹臀，直体上摆到最高点。（图7–3–1）

图7–3–1　支撑摆动

【动作规格】

两手紧握双杠，挺直肘关节，肩关节适度放松，以肩为轴，使其基本保持在支撑点垂直位附近。前摆时举腿送髋前伸，后摆时紧腰夹臀，整个摆动过程中保持直体。摆动过程中在控制好重心的前提下逐渐增大摆动幅度，摆腿前、后用力时机均应尽量控制在垂直位。两腿并拢，脚尖绷直。前摆时臀部高于肘部，后摆时肩角大于45°　。

【教法提示】

（1）在垫子上练习仰撑。要求：直体、含胸、紧腰、夹臀、拉开肩角。

（2）在他人的帮助下做支撑小摆动练习。要求：以肩为轴摆动，体会与掌握前摆踢腿和后摆甩腿的用力时机及方向。

（3）应考虑动能与势能的转换及利用动能。

【保护与帮助】

保护与帮助者站在杠侧，一只手扶练习者上臂，帮助练习者稳定支撑，另一只手扶练习者腰部，顺势帮助练习者向前或向后送髋。练习一段时间后，保护与帮助者两手扶持练习者上臂助其支撑即可。

### （二）跳上支撑前摆成外侧坐

【动作做法】

以右侧坐为例。从杠内站立开始，两手从内握杠。跳起成支撑，顺势向前上方摆腿，然后左大腿外侧坐杠，屈小腿向后下伸，右腿向后下方伸直，使左小腿和右腿在后下方平行，左手撑杠，右臂侧举，两眼平视，上体挺直。（图7–3–2）

图7–3–2

【动作规格】

跳起直臂撑杠，两腿至垂直位时用力前摆。坐杠时抬头挺胸，左小腿和右腿平行。

【教法提示】

（1）做跳上支撑两腿前摆的练习。要求：两手于体前握杠，跳起时直臂支撑，两腿顺势前摆出杠。

（2）在他人的帮助下完成跳上支撑前摆成外侧坐。要求：两腿出杠后，左臂向右顶肩，使身体重心右移，两腿有控制地落下，臀部坐右杠。

【保护与帮助】

保护与帮助者站在杠外练习者的左侧。当练习者前摆时，保护与帮助者托其腰部，向右送至外侧坐。

### （三）杠端跳起成分腿坐——前进一次成分腿坐

【动作做法】

从杠端进杠，由杠内站立，两手前握杠，跳起撑杠，两腿顺势前摆。当两腿出杠面后积极伸髋，制动腿并分腿侧摆，大腿靠近两手虎口，成分腿坐。从分腿坐开始，推手侧上举立腰，两腿夹杠，挺身前倒，两手直臂在肩垂直位撑杠，同时两腿顺势后摆进杠，并腿前摆。当两腿前摆出杠后，主动前伸髋、制动腿、分腿侧摆，成分腿坐。（图7–3–3）

【动作规格】

在杠端跳起分腿坐时，两腿不仅侧分，而且向后划，使大腿根靠近手的虎口。前进时，在上体前倒的同时，两腿应顺势积极后摆，利于进杠。杠上立腰挺胸，展体充分。

图7–3–3

【教法提示】

（1）一只手扶杠站立，腿经前摆至侧举。要求：腿前举约90°，接着向侧摆至侧举，始终保持直腿。

（2）做支撑摆动前摆成分腿坐练习。要求：支撑摆动幅度小，制动分腿及时准确。可由保护与帮助者一只手扶练习者上臂，另一只手扶练习者腰部帮助其前摆。

（3）从分腿坐开始，做立腰、两腿夹杠挺身前倒撑杠成俯撑的练习。要求：身体充分伸展、塌腰、直腿后摆并稍停，以体会后摆进杠时的动作。

【保护与帮助】



保护与帮助者站在练习者侧面，一只手扶其上臂，另一只手托其腰部，帮助其控制平衡和腿前摆。两名保护与帮助者分别站在练习者的两侧，各自一只手扶练习者一只上臂，另一只手顺势托练习者大腿帮助其进杠。

## （四）支撑前摆下

【动作做法】

以向右侧下为例。从支撑后摆开始，当支撑身体前摆过垂直位后，两腿加速向前上方摆起并主动屈髋，身体重心开始右移。在腿将至最高点时迅速制动腿并积极向前下方伸髋展体，同时两臂用力顶肩推杠，左手换握右杠右臂侧举，挺身落下。（图7–3–4）

图7–3–4

【动作规格】

前摆时臀部高于肘部，主动屈髋，伸髋、展体快速、有力，落地方向要正。

【教法提示】

（1）做直立一条腿迅速前踢并快速还原的练习。要求：一条腿快速前踢约90°，制动并迅速压大腿还原，直腿绷脚尖，上体保持不动。可一只手扶器械练习，两腿交换练习。

（2）利用低杠，练习跳起支撑前摆下。要求：跳起支撑迅速，踢腿、屈髋、前摆，接着展髋、压大腿、挺身落下。

（3）练习支撑摆动，前摆踢腿主动收腹屈髋举腿动作。要求：前摆踢腿时主动挺胸、立腰、屈髋、举腿（接近90°）。

【保护与帮助】

保护与帮助者站在练习者下杠一侧，一只手扶其上臂，另一只手托其腰部，帮助其出杠。

### （五）支撑后摆下

【动作做法】

以向左侧下为例。从支撑摆动开始，当身体后摆过垂直面时，两腿用力向后上方摆起，拉开肩角。当后摆接近极点时，顶肩，同时右手迅速推杠换握左杠（在左手前），接着左手推杠侧举，身体重心左移，保持抬头、挺身、紧腰姿势落下。（图7-3-5）

图7-3-5

【动作规格】

支撑后摆高于肩水平；换握杠快速、及时，在空中形成短时的单臂支撑；空中保持抬头、挺身、紧腰姿势。

【教法提示】

（1）练习俯撑依次推手向侧移动。要求：右手推离后在左手前撑地，左手迅速推离至侧举成单臂俯撑，移动快，身体保持直立。

（2）在杠端做两手同时推手的后摆下，或在下杠端拉一根橡皮筋。要求：（可在他人保护与帮助下）支撑后摆下越过橡皮筋。

（3）在他人帮助下练习幅度由小到大的后摆下。要求：先做小幅度后摆下，以便掌握空中换握杠的动作和时机，逐渐增大幅度，提高动作质量。

【保护与帮助】

保护与帮助者站在练习者下杠一侧，一只手握其上臂，另一只手从杠中托其大腿部位，帮助其出杠；保护与帮助者站在练习者下杠的另一侧，左手握练习者上臂，当其换握杠时顺势推其臂去换握左杠，左手顺势推其髋部帮助其出杠。

## （六）支撑前摆向内转体180° 下

【动作做法】

以向右侧下为例。从支撑后摆开始，当身体前摆过杠下垂直位时，两腿加速向前上方摆起，收腹，稍屈髋，并两臂侧顶，身体重心开始右移。当前摆至接近极点时，右臂顶肩推离杠，接着以脚尖带动髋部和上体向左（杠内）转体180° ，同时边转边展髋挺身，两臂依次推离杠面，接着右手换握右杠落下。（图7-3-6）

图7-3-6

【动作规格】

以脚尖带动转髋转体，转体的同时展髋。

【教法提示】

（1）做支撑前摆向内转体90° 下的练习。要求：在极点前以脚尖带动转髋、转体。

（2）在他人的帮助下完成支撑前摆向内转体180° 下。要求：由较低的支撑前摆向内转体180° 下，过渡至较高的支撑前摆向内转体180° 下。

（3）转体的主要动力来自脚尖带动腰部的扭紧。

【保护与帮助】

保护与帮助者站在练习者下杠一侧，一只手托其腰部，另一只手在其转体时扶其髋部，顺势推搓以帮助其转体下。

## （七）外侧坐越两杠下

【动作做法】

以坐右杠为例。从外侧坐开始，两手体后撑杠，肩稍后移，后腿迅速向左前上方摆起，接着前腿积极压杠摆起，空中并腿，身体外移。当两腿摆至接近极点时，迅速制动展髋挺身下，同时两臂顶肩推离杠面，右手握

左杠，左臂侧举，落地成直立。（图7–3–7）

图7–3–7

【动作规格】

肩稍后移时充分挺胸立腰，并后腿迅速向侧前上方摆起，并腿快，空中展髋挺身充分。

【教法提示】

（1）做由外侧坐摆越一杠成支撑摆动的练习。要求：后腿先摆，接着前腿用力压杠摆腿，并腿及时，用力协调。

（2）做由外侧坐越两杠成外侧坐的练习。要求：摆腿有力，前摆高，并在极点前并腿，落下轻松，姿态优美。练习时可给予帮助，保护与帮助者可站在杠中间（练习者身后），一只手扶练习者上臂，另一只手托其腰部，帮助其摆越两杠。



【保护与帮助】

保护与帮助者站在练习者下杠一侧，一只手扶其上臂，另一只手托其腰部，帮助其完成越杠动作。

### （八）滚杠



【动作做法】

以滚右杠为例。从分腿坐开始，两臂侧上举，直体前倒，左手在肩垂直处撑杠，顺势屈臂支撑。接着以右手虎口从杠下向内掌心向上靠近左大腿处握杠（扭臂翻握）。同时，上体前俯，头至杠下，左腿举起，带动髋部向右杠翻滚，以臀部上部压杠经分腿仰卧。接着右腿举起跨越两杠，向下压杠转体，带动上体抬起。同时，左肘落下，右肘翻起经屈臂支撑再用力撑直手臂，上体立起成分腿坐。（图7–3–8）

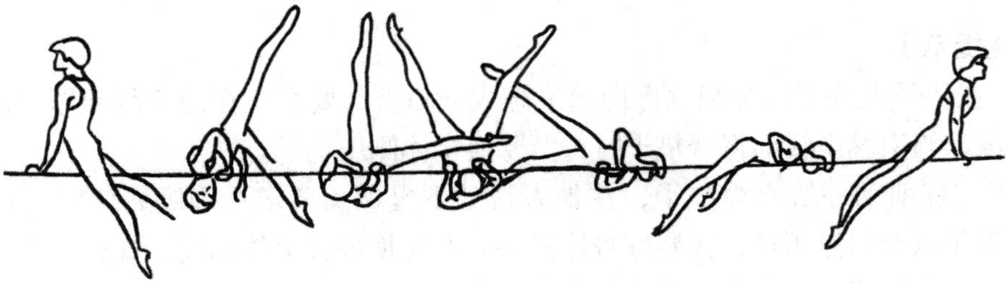

图7–3–8

【动作规格】

两臂依次屈臂支撑，以腿带动身体翻转、紧腰，分腿幅度要大。

【教法提示】

（1）在垫子上练习由分腿俯撑举左腿翻转经仰撑接着再举右腿，转体360° 还原成分腿俯撑。要求：在翻转时身体始终保持直体分腿，并以脚尖带动转髋翻转上体，两手依次推撑地。

（2）两手握好杠后，在他人帮助下完成整个动作。要求：准确掌握两手握杠的方法和位置。

（3）整个动作的完成过程始终处于支撑状态，其关键是由一条手臂屈臂支撑过渡到另一条手臂屈臂支撑。

【保护与帮助】

保护与帮助者站在练习者的左杠侧，一只手扶其左肘，另一只手托其右肩，帮助其完成动作；或者保护与帮助者站在练习者右杠侧，两手扶其腿，帮助其翻转；或者可同时由两人一起保护与帮助。



## （九）分腿坐前滚翻成分腿坐

【动作做法】

从分腿坐开始，两手靠近大腿换为前握，上体前倒屈臂夹肘用力向后下方推撑，同时低头、收腹、提臀、拱背，使上体团紧便于前翻。当肩触及杠面时，两肘外张，肩臂撑杠，并腿前滚。当臀部过肩垂直位后，两手迅速向前换握杠并向下压杠，前滚至臀部接近杠面水平位置时主动分腿展髋下压，上体顺势抬起成分腿坐。（图7–3–9）

图7–3–9

【动作规格】

上体前倒同时低头、收腹、提臀，腿离杠，肩着杠时及时分肘以肩臂撑压杠，以防漏杠；先并腿，后换握杠，再分腿展髋；动作连贯流畅，并腿过程明显，动作结束成分腿坐时不漏臀。

【教法提示】

（1）在垫子上练习由分腿立撑向前滚翻成分腿坐。要求：在慢滚翻动作中体验经并腿屈体前滚，当滚翻至腰部将着垫子时，两臂换至体侧压垫子。

（2）在杠前铺一块海绵垫子，在他人帮助下慢做。要求：仰卧屈体时身体折紧并腿，两肘外张以臂肩撑压杠，控制好身体重心并及时换握杠上体抬起，成分腿坐。待正确掌握后便可撤去海绵垫，在他人帮助下做完整动作。

（3）开始做动作时应考虑转动动能，以屈臂支撑提高身体重心，同时倒体、提臀、向前滚动。

【保护与帮助】

保护与帮助者站在杠侧，一只手托练习者大腿，另一只手从杠下托其肩，并随其前滚而换手至托其背、腰，帮助其完成动作；可两人分别站在两侧一起帮助练习者完成动作。

### （十）挂臂撑屈伸上

【动作做法】

从挂臂摆动开始，当身体前摆过垂直位时，两腿向前上方摆起，两臂压杠使臀部出杠，并收腹举腿成屈体挂臂撑。接着两腿迅速向前上方伸，送髋展体。当伸展将至身体充分伸直时，积极制动腿，同时两臂直臂压杠，上体急振成支撑。（图7–3–10）

图7–3–10



【动作规格】

伸腿、展髋、紧腰；在伸髋制动时，直臂压杠，上体急振。

【教法提示】

（1）仰卧屈体于海绵垫上做向前上方伸腿展髋练习。要求：两臂直臂体侧压垫，两腿迅速向前上方伸腿、送髋、展体、紧腰、夹臀并稍停。保护与帮助者站在练习者前面，手握其小腿（靠近踝关节处）顺势提拉。

（2）做挂臂屈伸上成分腿坐的练习。要求：伸腿、送髋向前上方30°以上，伸髋充分并制动及时，在回落时再分腿成分腿坐。

（3）伸髋后应急速制动腿，使腿的动量矩减少，上体的动量矩增大，同时上体急振。

【保护与帮助】

保护与帮助者站在杠侧，一只手扶练习者上臂，另一只手托其背部，帮助其向上成支撑。

### （十一）分腿坐慢起成肩倒立

【动作做法】

从分腿坐开始，两手靠近大腿换为前握，上体前倒屈臂夹肘用力向后下方推撑，同时收腹、提臀。当肩触及杠面时，两肘外张，以肩臂撑压杠，抬头、挺胸。两腿离杠后尽量侧分、翻臀、举腿、并腿、展体、紧

腰、夹臀，成肩倒立姿势。两手推拉杠控制身体重心，维持身体平衡。（图7–3–11）

图7–3–11

【动作规格】

上体前倒，同时收腹、提臀，腿离杠。肩着杠时及时分肘以肩臂撑压杠，以防漏杠。整个过程要求缓慢匀速。

【教法提示】

（1）在垫子上练习分腿慢起头手倒立。要求：先翻臀后举腿、并腿，控制好身体重心，保持倒立平衡。

（2）在杠前放一块海绵垫，在他人帮助下完成动作。要求：将垫子放在练习者肩撑杠的前面，以防练习者前倒，确保练习者的安全。



（3）上体前倒时应尽量缩短重力矩，肩撑杠时应离手的握点远些（20 ~ 30厘米），以增大稳定角。

【保护与帮助】

保护与帮助者站在杠侧，一只手在杠下托练习者的肩，另一只手托其大腿，帮助其完成动作；可两人一起帮助练习者完成动作。

## （十二）挂臂撑前摆上

【动作做法】

从挂臂撑摆动开始，后摆时，两臂微屈压杠。两腿向后上方摆起，稍出杠面。前摆时，两臂压紧杠面，伸腿展髋。当身体前摆至垂直位时，两臂稍下沉，两腿摆过垂直位后，含胸，稍屈髋，迅速向前上方摆起。当两腿前摆至杠面时，立即前伸制动腿，同时两臂迅速用力压杠，含胸、梗头，急振上体，向上摆起成支撑，腿和臀部尽量向前上方远伸。（图7–3–12）

【动作规格】

两腿前摆时，伸髋制动腿的位置由低至高，从杠前下约30°，逐渐接近杠面，两臂直臂推压杠摆上成支撑。特别注意防止拉杠。

【教法提示】

（1）反复练习挂臂撑摆动。要求：摆动用力准确，特别是前摆的幅度要大。

（2）练习仰卧两臂于体侧直臂压垫子，快速举腿约30° 迅速前伸制动腿。要求：举腿前伸，制动腿急振带动臀部离开垫子（稍有腾起）。

（3）低双杠挂臂撑，做一条腿前摆，另一只脚蹬地的前摆上动作。要求：并腿快，伸髋制动腿充分。应考虑利用动能阶段，腿的鞭打时机、制动时机及制动力量，有利于动量矩传递和身体向上成支撑。

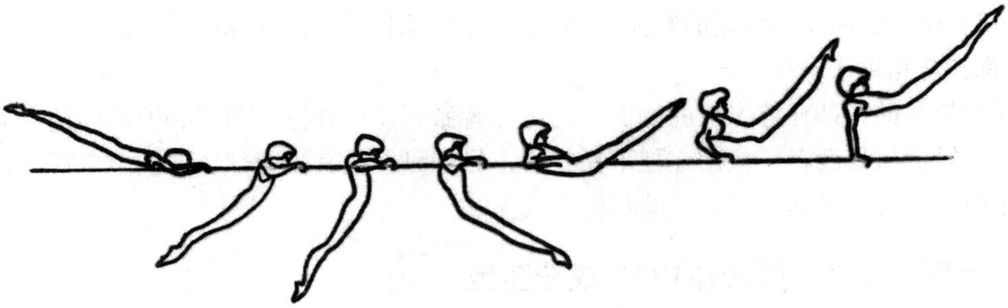

图7-3-12

【保护与帮助】

保护与帮助者站在练习者的侧面，一只手从杠下托其背部，另一只手托其腿，帮助其向上成支撑。

### （十三）挂臂撑后摆上

【动作做法】

从屈体挂臂撑开始，两腿向前上方远伸，髋关节展开，臀部远送，同时两手拉杠，使肩前移接近握点，身体由前向后摆。当身体接近杠下垂直位时，髋关节稍屈，肩稍下沉，经过杠下垂直位后，用力向后上方摆腿展髋。两腿摆过杠面后，两臂用力夹杠，同时含胸，肩稍前移，两臂推直成支撑，两腿继续上摆。（图7-3-13）

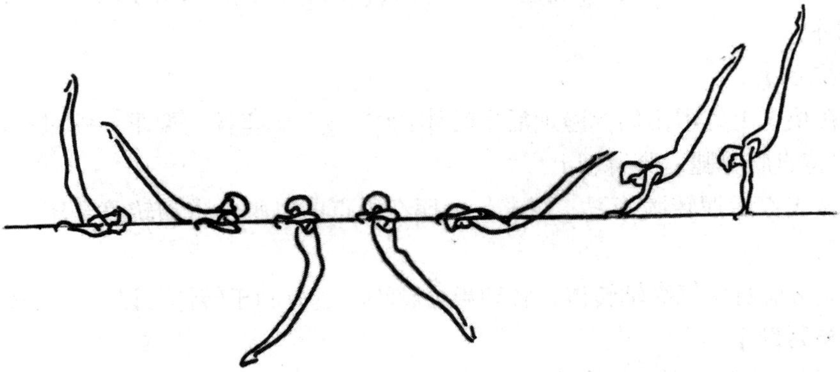

图7-3-13

【动作规格】

两腿过垂直位后发力。在腿发力时，要保持低头、含胸、拱背。成支撑时腿仍继续上摆，不要制动腿，保证身体超过肩的水平线。

【教法提示】

（1）反复练习挂臂撑摆动。要求：后摆用力充分，尽量要高。

（2）做屈体挂臂撑，伸腿送髋和拉杠引肩接近握点的练习。要求：向前上方伸腿、送臀要高远。

（3）应考虑动能与势能的转换及动能的充分利用。注意腿的鞭打时机。

【保护与帮助】

保护与帮助者站在练习者的侧面。当练习者做屈体挂臂撑，两腿和臀部向前上方弧形摆出时，保护与帮助者一只手在杠下托其肩，另一只手托其腰背部，向前上方送出；后摆时，保护与帮助者托其大腿，帮助其提上成支撑。

## （十四）支撑后摆转体180° 成分腿坐

【动作做法】

支撑后摆过垂直位后，肩稍前移。当腿后摆接近极点位置时，含胸、顶肩，以脚尖带动髋部转体180° ，两手依次推离并换握杠成分腿坐，然后上体转正。（图7–3–14）

图7–3–14

【动作规格】

后摆高度应超过肘部，转体迅速连贯，先转体后分腿，臀部落于两杠正中间，两臂顶直，落杠要轻。

【教法提示】

（1）在垫子上练习由俯撑蹬地后摆转体180° 成分腿坐撑。要求：腿蹬离地后先转体后分腿，保持直腿分腿、脚背朝上。

（2）做支撑后摆转髋练习。要求：后摆在极点前以脚尖带动转髋及还原，或在他人帮助下练习。

（3）应考虑身体绕纵轴转体，转动半径越小，越有利于转体，以并腿转体再分腿。

【保护与帮助】

保护与帮助者站在练习者转体一侧，左手从杠中扶练习者右髋（远侧），右手推练习者左髋，用搓的方法帮助练习者转体成分腿坐；保护与帮助者站在练习者转体的另一侧，当练习者后摆过垂直位后两手扶其髋部，待其后摆腿出杠后，用搓的方法帮助其转体成分腿坐。

### （十五）分腿坐一腿从杠中后摆转体180° 成分腿坐

【动作做法】

以向右转体为例。从分腿坐杠开始，右腿和左臂前上举。右腿从杠中向后摆起并顺势向右转体。同时，左臂握右杠（两手虎口相对），上体稍前移，身体重心移至左臂，以左大腿下部撑杠。当右腿摆过杠下垂直位后加速侧上摆，待摆出杠面后推离右手，身体重心左移，继续向右转体。当右腿摆至接近最高点时，左腿弹起从右腿下摆越两杠，右手体后撑杠成分腿坐。（图7–3–15）

图7–3–15

【动作规格】

右腿侧摆时方向要正，以免碰杠；右腿后摆高度应超过肘部，转体迅速连贯；分腿要大，臀部落于两杠正中间；两臂撑直，落杠要轻。

【教法提示】

（1）在高双杠上从挂臂撑开始练习挥摆腿。要求：重心在右腿上，在摆动过程中当右腿摆至垂直位时，加速用力向右侧摆起，并带动身体摆起。

（2）先完成后半段动作：从杠上左腿膝关节上部撑杠，右腿在杠中的正俯撑开始，右腿左右摆动。当右腿摆出杠水平面后，右手推离杠，左腿摆越两杠同时转体90° 成分腿坐。要求：摆腿带动身体侧摆起，推杠移重心要快，左腿及时摆越两杠。

（3）根据摆动技术，加大右腿侧摆的幅度，利于完成动作。

【保护与帮助】

保护与帮助者站在练习者转体的另一侧，两手扶练习者髋部，当练习者右腿摆出杠面时顺势拨、搓，助其完成动作。

### （十六）分腿坐一腿从杠中后摆转体180° 成外侧坐

【动作做法】

以向右转体为例。从分腿坐杠开始，右腿和左臂前上举。右腿从杠中向后摆起并顺势向右转体，同时左臂握右杠（两手虎口相对），上体稍前移，身体重心移至左臂，以左大腿下部撑杠。当右腿摆过杠下垂直位后加速侧上摆，待摆出杠面后推离右手，身体重心右移并继续向右转体，两腿依次落于右杠，成外侧坐。（图7–3–16）

图7-3-16

【动作规格】

右腿侧摆时方向要正，以免碰杠；右腿后摆高度应超过肘部，转体迅速连贯；臀部落于右杠外侧，位置要准确，以免掉下。

【教法提示】

（1）从分腿坐开始，做右腿进杠转体90° 成俯撑的练习。要求：右腿进杠后成左大腿中部撑压杠。在两手支撑另一杠成俯撑时，身体应充分伸直，两臂直臂支撑，身体重心在两手上。

（2）从杠上俯撑姿势开始，做摆动右腿后摆转体90° 成外侧坐的练习。要求：后摆腿尽量举高再转体摆越杠，一臂侧举成外侧坐。

（3）绕身体纵轴转体180° 应以上体转动带动下肢的摆腿动作。

【保护与帮助】



保护与帮助者站在练习者右杠一侧。当练习者右腿进杠成俯撑时，保护与帮助者两手扶其两条支撑臂，帮助其控制身体重心。

# 第四节　单杠

## 一、单杠的特点与功能

在体操范畴内，单杠属于器械体操，是技术类体操中的一项重要内容，也是体育教学的内容之一。单杠动作很多，技术多样，连接多变，包括摆动、摆越、屈伸、回环、腾越、空翻、空翻转体等，可单个动作练习，也可各种动作组成整套练习。经常进行单杠动作练习可增强人体运动系统、内脏器官和神经系统的功能，促进人体的正常发育和全面发展，特别是能提高手臂力量、肩部力量、腰腹肌力量和时空感知觉等。因此，单杠运动深受学生的喜爱。

在单杠上完成的引体向上动作是《国家学生体质健康标准（2014年修订）》的测试内容。随着我国《全民健身计划纲要》的实施，单杠也成了“健身路径”的器械之一。人们利用单杠进行各种动作练习的活动十分普遍，有效地促进了大众的身体健康。体操技术发展的生命力在于不断创新，特别是20世纪80年代以来，单杠技术飞速发展，如团身后翻两周转体360° 、直体前空翻抓杠、“飞行”接“飞行”和多次“飞行”连接等难新动作的涌现，使单杠运动更加精彩夺目、扣人心弦、引人入胜。

单杠学习应先由低杠过渡到高杠，动作由简单到复杂，由单个动作过渡到整套动作。由于单杠动作以摆动、回环、转体、上法和下法等形式为主，容易脱手，体操教师在教学中要加强对学生的保护与帮助，注重培养学生的自我保护能力。

## 二、单杠动作与教法

### （一）跳上成支撑

【动作做法】

从前正立正握开始，屈膝蹬地向前方跳起，同时两臂压杠成支撑。（图7–4–1）

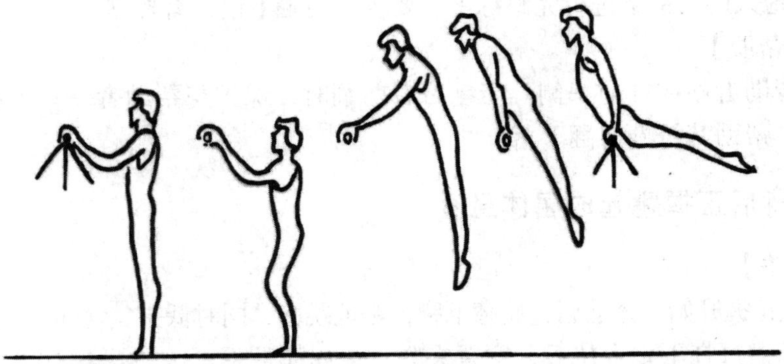

图7–4–1

【动作规格】

直臂支撑，腿与杠下垂直面夹角在45° 以上。

【教法提示】

在他人的帮助下在平衡木或鞍马上做跳上成支撑练习。

【保护与帮助】

保护与帮助者站在练习者侧后方，两手托其腰部，助其跳上成支撑；或站在练习者侧前方，一只手扶其上臂，另一只手掌心向上扶其膝关节部位，帮助其维持支撑时的平衡。

### （二）支撑前翻下

【动作做法】

由支撑开始，上体前倒时，小腹紧贴单杠。先将两手扣握，然后臀部和两腿再缓慢前翻。两腿沿杠下落时，两臂和腹肌要收紧用力，缓慢下落。（图7–4–2）

【动作规格】

缓慢下落，有控制。

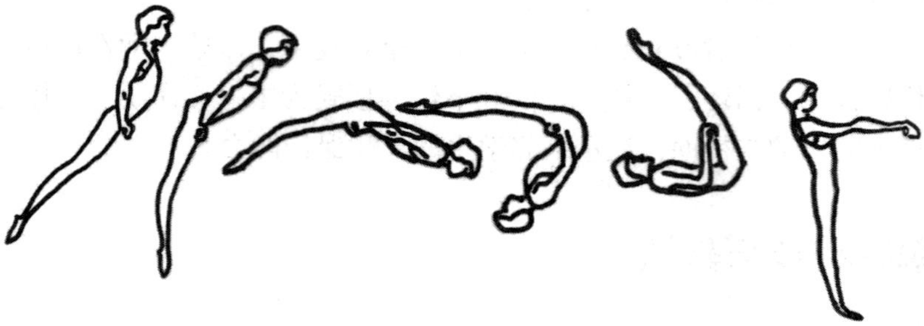

图7-4-2

【教法提示】

（1）初学时可先做屈体卧杠悬垂前翻下的练习。要求：两腿沿杠下落时，两臂和腹肌收紧用力。

（2）在他人的帮助下进行完整练习。要求：前翻下慢，有控制。

【保护与帮助】

保护与帮助者站在杠前一侧。当练习者前翻时，保护与帮助者一只手托其肩，另一只手托其腰，帮助其缓慢前翻下落。

### （三）背后正握跳起成屈体悬垂

【动作做法】



从后正立正握开始，体前屈，屈膝下蹲，蹬地跳起，同时低头、含胸、提臀。当臀部摆过杠下垂直位后，两臂夹紧，成屈体悬垂。（图7-4-3）

图7-4-3

【动作规格】

屈体悬垂时，臀部高于肩，两腿伸直。

【教法提示】

（1）做后正立正握杠，体前屈练习。

（2）在他人的帮助下跳成屈体悬垂。

【保护与帮助】

保护与帮助者站在杠侧前方，一只手托练习者的肩，另一只手托其的大腿前部，助其成屈体悬垂；当练习者成屈体悬垂后，换成托其臀部。

## （四）一脚蹬地，一腿前摆，翻上成支撑

【动作做法】

从前正立正握开始，一腿经前向后上方摆起，另一脚蹬地。同时，屈臂引体倒肩使腹部靠杠，蹬起腿迅速向摆动腿并拢。当身体翻至杠水平面时制动腿，翻腕，展髋，抬上体成支撑。（图7–4–4）

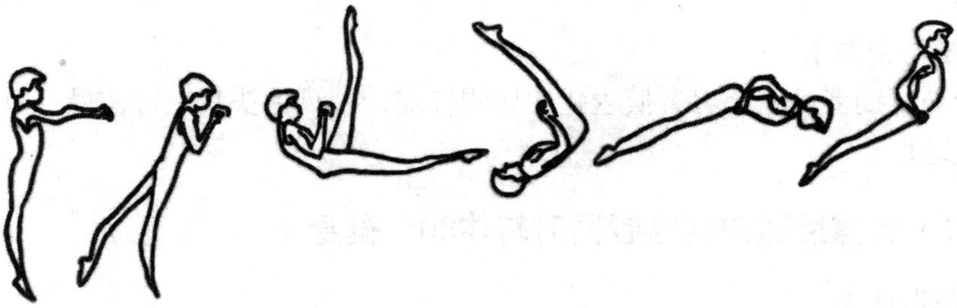

图7–4–4

【动作规格】

动作连贯，成支撑时臂直，充分挺身，腿与杠下垂直面的夹角约45°。

【教法提示】

（1）在低单杠上练习屈臂引体。要求：屈臂引体，使身体重心靠近垂直位。

（2）在低杠上从屈体俯撑开始，在他人的帮助下完成制动两腿，抬上体挺身，翻腕成支撑。要求：制动两腿，挺身充分。

（3）在蹬地处放置助跳板或跳箱盖进行练习。要求：屈臂引体及时，摆蹬腿用力协调。身体是绕单杠转半圈上至支撑，因此，做动作时身体重心应尽量靠近单杠。

【保护与帮助】

保护与帮助者站在杠下侧前方，一只手托练习者的臀部，另一只手拨其肩；当练习者成支撑时换成一只手握其上臂，另一只手托其腿。

## （五）支撑单腿摆越成骑撑及还原

【动作做法】

以右腿摆越为例。从支撑开始，右手推杠，向左倒肩，右腿向侧摆，同时右手推离杠，右腿越杠后，肩回移抬上体，右手重新握杠成骑撑姿势。还原时，做法相同，但腿向后摆越。（图7–4–5）

【动作规格】

直腿摆越。骑撑时，上体正直，两腿夹角大于90°。

【教法提示】

（1）在鞍马上练习支撑单腿摆越成骑撑及还原。要求：控制好身体重心。

（2）在他人的帮助下在低单杠上进行完整动作练习。要求：做到“三直一大”（腿直、臂直、上体直、分腿大），成正确骑撑姿势。做动作时应有推手移身体重心的半个摆动动作。

图7-4-5

【保护与帮助】

保护与帮助者站在练习者摆越腿的异侧杠前，一只手扶其上臂，另一只手托其腿，帮助其完成动作。

### （六）骑撑后腿向前摆越同时转体90° 挺身下

【动作做法】

以右转为例。从右腿在前骑撑开始，右手在距离身体20～30厘米处反握。上体右倒，同时两腿向左侧上方摆起，左手推离杠，身体重心移至右臂，右腿压杠向左侧上方弹起。右臂直臂顶杠，以头和肩带动身体右转90°。左腿摆越后，右腿随即向左腿并拢，挺身下。（图7-4-6）

图7-4-6

【动作规格】

身体明显弹起，并腿，充分挺身。

【教法提示】

（1）在鞍马上反复练习骑撑向侧摆腿和上体侧倒，体会两腿同时侧摆与上体侧倒的技术。要求：左手主动推杠，上体积极侧倒。

（2）在鞍马上做骑撑单腿摆越转体90°下的练习。要求：以右臂为轴，头和肩带动身体右转90°，同时展髋挺身。

（3）在他人的帮助下在低单杠上进行完整的动作练习。要求：在杠侧下45°以上并腿，展体挺身。

【保护与帮助】

保护与帮助者站在练习者右前方，左手握练习者左上臂帮助其支撑，右手拨其前腿，帮助其右腿侧上摆、并腿挺身。

### （七）骑撑后腿向前摆越转体180° 成支撑

【动作做法】

以右转为例。从右腿骑撑开始，右手反握，上体右侧后倾，挺身控腿。左手推离杠，以右臂为轴，用上体带动身体向右转体180° ，左手握杠，两腿并拢成支撑。（图7–4–7）

图7–4–7

【动作规格】

直体转体，成支撑时保持挺身后举腿。

【教法提示】

（1）在横马（横箱）上做骑撑后腿向前摆越转体180° 成支撑的练习。要求：身体重心移向右臂，上体积极向右后方倒体。

（2）在他人的帮助下在低单杠上进行完整的动作练习。要求：练习者大胆向侧后方倒上体。

（3）练习者在杠上做半个侧滚动，其身体重心应始终保持在杠上。

【保护与帮助】

保护与帮助者站在杠前方，一只手握练习者前脚掌，助其维持平衡，完成转体动作；或站在杠后练习者转体异侧方，一只手扶其上臂，另一只手托其后腿，助其转体。

### （八）支撑后摆下

【动作做法】

从支撑开始，腿稍前摆，肩稍前移，接着两腿用力后摆，两臂伸直撑杠。后摆接近极点时稍含胸并制动腿，紧接着直臂用力顶肩、推杠，抬上体，空中挺身，缓冲落下。（图7–4–8）

图7–4–8

【动作规格】

腿后摆高于肩水平位置（女生高于杠水平位置）。推手后挺身，落地站稳。

【教法提示】

（1）在低单杠上由两人帮助，练习后摆成俯撑。要求：两腿后摆时肩稍后移，直臂顶肩撑杠。

（2）做手不推离单杠的支撑后摆下练习。要求：掌握两腿过杠垂直位后，加速用力向后上方摆起的用力时机。

（3）在他人的帮助下直接练习支撑后摆下。要求：两腿后摆有力，推杠猛，挺身充分。

（4）制动腿利于增大推手的作用力。

【保护与帮助】

保护与帮助者站在练习者侧后方，一只手扶其上臂，另一只手托其腿帮助其后摆。当练习者落地时，保护与帮助者两手前后扶其腹背部（逐步提高后摆高度）。

### （九）支撑后摆转体90° 下

【动作做法】

从支撑开始，收腹屈髋，腿稍前摆，同时肩稍前倾，接着腹部弹杠，向后上方摆腿，两臂撑直，含胸。当后摆接近最高点时，左（右）手推杠，同时向左（右）转体90° 落下。（图7–4–9）

图7–4–9

【动作规格】

后摆至最高点，脚高于肩，先转体后落地。

【教法提示】

（1）在他人的帮助下练习后摆成俯撑。要求：两腿后摆时肩稍后移，直臂顶肩撑杠。

（2）在他人的帮助下进行完整的动作练习。要求：两腿后摆有力，推杠猛，转体充分。

【保护与帮助】

（1）保护与帮助者站在杠后练习者转体的异侧，用两手扶其腰侧，帮助其转体。

（2）保护与帮助者一只手握练习者上臂，另一只手托其腿部，帮助其后摆。当练习者转体时，保护与帮助者两手扶其腰侧，帮助其转体落下。

### （十）骑撑后倒挂膝上

【动作做法】

从正握骑撑开始，身体重心后移，后腿向后下方伸，直臂后倒挂膝，后腿前摆至杠水平面时做制动式的前伸动作。回摆时，后腿充分伸直后摆。后摆接近极点时，前腿膝窝用力勾杠，同时顺势直臂压杠，上体抬起成骑撑。（图7–4–10）

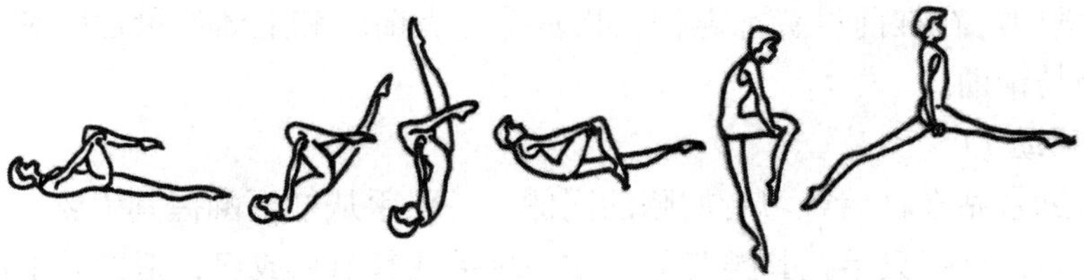

图7–4–10

【动作规格】

连贯圆滑，直臂压杠，成骑撑时两腿开度要大。

【教法提示】

（1）练习骑撑后倒挂膝摆动。要求：前摆腿接近杠水平面时，积极制动摆动腿，回摆时肩部靠近握点。

（2）在他人的帮助下做挂膝摆动上成骑撑的练习。要求：前摆至极点回摆时保持紧腰、含胸，摆动腿至杠前约30° 时加速后摆，同时两臂用力压杠。

（3）身体重心远离转轴，摆动幅度大，利于完成动作。

【保护与帮助】

保护与帮助者站在杠下侧前方，一只手压练习者摆动腿膝部，另一只手托其背部，然后一只手托其前腿，另一只手扶其背部，助其维持平衡。

### （十一）骑撑前回环

【动作做法】

从反握骑撑开始，直臂顶肩，身体重心上移至前腿，前腿举起前跨，上体挺直前倒。回环时后腿贴杠，回环过杠下垂直面后，前腿伸直下压，使大腿根部靠杠。回环至上体超过水平面后，直臂压杠跟上体，翻腕控制握杠还原成骑撑。（图7–4–11）

【动作规格】

动作连贯，两臂伸直，腿充分分开。

【教法提示】

（1）在他人的帮助下练习低杠骑撑前腿远跨。保护与帮助者站在杠前，一只手托练习者小腿，另一只手顶练习者的肩（或两手顶肩），帮助其体会前腿远跨和上体前倒的动作技术。要求：使身体重心尽量远离握点。

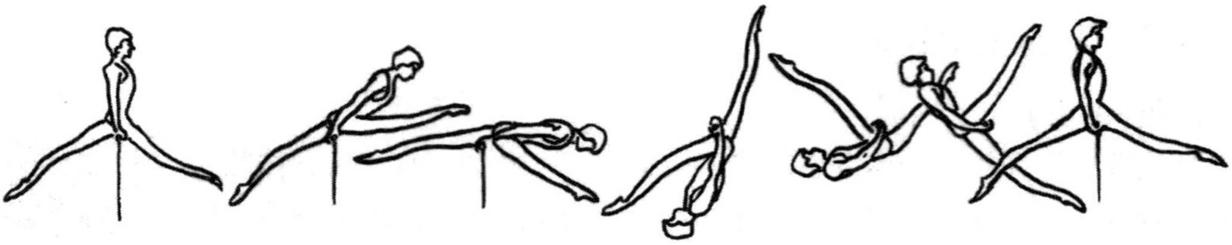

图7-4-11

（2）在他人的帮助下进行完整的练习。要求：大胆前倒，保持紧腰姿势，分腿大。

（3）教学中可在杠前设置标志物，指示练习者前腿和上体尽量远跨和前倒。要求：认真做好保护与帮助。

【保护与帮助】

保护与帮助者站在杠后练习者前腿的同侧，一只手从杠下翻握其手腕，当其上体回环过杠下垂直面后，另一只手托其腰背部，或一只手扶其前腿或肩，帮助其上成骑撑。

### （十二）支撑后回环

【动作做法】

从支撑开始，腿稍前摆，肩稍前移，接着两腿用力后摆，两臂伸直撑杠。下摆至腹部触杠时上体后倒，腿继续前摆，身体保持伸直（可稍屈髋）。当回环至四分之三时，制动腿挺身抬上体，翻腕成支撑。（图7-4-12）



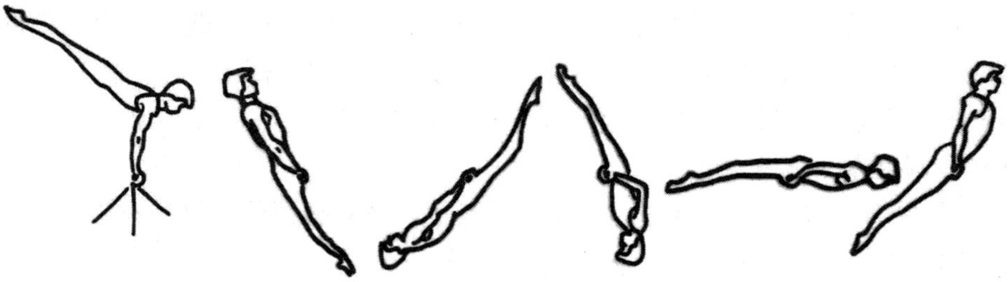

图7-4-12

【动作规格】

身体后摆，高于肩水平面，直臂直体，动作连贯。

【教法提示】

（1）练习支撑后摆还原成支撑。要求：后摆时上体稍向前倾，下落时上体稍前移，背肌紧张，有控制地还原成支撑。

（2）在两人的帮助下慢做支撑后回环，体会动作要领。要求：回摆时直臂直体下落；当腹部接近杠时，紧腰，上体迅速向后倒。

（3）要充分利用力偶作用，完成支撑后回环。

【保护与帮助】

保护与帮助者站在杠侧前方，一只手按压练习者臀部使其腹部靠杠，另一只手托其腿助其回环。当练习者回环至四分之三时，保护与帮助者一只手托其腿，另一只手托其肩，帮助其控腿抬上体，维持平衡（后摆幅度由小到大）。

### （十三）直角悬垂摆动屈伸上

【动作做法】

从站立悬垂开始，屈膝半蹲向后上方跳起提臀，屈髋举腿，直臂，含胸、沉肩，经直角悬垂前摆。当前摆接近极点时，迅速举腿、屈髋、翻臀，使两脚靠近杠成屈体悬垂，接着两腿始终沿杠向前上方迅速伸髋，并直臂压杠、紧跟上体、翻腕成支撑。（图7–4–13）

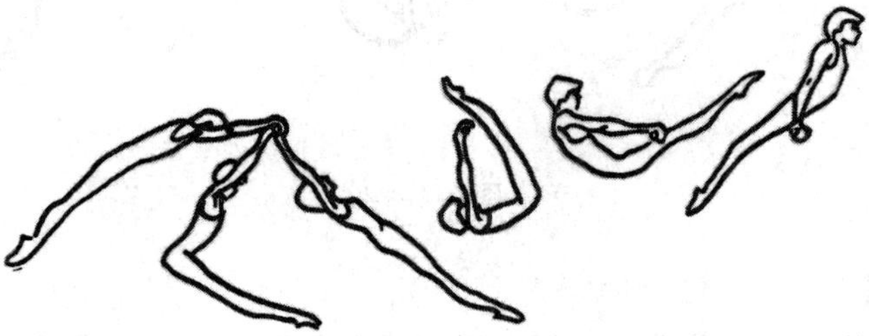

图7–4–13

【动作规格】

经屈体悬垂摆动，充分利用髋关节的屈伸，直臂成支撑。

【教法提示】

（1）做直角悬垂摆动收腹举腿练习。要求：身体重心在杠垂直位前完成收腹举腿。

（2）在高低杠上做一只脚蹬低杠的屈伸上，体会伸腿、展髋、直臂压杠和紧跟上体的技术要领。要求：直臂压杠和紧跟上体协调一致。

（3）由直臂压杠，两腿沿杠向前上方迅速伸髋和腿的制动，使身体重心绕单杠转动，并且重心半径不断减小，提高摆动角速度，利于完成动作。

【保护与帮助】

保护与帮助者站在杠侧前方，一只手托练习者背部，另一只手托其腿，助其成支撑。

### （十四）跳起经直角悬垂摆动骑上

【动作做法】

从站立开始，向后上方跳起，提臀、含胸、屈髋、直臂、沉肩，经直角悬垂前摆，摆过垂直面后，两脚沿地面前摆，逐渐伸髋，并拉开肩角。当前摆接近极点时，迅速收腹、举腿、翻臀，使脚面靠近杠面。此时，右腿主动靠胸，并穿越单杠，然后顺势回摆。当肩部过杠垂直位后，两腿迅速沿杠伸髋，直至大腿根部，同时直臂压杠、转腕上成骑撑。（图7–4–14）

【动作规格】

直臂直腿，动作连贯。上成骑撑时，两腿夹角大于90°。

【教法提示】

（1）模仿练习。从两手握棍、仰卧在垫子上开始，收腹、举腿、翻臀，当两脚靠棍时，一腿穿越棍，然后两腿沿棍伸髋，同时直臂压棍，成分腿骑棍坐姿势。

（2）在高位置练习。从仰卧悬垂开始，在同伴的帮助下，举腿、收腹、翻臀，一腿穿越杠，沿杠伸髋压杠上成骑撑。

（3）在他人的帮助下进行完整的动作练习。

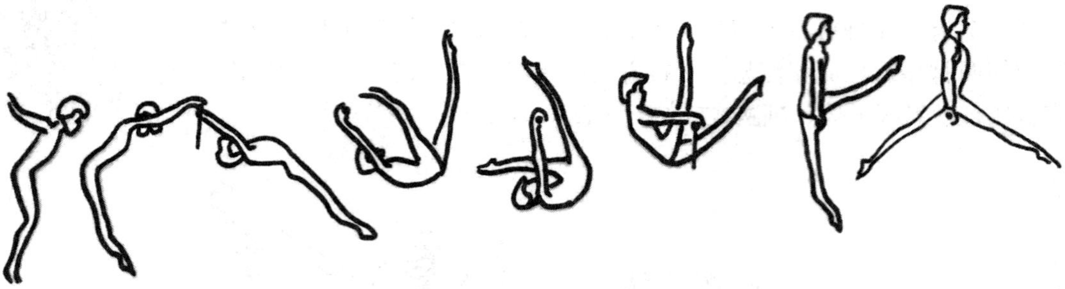

图7-4-14

【保护与帮助】

保护与帮助者站在杠侧前方，一只手托练习者背部，另一只手托其摆越腿，助其穿越杠及上成骑撑。

### （十五）支撑后倒弧形下

【动作做法】

从支撑开始，上体迅速后倒，顺势举腿翻臀，使大腿上部尽量靠杠，接着两腿沿杠向前上方加速伸腿、送髋、抬头，同时积极直臂向后引杠。推杠后，两腿前伸下压，抬头、挺身，使身体在空中经弧形落下。（图7-4-15）

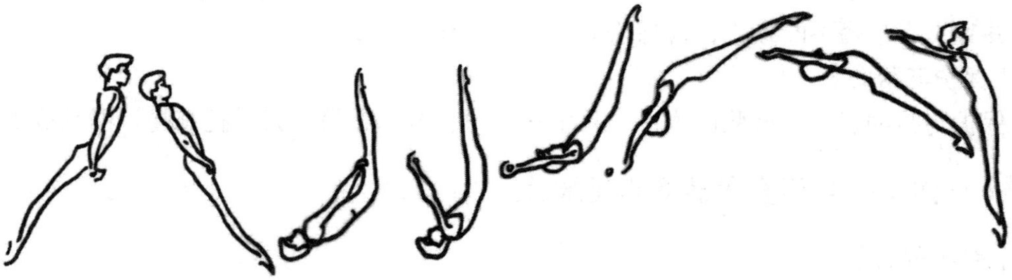

图7-4-15

【动作规格】

身体明显呈弧形摆动，重心抛物线高度接近杠水平面。

【教法提示】

（1）从低杠支撑开始，上体快速后倒成倒悬垂。

（2）在两人的帮助下练习支撑后倒弧形下。要求：后倒积极，保持直臂引杠，伸腿、送髋。

（3）低杠前拉一条橡皮筋，练习越过标志物。要求：身体在空中经弧形落下。

（4）上体后倒、伸腿、送髋的速度和向后引杠的力量决定了空中弧形的运动轨迹。

【保护与帮助】

保护与帮助者站在杠前练习者侧方，一只手托其肩，另一只手托其腰，助其向前上方伸腿、送髋。当练习者落地时，保护与帮助者换成一只手扶其肩，另一只手扶其腰部。

## （十六）悬垂摆动

【动作做法】

从悬垂起摆开始，身体后摆接近杠下垂直位时沉肩，稍屈髋。摆过杠下垂直位后，迅速向后摆腿。后摆接近极点时，两臂伸直，稍压杠，向前转腕、伸直。身体开始前摆时，顶开肩角，脚向后伸，尽量伸直身体。前摆接近垂直位时要沉肩，稍屈髋。摆过垂直位后，用力向前上方兜腿（手腕不向前转动），并带动肩、髋，使整个身体向前上方摆到极点。（图7–4–16）

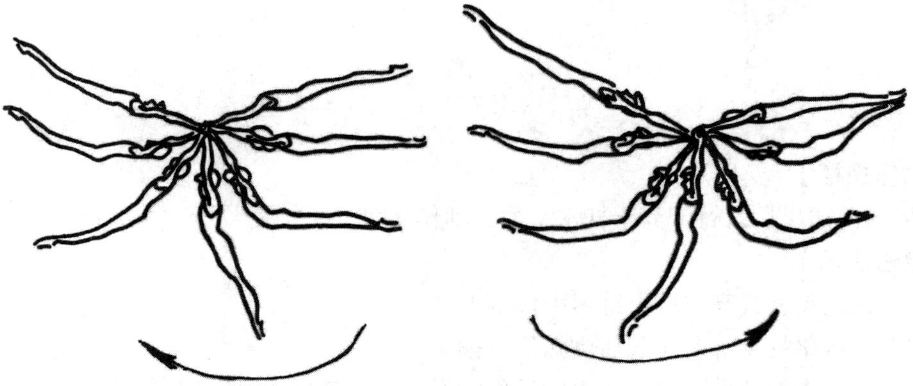

图7–4–16

【动作规格】

前后摆至极点时，直臂直体，身体接近杠的水平面。

【教法提示】

（1）从小摆动开始练习，逐步加大幅度。要求：身体后摆接近杠下垂直位时沉肩，稍屈髋，摆过杠下垂直位后迅速向后上方甩腿；前摆接近杠下垂直位时沉肩，稍屈髋，摆过杠下垂直位后，迅速向前上方兜腿。

（2）采用系腰保护带或环形手腕保护套做大摆动练习。

（3）力学原理：根据动量矩原理，从手倒立开始，身体向后下落时要直臂顶肩，脚向远伸。身体尽量伸直是为了增大动量矩。摆过垂直位30° ~40° 时，迅速向前上方兜腿。稍屈髋是为了减小动量矩。

【保护与帮助】

保护与帮助者站在杠下练习者体侧。当练习者后摆时，保护与帮助者一只手托其大腿前部，另一只手扶其腰背部，后摆至最高点时，提示其扣腕。当练习者前摆时，保护与帮助者一只手扶其腹部，另一只手托其臀部，帮助其加速摆动，防止脱手。

## （十七）屈臂起摆

【动作做法】

从正握悬垂开始，迅速屈臂引体向上，两腿向前小摆动一次，接着收腹举腿，上体后倒。当两腿上举膝部接近杠的水平面时，两臂继续拉杠引体，两腿迅速向前上方伸出，送髋，拉开肩角，使两臂和身体成一条直线，以最大的摆幅开始回摆。（图7–4–17）

图7–4–17

【动作规格】

身体向前送出后，臀部高于杠水平面，动作连贯。



【教法提示】

（1）在低单杠或高单杠上练习引体翻上。

（2）在低单杠上练习跳起后倒弧形后摆下。

（3）在他人的帮助下进行完整的动作练习，并逐渐增大摆动幅度。

【保护与帮助】

保护与帮助者站在杠下练习者侧前方。当练习者起摆时，保护与帮助者一只手托其肩部，另一只手托其臀部，使其身体重心升高，向前上方远送臂。当练习者身体回摆时，保护与帮助者一只手托其背部，另一只手扶其腹部，帮助其控制身体，防止脱手。

## （十八）直臂起摆

【动作做法】

从正握悬垂开始，收腹举腿至水平位，随即两腿后摆，向前振胸，两臂伸直压杠，上体后倒，迅速收腹举腿，两腿沿杠向上伸。当身体前摆至肩部接近杠下垂直位时，两腿向前上方迅速沿弧线伸出，送髋，两臂伸直，拉开角，使身体向前上方振出，然后回摆。（图7–4–18）

【动作规格】

身体向前送出后，臀部高于杠水平面，动作连贯。

【教法提示】

（1）在低单杠或高单杠上练习引体翻上。

（2）在低单杠上练习跳起后倒弧形后摆下。

（3）在他人的帮助下进行完整的动作练习，并逐渐增大摆动幅度。

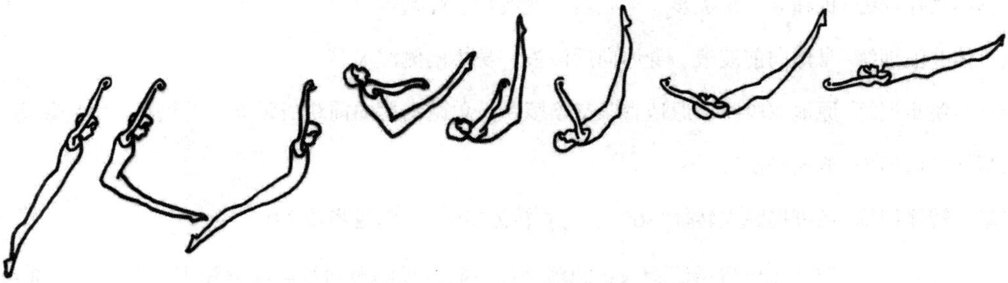

图7-4-18

【保护与帮助】

保护与帮助者站在杠下练习者侧前方。当练习者起摆时，保护与帮助一只手托其肩部，另一只手托其臀部，使其身体重心升高，向前上方远送臂。当练习者身体回摆时，保护与帮助者一只手托其背部，另一只手扶其腹部，帮助其控制身体，防止脱手。

# 第五节　平衡木

## 一、平衡木的特点与功能

平衡木是女子竞技体操项目之一，也是体现平衡能力的一个项目。平衡木高1.25米，长5米，木面宽0.1米。运动员在平衡木上运动时，支撑面小，身体重心和支撑点又在不断变化，因此要在规定的时间内稳定地完成一套包括各种跳步、平衡、转体及技巧的动作时，心理和技术稍不稳定，就会产生晃动或掉下。所以，要求运动员具备较强的平衡控制能力；掌握正确的技术动作，使动作能按合理的运动轨迹进行；具备正确的思想方法和良好的心理素质。平衡木动作的特点是人体支撑面小，练习时人体重心时刻在变化，支撑点也不断改变，对练习者控制身体平衡有较高的要求，因此能够提高练习者的平衡能力。

平衡木的练习可以改善练习者平衡器官的功能，提高练习者动作的准确性，培养练习者沉着、冷静、勇敢、果断的意志品质，使练习者形成良好的心理素质。

## 二、平衡木动作与教法

平衡木技术动作包括专项基本动作训练、专项身体波浪训练、专项基本跳步训练、专项基本平衡训练、专项基本转体训练和专项技术动作训练6个类别，见表7-5-1。

表7-5-1　平衡木技术动作内容

| 类别 | 内容 |
|---|---|
| 专项基本动作训练 | 提踵立、足尖步、柔软步、变换步、弹簧步等 |
| 专项身体波浪训练 | 身体向前波浪、身体向后波浪、身体向侧波浪等 |
| 专项基本跳步训练 | 原地双脚跳、原地直膝交换腿跳、单腿前摆向前跳成蹲立、希松跳、大跨跳等 |
| 专项基本平衡训练 | 燕式平衡等 |
| 专项基本转体训练 | 双脚提踵立转体180°、蹲立转体180°、单腿蹲转180° |
| 专项技术动作训练 | 仰卧经单肩后滚翻成单腿跪平衡、斜进助跑单腿摆越成分腿坐（上法）、挺身跳下（下法）等 |

## （一）提踵立

**【动作做法】**

两脚前后站立外开45°，两手叉腰，以前脚掌触木，尽量提踵。（图7-5-1）

图7-5-1



**【动作规格】**

高提踵立，身体姿态优美，重心平稳。

**【教法提示】**

（1）提踵时尽量高立踝，并保持高度紧张；起落时干脆有力。

（2）上体和头保持正直，两眼平视前方，挺胸、立腰、收腹，臀部及两腿内收夹紧。

（3）辅助练习：①把杆上提踵立练习；②两手叉腰提踵立练习；③木上提踵立练习，可加手臂动作。

（4）提踵立是平衡木上的基础动作，应在地上练习后再在平衡木上练习。

## （二）足尖步

**【动作做法】**

两脚提踵立，从两手叉腰开始，左脚前移，脚面绷紧向外开45°，接

着从脚尖着木过渡到前脚掌着木，身体重心前移，右脚继续向前。（图7-5-2）

图7-5-2

【动作规格】

高提踵，身体重心平稳，动作协调流畅。

【教法提示】

（1）头部和上体保持正直，抬头挺胸，两眼平视前方，立腰、收腹、脊柱直立。

（2）保持脚踝和腿部肌肉紧张。

（3）辅助练习：①提踵立压脚跟练习；②两手叉腰足尖步练习；③配合手臂和身体动作进行练习。

（4）平衡木上行进时，脚每次离开平衡木时都应直膝、绷脚尖。

## （三）柔软步

【动作做法】

从两脚提踵立开始，左脚前移，脚面绷紧向外45°，从前脚掌着木过渡到全脚掌着木，向前行走。右脚以同样的动作依次前进，两臂在身体两侧自然摆动。（图7-5-3）

图7-5-3

【动作规格】

上体和头保持正直，两眼平视前方，挺胸、立腰、收腹，身体重心平稳，动作协调流畅。

【教法提示】

（1）身体重心快速前移。

（2）辅助练习：①地面上两手叉腰，将动作分为两个部分：一是一只脚前伸，脚尖点地；二是经前脚掌过渡至全脚掌，身体重心及时前移。②加手臂和身体动作配合练习。③平衡木上练习时，要注意保持身体姿态，向前行走时注意绷直脚尖。

### （四）变换步

【动作做法】

右脚站立，左脚尖前点木。从两臂侧平举开始，两手成兰花指，左脚向前做柔软步，重心随之前移。右脚并于左脚后，两臂落至腹前成一位手，左脚再向前做柔软步，身体重心向前移动，成左腿站立。右脚尖后点木（脚面稍向外侧翻并且绷直），右臂前举，左臂侧举，两手成兰花指。（图7–5–4）

图7–5–4



【动作规格】

动作自然、流畅，节奏控制平稳。

【教法提示】

（1）身体姿态保持直立、挺胸、立腰、收腹。

（2）身体重心随动作节拍前移。

（3）上下肢协调配合。

（4）地面上两手叉腰做腿部的分解动作练习：从右脚站立，左脚尖前点地开始。第1拍左脚向前做柔软步，身体重心随之前移，右脚并于左脚后；第2拍左脚再向前做柔软步，身体重心继续前移，成左腿站立，右脚尖后点地；第3、第4拍同第1、第2拍，但方向相反。地上手臂练习：从侧举开始，第1拍一位手；第2拍六位手（掌心向下）；第3、第4拍动作同第1、第2拍，但方向相反。

### （五）弹簧步

【动作做法】

右脚站立，左脚尖前点木。从两臂侧平举开始，左脚向前做柔软步，着木时微屈膝，身体重心前移至右腿，两臂摆至体侧，接着右腿成提踵立。左腿膝关节外展，脚尖绷紧，弯曲130°左右，成屈膝前举。右臂前平举，左臂侧平举。左腿继续前进，动作相同，但方向相反。（图7–5–5）

图7-5-5

【动作规格】

动作自然、流畅，节奏控制平稳。

【教法提示】

（1）支撑腿应将髋、膝充分顶直，高起踵。

（2）辅助练习：①摆动腿膝关节外展，弯曲130° 左右；在地面上做弹簧步的弹动练习。②在熟练掌握弹簧步的基础上，进一步加强屈膝前举腿的动作练习。

## （六）身体向前波浪

【动作做法】

上体前屈，低头、含胸，两腿半蹲。从两臂前平举开始，依次做经膝、髋、腰、胸、颈各关节的向前上方延伸动作，同时两臂经下向后绕至上举，成抬头挺胸成提踵站立姿势。（图7-5-6）

图7-5-6

【动作规格】

关节的延伸动作应柔和连贯地依次推移至各个关节最大化。

【教法提示】

（1）膝、髋、腰、胸、颈等各关节依次向前上方伸展。动作要有节奏，同时必须是依次连贯的。

（2）辅助练习：①扶把杆体会慢动作，再进行稍快动作的练习；②离把杆做完整动作的练习；③在地上熟练做上木练习。

## （七）身体向后波浪

【动作做法】

挺身提踵立。从两臂上举开始，从膝关节开始做髋、腰、胸、颈等各关节的依次前屈动作，至低头含胸的弓身半蹲，同时两臂经后下绕向前至前举。（图7-5-7）

图7-5-7

【动作规格】

关节的延伸动作应柔和连贯地依次推移。

【教法提示】

（1）从膝关节开始做髋、腰、胸、颈等各关节的依次前屈的练习。动作要有节奏，同时必须是依次连贯的。

（2）辅助练习：①扶把杆体会慢动作，再进行稍快动作的练习；②离把杆做完整的动作练习；③在地上熟练做上木练习。

## （八）身体向侧波浪

【动作做法】

以左侧为例。身体重心在右腿上，从左腿后伸直点木，上体稍左屈，右臂上举，左臂前举开始。右腿半蹲过渡到左腿半蹲，身体重心逐渐左移，同时向左侧上方依次伸展髋、腰、胸各关节，右腿侧伸点木，两臂依次经下摆至左侧上举。（图7-5-8）

图7-5-8

【动作规格】

关节的挺伸动作应柔和连贯地依次推移。

【教法提示】

（1）屈膝、左移身体重心要依次连贯，接着髋、腰、胸等各关节的依次伸展。动作要有节奏。

（2）辅助练习：①扶把杆体会慢动作，再进行稍快动作的练习；②离把做完整的动作练习；③在地上熟练做上木练习。

### （九）原地双脚跳

【动作做法】

双腿提踵前后站立。从两臂侧平举开始，两手成兰花指，两腿微屈，两脚迅速发力蹬木，向上垂直跳起，两脚面绷紧，两腿前后夹紧，跳起，在空中身体要有滞空感，落木屈膝缓冲成半蹲。（图7–5–9）

图7–5–9

【动作规格】

动作轻盈，腾空要有高度，空中绷脚尖，身体保持正直。

【教法提示】

（1）起跳前膝关节稍稍弯曲，用力蹬木。

（2）起跳时用力主动提气、立腰，肩部放松下沉，两腿和臀部夹紧，脚面绷直。

（3）着木时前脚掌先着木，然后过渡到前脚全脚掌着木。

（4）辅助练习：①扶把杆进行原地双脚跳练习；②在地面上做原地双脚跳练习；③在平衡木上做原地双脚跳练习。

（5）练习者在初次上木练习时，不要跳得过高，保证落木时的准确性，防止踩空等情况发生。

### （十）原地直膝交换腿跳

【动作做法】

双腿提踵前后站立。从两臂侧平举开始，两手成兰花指，两腿微屈，两脚迅速发力蹬木向上跳起。当身体至最高点时两腿伸直，在空中做前后

交换腿后落木，屈膝缓冲成半蹲，两臂侧平举。（图7–5–10）

图7–5–10

【动作规格】

滞空点高，在空中完成交换腿动作，落木轻且有弹性。

【教法提示】

（1）用力蹬木向上跳起。

（2）两腿在空中完成交换动作。

（3）腾空时上体正直，髋关节伸直，脚尖绷直。着木时前脚掌先着木，然后过渡到全脚掌着木。

（4）辅助练习：①扶把杆进行原地双脚跳练习；②在地面上做前后交换腿后的落木练习；③做上木前后交换腿后落木的练习。



### （十一）单腿前摆向前跳成蹲立

【动作做法】

右脚站立，左脚脚尖向后点木。从两臂侧平举开始，两手成兰花指，左脚向前迈一步，立即蹬木发力，右腿前摆，向前上方跳起，左脚离木后迅速跟上右脚，两脚同时落木成半蹲。（图7–5–11）

图7–5–11

【动作规格】

摆动腿发力时膝关节伸直，脚尖绷紧，要有一定的高度和远度。

【教法提示】

（1）右腿向前上方摆带动身体腾空。

（2）左脚蹬木后迅速跟上右腿。

（3）跳起时，注意身体直立，保持身体的基本姿态。

（4）辅助练习：①在地面上做单腿前摆，向前跳成半蹲练习；②在低平衡木上做完整的动作练习。

### （十二）希松跳

【动作做法】

左脚站立，右脚尖前点木。从两臂侧平举开始，两手成兰花指，右脚向前一步，稍屈膝，左脚在右脚后点地，两臂至于腹前成一位手，接着两脚同时蹬木起跳。腾空时，腿前后分开，右腿稍低，左腿稍高，左臂前平举，右臂侧平举，右脚屈膝缓冲落木，左腿后举成单腿平衡。（图7-5-12）

图7-5-12

【动作规格】

滞空点高，在空中完成动作要轻盈，分腿开度大于90°。

【教法提示】

（1）起跳时身体应保持直立。

（2）两脚蹬木发力时，以脚尖带动做前后分腿。

（3）落木时，右脚从前脚掌着地过渡至全脚掌着地成半蹲，左腿保持后举腿平衡姿势。

（4）辅助练习：①单手扶把杆进行原地分腿跳练习；②在地面上进行分腿跳练习；③上木后进行完整动作的练习。

### （十三）大跨跳

【动作做法】

以右脚蹬地为例。助跑1～2步，右脚蹬地，左脚向前一步蹬木向上跳起，同时右腿向正后方摆起，两腿腾空劈叉，接着左腿屈膝缓冲落木，右腿后举成平衡，同时两臂成侧平举。（图7-5-13）

【动作规格】

腾空要高，空中两腿及脚尖伸直绷紧，前后分腿180°，上体保持直立。

【教法提示】

（1）用力向前上方蹬起。

（2）起跳后，前腿前跨，后腿用力后摆，上体保持正直。

（3）前脚掌落木。

（4）辅助练习：①原地进行单腿起跳练习；②在地面上进行大胯跳练习；③上木后进行完整的动作练习。

图7-5-13

## （十四）燕式平衡

【动作做法】

右腿支撑站立，左腿伸直后举，上体挺胸前倾，抬头，两眼平视前方，同时两臂侧举成燕式平衡。（图7-5-14）

【动作规格】

两腿伸直，动作舒展，髋正。后举腿的膝高于臀水平面，成反背弓，脚高于头。

【教法提示】

（1）平衡时，支撑腿伸直，背肌及后举腿保持高度紧张。

（2）上体缓慢前倒时重心逐步后移，以维持平衡。

（3）辅助练习：①单手扶把杆进行燕式平衡练习；②上木后进行完整的动作练习。

图7-5-14

## （十五）双脚提踵立转体180°

【动作做法】

两脚提踵立，前后开立，两眼平视前方。以右脚在前为例，从两臂侧平举开始，两手成兰花指，两臂上举成三位手，以两脚前脚掌为轴，向左转体180° 。（图7-5-15）

图7-5-15

【动作规格】

高提踵立，身体直立，转体时快速平稳。

【教法提示】

（1）必须高提踵立，身体重心必须落在两脚之间。

（2）身体保持直立，转体时收腹、立腰，两腿夹紧、伸直。

（3）以肩带动转体。

（4）辅助练习：①做地上双脚提踵立转体180° 练习；②上木后进行完整动作的练习。

### （十六）蹲立转体180°

【动作做法】

从两脚前后起提踵成蹲立开始。两臂侧平举，两手成兰花指，以两脚前脚掌为轴，向左转体180° 成蹲立，同时两臂置于体侧。（图7–5–16）

图7–5–16

【动作规格】

转体时要快速平稳，上体保持直立。

【教法提示】

（1）提踵立，身体重心必须落在两脚之间。

（2）上体保持直立，两眼平视前方。

（3）以肩部带动转体。

（4）辅助练习：①做地上双脚蹲立转体180° 练习；②上木后进行完整动作的练习。

### （十七）单腿蹲转180°

【动作做法】

站在平衡木中段位置（以右腿转体为例），右腿蹲立，左脚尖侧点木，右臂胸前平屈，掌心向内，左臂侧平举，以右脚掌为轴向右转体180° ，左腿控制在平衡木水平面上，成开始姿势。（图7–5–17）

【动作规格】

转体时身体保持正直，右脚保持提踵立。

图7-5-17

【教法提示】

（1）开始姿势要稳定。

（2）重心在蹲立脚的前脚掌上。

（3）蹲立脚稍外开。

（4）辅助练习：①在地面上做由双腿蹲转转体180°，过渡到单腿蹲立转体180°练习；②上木后进行完整的动作练习。

### （十八）仰卧经单肩后滚翻成单腿跪平衡

【动作做法】

从仰卧开始。两肘夹紧抱木，收腹、举腿，充分翻臀至臀部接近垂直面后，左腿向上，右腿以脚尖点木后滑成单膝跪木，同时两手推木，换至木上单腿跪撑，成左腿后举，抬头、挺胸成单腿跪撑平衡。（图7-5-18）

图7-5-18

【动作规格】

滚动圆滑。成跪平衡时，后举腿脚高于头部。

【教法提示】

（1）在仰卧经单肩后滚翻时两肘应时刻夹紧。

（2）右腿后滑至跪撑时，左腿保持后举，并向后上方伸。翻臀要充分，翻转过后两手及时推木。

【保护与帮助】

保护与帮助者站在练习者后侧。当练习者后滚时，保护与帮助者两手托其髋，翻转后即换成一只手托其肩，另一只手托其后腿，使其完成仰卧经单肩后滚翻成单腿跪撑动作。

### （十九）上法：斜进助跑单腿摆越成分腿坐

【动作做法】

从木侧站立开始。斜进助跑，右手撑木，左腿踏跳，右腿向前摆越成分腿坐，同时两手体后撑木，展髋、挺胸、抬头。（图7-5-19）

图7-5-19

【动作规格】

上木轻盈，分腿坐姿正确。

【教法提示】

（1）踏跳和摆腿配合协调，并且充分起跳。

（2）起跳时，身体稍后倾，摆动腿伸直向前上方摆动。

（3）成分腿坐时要展髋、挺胸、抬头。

（4）先做斜进助跑，左腿踏跳，右腿前摆。

【保护与帮助】

保护与帮助者站在平衡木的另一侧，一只手扶练习者右臂，另一只手托其臀部顶住其肩部或身体，帮助其完成动作。

### （二十）下法：挺身跳下

【动作做法】

前脚掌站立，两臂侧上举开始，两膝微屈，上体稍前倾，同时两臂后举，两腿用力蹬木，向前上方跳起，两臂侧上举，挺身，充分展髋、收腹，屈膝缓冲落下成半蹲成站立。（图7-5-20）

【动作规格】

向前上方腾起，空中挺身充分，身体姿态优美。

【教法提示】

（1）起跳时，前脚掌用力蹬木，向前上方跳起。

（2）空中眼睛向前下方看，挺胸、收腹，髋关节充分伸直。

（3）在地面上进行挺身跳练习。

【保护与帮助】

保护与帮助者站在练习者落地点侧面，一只手扶其腹部，另一只手扶其腰部，帮助其维持平衡。

图7-5-20

## 【复习思考题】

1. 简述技巧练习的动作类型及其对人体的锻炼价值。
2. 简述技巧滚翻类动作在生活中的作用。
3. 简述跳跃练习的动作类型、特点及其对人体的锻炼价值。
4. 简述支撑跳跃的技术环节。
5. 简述双杠、单杠练习的特点及其对人体的锻炼价值。
6. 从各个项目练习中选取1~2个动作，阐述其动作做法、动作规格及保护与帮助方法。
7. 利用体操器械设计出若干种简单有趣的身体素质练习。

# 第八章　体操教学理论与方法

【学习目标】

1. 了解体操教学原则、体操教学特点与方法、体操教学策略等基本知识。

2. 结合实践练习，重点掌握各种体操教学特点和教学方法的运用。

3. 让学生对体操教学有一个系统的认识，了解体操教学的主要策略及运用，以便更好地指导今后的教学实践活动。

【章前导言】

本章主要阐述体操教学的原则、特点、方法、策略，着重介绍了体操教学的方法。通过本章的学习，学生可以初步掌握体操教学的一般规律和方法，为体操教学目标的达成奠定理论基础。

## 第一节　体操教学原则

教学原则是根据教育教学目的，为反映教学规律而制定的指导教学工作的基本要求。它既指教师的教，也指学生的学，应贯穿教学过程的始终。体操教学原则是在长期教学实践中，在不断总结研究教学规律的基础上制定出的对体操教学的基本要求和指导原理。它对体操教学过程的各个环节都起着指导、调节和控制作用。正确理解和贯彻教学原则，对明确教学目的和要求、运用科学的教学方法、完成教学任务、提高教学质量都具有重要的意义。

### 一、主体性原则

主体性原则是指在体操教学中，学生是学习的主体，教师应根据学生的需要和特点来安排教学任务、教学内容、教学方法；学生应在教师的指导下积极主动地参与教学活动，充分发挥自身的自觉性、独立性和创造性。在贯彻主体性原则时应遵循以下基本要求。

#### （一）树立以学生为主体的教学观，建立新型的师生关系

教师和学生要转变观念，教师要树立以学生为主体的教学观。教师要关心学生，学生要信任教师，双方互相尊重、共同努力，建立起尊师爱生、民主平等、教学相长的新型师生关系。

### （二）调动学生学习的主动性，促使学生获得成就感

教师应使学生了解体操在完善身心和充分发展个性方面的作用与意义，调动学生学习体操的主动性；还应在教学对象与教学内容之间寻找最佳结合点，使教学内容、方法和要求契合学生的实际，为学生提供展示自己知识、能力、才华的机会，使每一个学生都能获得成就感。

### （三）启发学生自主思考，充分凸显学生的主体地位

教师要引导学生学会学习、自主学习，掌握正确的体操学习方法，突出学生的主体地位。例如，教师可在体操教学中指导学生进行一系列的教学实践、动作创编及竞赛组织等活动，使学生积极自主地钻研学习内容，精益求精地掌握技术技能，努力提高自身的组织与学习能力，真正做到学以致用。

## 二、直观性原则

直观性原则是指教学中教师应引导学生直接感知事物、模仿或通过教师的形象、语言描绘学习对象，使学生获得感性认识。体操教学的直观性原则反映了学生从感性到理性的认知发展规律。体操教学的显著特点之一，就是要不断地学习新动作，因此，直观的教学方法和手段在体操教学中具有特别重要的意义。教师在体操教学中可利用学生的各种感官和已有的经验，通过各种形式的感知，使学生较快地领会和掌握理论知识、技术、技能。在体操教学中运用直观性原则时应遵循以下基本要求。



### （一）教师准确进行示范，学生建立动作概念

动作示范是体操教学中一种常用、生动的直观的教学方式，能使学生在视觉上直接感知所要学习的动作表象。教师要根据教学任务、教学步骤和学生的实际情况有目的地进行示范。首先，教师的示范要力求标准、熟练、轻松、优美，正确的示范能够起到良好的动员和鼓舞作用。其次，教师要选择适当的示范位置和方向，使每位学生都能清楚地观察到示范动作。最后，不失时机地运用正误对比示范也能收获到良好的教学效果。

### （二）广泛运用其他手段，弥补动作示范的不足

在体操教学中，教师除了直接进行动作示范之外，还可以广泛地运用其他直观教学手段来弥补动作示范的不足。常见的其他直观教学手段有：①直观教具的模型、图片、电影和电视录像等。这些设备均可用作直观性教学用具，能够弥补示范动作太快而不能充分展示动作结构与细节的不足。②利用听觉建立动作概念，通常采用语言、信号、节拍器以及录音辅助等方法。生动的语言、形象的比喻、通俗的比较、合理的分析都能使学生进一步明确动作的要领与难点。口令、信号运用得当，同样会产生良好的直观效果。通常在学生做动作发力之前，教师要及时给予信号提示。在建立动作概念之后，特别是在形成动力定型阶段，节拍器和录音辅助等对提高动作的协调性、节奏感、表现力都有良好的作用。③运用触觉和肌肉本体感觉让学生掌握动作概念，形成肌肉本体感觉，在建立动作概念阶

段和分化阶段具有重要的意义和显著的教学效果。教师可以通过触碰学生身体某部位的肌肉，使学生体会哪些肌肉群要紧张用力。在现代教学中还采用模拟练习器、教学辅助器材等器械直接帮助学生建立肌肉感觉。

## 三、因材施教原则

因材施教是根据学生个体差异提出来的，这一原则有助于保证人才培养的质量。现代生物学研究证明，人体的机能潜力很大。在体操教学中因材施教，就是充分开拓和发掘每位学生的机能潜力，使他们在体操教学中掌握更多的体操知识、技术和技能。贯彻实施因材施教原则，要求教师有高度的责任感，热爱自己的学生。不管是学优生还是学困生，教师都要热情对待。对学困生，教师应仔细分析他们的长处，认真观察他们的进步，耐心地帮助他们，及时给予鼓励，从身体机能、素质、心理、智力等多方面去挖掘他们的潜力，促使他们较快进步。对于少数学优生，教师应精心培养，加强指导，使其早日成才，这也是贯彻因材施教原则的一个重要方面。在体操教学中运用因材施教原则时应遵循以下基本要求。

### （一）教学内容符合大多数学生的实际水平

照顾大多数学生是基本准则，对条件好、水平高、能力强的学生，应相应增加体操教学内容或提高动作标准，如提高对动作质量的要求、提高动作难度等。对基础较差的学生则应加强个别辅导，促使他们克服自己的弱点，努力完成学习任务。



### （二）教学方法的选用要与不同对象相适应

学生在学习过程中的理解和接受能力不同，教师在教授体操新动作时，对于理解能力较强的学生通常采用完整教学法，而对理解能力较差的学生则多采用分解教学法或程序教学法。

### （三）课后练习任务的布置应该做到区别对待

在布置课后体操练习任务时，教师应根据学生具体情况，提出不同要求。对接受能力较差的学生，教师应结合他们在其身体素质、身体机能等方面的弱点，安排适合他们的课外锻炼内容、练习手段等。



## 四、循序渐进原则

循序渐进原则是指体操教学内容、教学方法和负荷的安排必须遵循系统性和连贯性的要求，符合学生的年龄、性别特征，使学生按照一定的客观规律，逐步得到提高与发展。从广义上讲，体操教学中遵循循序渐进原则是为了使学生身体各部位、各器官系统的机能及各种身体素质和运动技能都能逐步、全面、协调、安全地得到发展。在体操教学中贯彻和运用循序渐进原则时应遵循以下基本要求。

### （一）科学合理地安排教学内容

一方面要随着新课改的发展而不断更新，增强其科学性；另一方面必须考虑到学生的年龄特点和实际发展程度、学生的接受能力，制定切实可行的体操教学内容，以保证体操教学工作系统连贯地进行。在制定体操教学内容时，每节课、每学期的内容和教法都应前后衔接、逐步提高。

### （二）注重授课内容的渐进性

在教学方法上，教师应根据授课内容的难易程度和学生的实际水平，运用多种教学方法、手段和辅助练习，由易到难、逐渐深化、循序渐进地进行体操教学，使学生比较顺利地掌握体操技术动作和技能。

### （三）科学合理地安排运动负荷

教师要根据教学任务、学生上课的实际情况以及学校的教学条件等合理安排体操课程的运动负荷。在安排体操教学内容时，教师要考虑体操项目由易到难、由简到繁的顺序。在一个班级中，运动负荷量的大小，要以大多数学生的承受能力为标准，课中的练习与休息要合理交替。体操课程中运动负荷，应波浪式、有节奏地逐步提高，这是因为机体适应某种运动负荷需要一定的时间，下一次课的运动负荷应安排在上一次课后的超量恢复水平上，但对于一学期或一学年而言，运动负荷总的趋势是逐步提高的。



## 五、巩固提高原则

学生学习体操知识、技术和技能是为了在实践中应用，只有不断地巩固和熟练地掌握，才能应用自如。体操教学的实践表明，正确动作的动力定型需要经过不间断的千百次反复练习才能形成。同样，错误动作的不断重复会形成错误动作的动力定型。在体操教学中贯彻和运用巩固提高原则时应遵循以下基本要求。

### （一）勤学善思，稳步提高

学生在学习过程中要勤于思考，善于发现问题，增强反思意识。复习和巩固已学动作的教学必须严格要求技术动作的准确性，在技术动作正确的前提下多加练习。为了提高练习效果，学生应多观察教师的示范动作和同伴完成的不同质量的动作，在练习过程中勤于思考，使练习和思考动作的技术要领相结合。同时，教师要及时地纠正、提示和指导，加速学生掌握动作的进程，以达到巩固提高的目的。

### （二）反复练习，运用自如

基于体操内容丰富、形式复杂多样的特点，在运用巩固与提高原则时，教师首先应注意以点带面，通过反复单纯的局部练习体现整体节奏、整体特点或是关键部分的动作，在不断提高局部动作技术的过程中推动整体动作技术的巩固和提高，从而使学生牢固掌握动作技术的各个环节，并能运用自如。

## 六、创新性原则

创新性原则是指在体操教学中，教师应树立创新意识，不断创新教学方式方法，创造性地对学生实施有效指导，以激发学生的创新能力，培养学生的创造性思维和创新精神。在体操教学中贯彻和运用创新性原则时应遵循以下基本要求。

### （一）教师要注重自身创新能力的培养与提高

在体操教学中教师处于主导地位，所以教师首先要树立不断创新的意识，培养和提高自身的创新能力。教师要有强烈的好奇心和求知欲，通过不断学习，汲取新的知识，以提高自身的创新思维能力和创新实践能力。

### （二）教师要注重教育教学理念的更新与转变

随着教育改革的不断深化，教师应紧跟时代潮流，及时转变教育理念，确立新型的教育观和教学观，努力实现“应试教育”向“素质教育”转变。教师在体操教学时应立足于学生的发展，关注学生的需求，注重学生能力的提高，把教学活动真正变成活跃学生思维、启发学生思考、引领学生创新的教育过程。

### （三）教师要注重探索创新体操教学的方式与方法

教师应改变传统的教学方式与方法，做到开拓创新。教学方式与方法既要符合学生不同时期的心理特征，又要堂堂有异、课课有别，使学生对每节体操课都保持新奇感和强烈的求知欲，进一步调动学生的学习兴趣，培养学生的创新意识。

总之，体操教学总体上应遵循以上六大教学原则，但要注意灵活运用。

教师在教学过程中应根据体操各个项目的特点，结合本地区、本校的实际情况，依据教学原则合理地安排体操教学内容与教法，科学施教，从而达到理想的教学效果。

# 第二节　体操教学特点和方法

## 一、体操教学特点

体操作为体育院校的主干课程之一，是我国体育教育的重要组成部分，其教学质量直接影响着体育专业人才的培养质量。体操内容丰富、形式多样，在练习过程中个性鲜明，教学与训练规范，有特殊的保护与帮助，身体练习难度大，惊险刺激，艺术性强。作为中国在奥运会上的夺金项目，体操深受中国人民的喜爱。体操教学以学生为主体、教师为主导，通过师生的积极互动，使学生掌握一定的体操知识、技术和技能，全面提高身体素质，形成良好的心理素质。体操教学法是教师和学生为实现教学目标、完成教学任务而采用的教与学的方式、方法和手段的总称。体操的特点决定了体操教学具有以下几个特点。

### （一）广泛运用保护与帮助

体操是一种人工设计的体育运动，具有非常规性、复杂性和惊险性。初学者通常无法在短时间内独立完成，只能在他人的保护与帮助下完成，所以体操教学离不开保护与帮助。究其原因，一方面，大多数体操动作在日常生活中难以接触，技术复杂、难度大；另一方面，技术、跳跃和器械体操的教学内容往往迫使人体处于复杂的运动状态。保护与帮助不当容易造成伤害事故，因此其不仅是体操教学中一种独特而重要的教学手段，也是预防运动损伤的有效措施。

### （二）培养良好的心理素质

在体操教学中，由于动作的复杂性和器械的结构特点，以及身体处于特定的运动状态，学生往往容易产生恐惧心理。因此，教师要分析学生产生恐惧的原因，采取合理有效的教学方法和手段使学生克服心理障碍。在体操教学过程中，研究学生在不同动作学习阶段的心理活动规律，并通过各种有效的教学方法和手段，可以培养学生勇敢、果断、冷静、自信、不屈不挠的意志品质和心理品质。

### （三）教学方法手段多样

体操教学是让学生建立运动技能条件反射活动的过程。一方面，由于体操动作的复杂性和多样性，这种条件反射活动的建立更为复杂。在体操教学中，教师可以通过多种教学方法和手段，建立多种渠道传递信息，促进学生对动作的理解和掌握。例如，通过解释和提示，学生初步建立了抽象词的概念；通过演示、插图、视频、多媒体等方法，学生可以从直观感受的层面了解动作的外部运动学特征；通过分解和完整练习，动作信息被应用到本体感觉和平衡器官，使学生能够体验和感受动作的结构和时空特征，并逐渐建立条件反射。另一方面，由于体操内容丰富多样，不同项目的练习差异很大，学生的个性特点和技能水平也存在不同，在教学中教师应因材施教，选择合适的教学方法和手段。



### （四）教学过程规范严谨

体操是一项技能型项目，具有很强的规范性和艺术性，在保证质量的前提下，强调稳定性、美感和广度，用动作完成质量进行评分。体操教学对简单动作、惊险和复杂的空翻动作以及其他类型的动作都有严格的规定。在体操教学中，研究动作的技术结构，掌握标准化的动作技术是逐步提高动作质量的前提，动作技术的规范性贯穿体操教学的全过程。

## 二、体操教学方法

体操教学方法是在实现教学目标、完成教学任务的前提下，向学生传授体操理论知识和技术技能的一种方式或手段。结合当前体操教学的实践，下面主要介绍几种常用的体操教学方法。

## （一）语言法

语言法是通过语言传递知识，完成师生互动，促进学生掌握体操理论和技术技能的一种教学方法。常用的语言方法包括讲解、提问、讨论、评价等。

### 1. 讲解

讲解是教师向学生讲授动作的技术要领和原理，说明动作的结构和关键技术，揭示动作技术内在规律的表达方式，有助于加强学生对动作的理解，进而使学生认识和建立动作概念。在体操教学时，运用讲解法时应注意以下三点：

（1）简明全面。根据学生的接受能力，用词要简洁，突出动作的重点和难点，语言要生动、富有启发性。

（2）有针对性。针对不同的教学阶段、教学目的、教学任务和教学对象，采用不同的解释形式，如系统解释、重点解释、提示语等。

（3）及时解释。体操的学习和掌握是一个建立条件反射的过程，教师应抓住学生在学习过程中所出现的问题，及时解释和纠正错误。

### 2. 提问

提问是教师与学生进行互动反馈的教学方法之一，通常是教师提问、学生回答。提问不仅是吸引学生注意力、激发学生积极性和创造性思维的重要手段，也是教师进行启发式教学和获取反馈信息的有效方法。体操教学时，运用提问法时应注意以下两点：

（1）提问要具有明确的目的和针对性。问题明确而具体，便于学生理解；问题突出重点、难点，有针对性。

（2）把握提问的时机、方式和形式。要根据教学的进度和内容提出问题。提问方法有很多种，如集中提问、启发式提问、比较提问等。提问的形式包括自我提问、教师提问和同学提问等。

### 3. 讨论

讨论是学生在教师的指导下就某一问题各抒己见，从而得出正确结论的交流方式。在体操教学中，充分发挥教师的主导作用，适时组织学生讨论，能大大提高学生的积极思辨能力，加强教师与学生间的互动反馈，加深学生对体操理论知识和动作技术的理解与掌握。在体操教学中，运用讨论法时应注意以下两点：

（1）注重实效。根据教学目的、教学内容、教学环境之间的联系，对所讨论的问题做必要的拓展，以加深学生对问题的理解与技能的运用。

（2）明确角色地位。讨论中教师起主导和引导作用，主要表现为提出问题、组织引导、时间控制、讨论方式选择及概括与总结问题等，使学生尽快进入讨论状态，围绕主题展开讨论。

### 4. 评价

语言评价是教师根据一定的标准对学生完成的动作质量进行口头评价的一种方法。

口头评价要求语言简洁。通常，针对学生对动作的掌握情况使用积极或消极的评价，如“好”和“一般”，或做出简洁的评论，主要目的是鼓励激发学生的学习热情。在体操教学中，运用评价法时应注意以下两点：

（1）建立评价量表。根据不同的学习内容、阶段以及学生个体的差异，建立评价量表，进行恰当的评价。

（2）灵活使用评价方法。常用的评价方法有个别评价法、比较评价法、集体评价法等，教师应针对具体问题采用适当的评价方法，如根据时间长短采用个别评价法或集体评价法。在运用比较评价法时，应注意表述和措辞，以免伤害学生的自尊心，打击其学习的积极性。

### （二）直观法

直观法是指通过体操动作示范、模型展示、演示直观教具、图片等方式呈现动作过程，将动作的外部表象通过视觉器官传递给大脑，以建立完整的动作概念。直观法主要包括示范法、图示法和影视法。

#### 1. 示范法

示范法是指教师通过演示具体动作，使学生了解动作的结构、幅度、方向等，建立动作概念的教学方法。示范法简便真实，且正确优美的动作示范具有鼓舞、感染和提升教师威信的作用，是体操教学中最常用的直观教学法。



示范法种类很多，按照示范面可分为镜面示范、侧面示范和背面示范，按照示范的速度可分为常规示范和慢速示范，按照动作结构可分为完整示范和分解示范。另外，还有重点示范和领做等示范法。下面介绍其中三种：

（1）慢速示范是指示范者有意识地延长完成动作的时间，使动作的速度明显慢于正常速度，以便学生更清晰地观察动作过程，强化对动作结构的理解。

（2）完整示范是指对单个、联合和成套动作从头到尾进行示范，使学生对动作的整体有所了解，建立完整的动作概念。完整示范法适用于难度小、简单或不能分解的动作或组合，对于难度较大、复杂的动作则宜采用分解示范法。

（3）领做示范是指学生模仿教师示范同步练习，多用于基本体操和自由体操中的徒手动作，与讲解法相配合，有利于提高教学效果。

示范法是最直观明了的教学方法，在体操教学中会被大量运用，但是在使用示范法时应注意以下三点：

（1）动作熟练、准确优美。规范优美的动作示范既能让学生建立正确完整的动作表象，又能大大激发学生的学习兴趣，充分调动学生的学习积极性，有效地提高教学质量。

（2）目的明确、有针对性。在体操动作技能形成的不同阶段，示范要求具有明确的目的性，要有针对性地选择示范形式。例如，初步掌握动作阶段，为使学生初步建立完整的动作概念，一般采取完整动作示范法；改进和提高动作阶段，为了强化学生对正确动作的理解，有效地纠正学生的错误动作，一般采取重点示范法或者正误示范法。

（3）正确选择、有效运用。正确选择示范位置、示范面，与其他教学方法配合运用，有助于提高教学的效果。前后方向的动作采取侧面示范，左右方向的动作可选择镜面示范，路线复杂、协调性要求较高的动作多采用背面示范。

### 2. 图示法

图示法是指教师用图画、挂图、图表和幻灯片来展示动作的过程和特点的教学方法。挂图携带、使用方便，直观性强，是体操教学中常用的直观教具。教师应根据教学目的、内容和不同教学阶段的需要，选择合适的图片、挂图、幻灯片等。在运用图示法时，教师还应注意与其他教学方法和手段有机结合，这更有利于学生对动作技术的理解，更能有效地发挥图示法的作用。

### 3. 影视法

影视法是指利用电影、电视传授知识，通过摄像机、计算机等设备对动作过程进行记录、显示和再现的方法。一方面，电影和电视能够准确地利用声音、颜色和光来传播知识，具有直观、生动、感染力强的特点，能够开阔学生视野，启发学生思维，便于学生加深对知识的理解和记忆；另一方面，录像机、摄像机等设备可以通过回放、慢速回放、定格等形式完整地记录动作过程并分析技术。纠正错误行为时，运用影视法记录和分析学生行为的效果最佳。

影视法作为体操教学与训练的辅助手段，经常会被采用。在体操教学中，运用影视法时应注意以下两点：

（1）可行性。影视手段的运用与地域经济环境、社会环境是分不开的，需要多功能影视厅、智慧教室等硬件设施作为支撑。现代化教学技术离不开经济、科技、社会的支持。

（2）目的性。根据教学任务和不同教学阶段的需要，有针对性地利用影视器材为体操教学服务。影视法作为辅助教学手段之一，应与其他教学方法和手段合理协调，以发挥最佳的教学效果。

在体操教学中，运用直观教学法时应注意以下三个方面的问题：

（1）课堂教学的最终目的是完成教学目标，因此，教师在具体的教学过程中，是否需要遵循直观性原则、如何遵循直观性原则，都必须紧紧围绕教学目标正确选择。那种为了直观而直观，为了营造课堂气氛而不顾教学目标能否达成的做法是不可取的。

（2）遵循直观性原则并不排斥其他教学方法在教学实践中的应用，多种教学方法的有机组合才能构成一堂优质课。例如，在运用直观教学时，教师通过不失时机地设问、安排学生讨论等方式，引导学生去把握事物的特征，发现事物之间的联系，以解答学生在观察中的疑虑，使学生获得较全面的感性知识，从而更深刻地掌握理性知识。

（3）新课改提倡“以学生为中心”的教学理念，这种理念在课堂教学实践中是以“教师主导 — 学生主体”的教学结构得到贯彻落实的。教师要善于引导学生积极思考，从而提高学生分析、解决问题的能力，如通过观察示范动作和直观教具的演示对动作进行分析比较，使学生了解动作各部分之间的关系及正确动作与错误动作的界限。要想达到良好的教学效果，教师选择直观教学的时机是很重要的。一般应在学生已独立掌握动作后、处于巩固与提高阶段采用直观教学法。

## （三）完整法与分解法

### 1. 完整法

完整法是将单个或组合动作视为一个整体，以完整的形式从头至尾直接进行实践的方法。完整法通常用于简单动作或一些无法分解的复杂动作的教学。其优点是可以使学生建立完整的动作概念，避免破坏动作的结构和内部关系，便于学生完整地掌握动作。在体操教学中，运用完整法教学时应注意以下两点：

（1）先在简化条件下完成简单动作和一些复杂动作，然后采用完整法直接练习。同时，对于不能直接完整练习的动作，可以采取分解练习进行归纳，逐渐过渡到完整练习。例如，在学习“鱼跃前滚翻”时，两手支撑点由近到远，上升高度由低到高，然后逐渐过渡到完整的动作练习。

（2）广泛使用保护与帮助。在学生进行完整的动作练习时，特别是在完整动作练习的早期阶段，应特别注意对学生的保护与帮助，以避免动作失败给学生带来的影响。

### 2. 分解法

分解法根据单个或成套动作的技术结构特征，科学合理地将其分解成几个部分进行教学和练习，最后达到掌握完整动作的目的。它的优点是通过简化动作的教学和练习过程，让学生集中精力掌握单个动作的某些复杂环节，提高了学生的学习信心，有利于学生较快掌握动作技术；同时便于纠正错误动作，完善动作环节。分解法是提高动作质量的重要方法与手段。在体操教学中，运用分解法时应注意以下两点：



（1）在采用分解法前，合理划分动作技术结构，以便科学地指导学生进行练习。安排分解练习的时间不宜过长，否则易形成分解动作的动力定型而影响完整动作技术的连贯性。

（2）分解法应与其他教学法有机结合运用，特别是完整法。分解法的最终目的是让学生掌握完整动作，其与完整法结合运用，能使学生清楚动作各部分分解练习的作用，加快动作学习进程。

## （四）练习法

练习法是体操教学最基本、最主要的方法，是指教师根据教学任务，有目的、有组织地安排学生反复练习单个、联合和成套动作的方法。在体操教学中，常用的练习法包括重复练习法、变换练习法、诱导练习法、游戏法和比赛法。

### 1. 重复练习法

重复练习法是指在教学中，单个或成套动作在不改变动作结构的条件下，按照动作要领反复练习的方法。根据练习之间有无间歇，重复练习法分为连续重复练习法和间歇重复练习法。连续重复练习法是指无间歇、连续不断地重复练习。安排连续重复练习时，教师要根据学生实际能力控制连续练习的时间、重复次数、运动负荷等要素，以达到最佳的练习效果。间歇重复练习法是指在练习过程中安排相对固定的间歇时间，间断地进行重复练习。一般在初步掌握动作阶段采用间歇重复训练法，间歇时间的长短安排取决于教学任务、教学内容及教学对象的实际水平。两种练习法各有优缺点，结合运用效果更佳。在体操教学中，运用重复练习法时应注意以下3点：

（1）明确练习的目的和任务，根据内容的难度和学生的具体情况，合理控制练习的次数、强度、密度、重复次数和间隔时间。

（2）及时纠正错误动作，教师的教与学生的学紧密结合。为了避免错误动作的重复练习，教师应及时纠正错误动作，甚至暂停练习。

（3）不同阶段应采用不同的方法。在掌握动作的初始阶段，一般采用间歇反复练习法，使学生反复理解动作要领，从而建立正确的动作要概念；在改进动作阶段，采用间歇重复练习与连续重复练习相结合的方法，进一步提高学生的动作质量；在巩固和自由使用阶段，一般采用连续反复练习法，使学生形成正确、牢固的动作形态。

### 2. 变换练习法

变换练习法是指通过改变动作内部结构或外部条件进行反复练习，以提高教学效果的练习方法。在体操教学中，运用变换练习法，改变动作难易程度，有利于增加视觉、触觉、本体感觉之间的联系，提高运动技能的准确性、稳定性。变换练习法可分为两大类：变换内部结构练习法和变换外部条件练习法。

变换内部结构练习法主要包括改变动作连接和改变动作速度的练习方法，变换外部条件练习法主要包括改变练习条件、改变练习环境和设置条件限制的练习方法。

（1）改变动作连接是指在初步掌握单个或成套动作的基础上，改变动作的开始姿势、结束姿势或改变成套动作连接的难度、数量、规格等。

（2）改变动作速度是指根据教学需要，加快或减慢完成动作的速度，即人为地延长或缩短动作完成的时间。

（3）改变练习条件是指根据学生掌握动作的实际水平改变练习器械的高度、宽度、角度、长度、弹性等条件，如利用斜坡形垫子练习前后滚翻。

（4）改变练习环境是指在学生初步掌握动作的前提下，通过改变练习场地、增加外部干扰等手段以提高学生练习的兴奋性或克服学生不同练习环境下的心理障碍。例如，练习“侧手翻”时，沿竖立的垫子或直线，可纠正身体不直的错误动作。

（5）设置条件限制是指通过设置一定的附加条件，促使学生克服心理障碍，加速动作技能的形成。例如，用两腿夹住手帕或海绵可克服摆动动作的分腿错误。

另外，在体操教学中运用变换练习法时，应注意以下两点：

（1）有针对性，确保安全。在根据学生能力、教学内容和教学条件的具体情况，安排变换练习法时，解决的问题和方法要明确具体，注意安全，如调整器械的高度、长度与弹性等。

（2）优化组合，事半功倍。教师通过进行示范，让学生直观地了解动作的外在结构；通过讲解动作要领，使学生了解动作技术特点；通过改变动作做法，使学生循序渐进地掌握动作，提高学生完成动作的信心，建立正确的动作概念。

3. 诱导练习法

诱导练习法是根据运动技能迁移的规律，选择采用与新授动作技术结构相似的、简化了的运动技能去学习复杂动作的方法。作为一种过渡性的练习手段，诱导练习法往往通过某些辅助练习来实现，如学习双杠“分腿坐前滚翻成分腿坐”前，先安排学生进行技巧“前滚翻分腿起”的诱导练习。在体操教学中，运用诱导练习法时应注意以下两点：

（1）合理选择练习内容，把握诱导练习的时机。根据教学内容选择的诱导练习必须与新动作在结构、肌肉用力顺序和机体所受的内外环境的刺激相一致，其练习难度低于新动作难度，如技巧“远撑前滚翻”动作可作为学习“鱼跃前滚翻”的诱导练习。

（2）根据教学重难点，因地制宜实施诱导。准确把握教学内容的重点和难点，要求教师不断深入钻研业务，掌握丰富的体操理论知识，并切实针对学生的身体和技术水平，科学选择诱导性练习，合理安排练习程序，促进学生运动技能的迅速形成。

4. 游戏法

游戏法是指根据教学需要，利用游戏创设和组合学生所学的单个、组合或成套动作的方法。体操运动内容丰富、形式多样、趣味性强、竞争性强、富有创造性，如果游戏法运用得当，一些枯燥的练习会变得有趣。在体操教学中，合理运用游戏法可以活跃课堂气氛，调动学生的积极性。

5. 比赛法



比赛法是体操教学中一种特殊的教学方法。运用比赛法可以使学生进一步巩固和掌握所学的基础知识、技术和技能，有效提高身体素质和在复杂条件下运用技术的能力。比赛法最显著的特点是它的竞争性，它对提高学生的积极性，培养学生的思维、判断力和进取精神具有重要作用。

## （五）激励法

激励法是指教师有意识地激发学生的学习动机，鼓励学生投入学习，以满足学生需求的方法。激励法可分为内部激励法和外部激励法。内部激励法是指通过激励和诱导的方式，激发学生的学习动机，充分发挥学生的内在潜能，提高学生学习的自觉性和积极性；外部激励法是指教师利用口头表扬、批评以及物质奖励惩罚等来控制学生的动机，强化或抑制不同的行为。在体操教学中，运用激励法时应注意以下两点：

（1）教师应充分了解每个学生的特点和主导动机，给予学生有针对性且有效的激励，激发学生的学习积极性，提升教学效果。

（2）在体操教学中，第一部分（准备部分），教师通过自身的形象气质和话语营造良好的课堂氛围；第二部分（基本部分），根据教学内容的变化、课堂纪律的变化、学生掌握技能的情况和学生学习情绪的变化，教师采用评价等激励方式，激发学生学习的兴趣；第三部分（结束部分），教师可以通过客观准确的课堂小结来激励学生，便于提高学生课后练习的积极性，并为下一堂课做好铺垫。

### （六）混合式教学法

混合式教学把传统线下教学和线上教学的特点进行了融合，属于线上＋线下的教学模式。混合式教学法的实施并不是为了对在线平台进行推广和创建数字化的教学资源，而是为了提升学生的学习深度和水平。混合式教学属于教育教学和信息技术结合的重要载体，综合运用了多种教学理念、手段、技术，整合了传统线下教学的优势和线上教学的优势，可以促进学生个性化发展，已经成为现阶段较为重要的一种新型教学形态。混合式教学法的运用要创设良好的互动氛围，坚持以学生为主体的原则。

在体操教学中，教师想要合理运用混合式教学法，需要突出以学生为教学主体，充分发挥学生的主观能动性，指引学生自主思考和探究问题，进而有效提升学生的学习质量和水平。因此，在实际体操教学中运用混合式教学法，需要注重指引学生进行自主思考和探究，多组织学生进行合作和互动，才能使混合式教学法的优势充分发挥出来。在该过程中，教师可以结合教学内容和学生的实际学习水平，为学生创设良好的互动场景，突出学生主体地位。此外，教师需要把控好教学节奏，利用合理、科学的教学形式，使学生的思维快速地融入教学活动。

# 第三节　体操教学策略



## 一、优选教学内容

随着体育改革的深化，教师在课程设置上有了更大的自主权。新课标仅对各级别体操内容作了一般性要求，而具体教学内容由教师自主选择。因此，为了保证体操教学达到促进学生全面发展的目的，教师应根据学生的身心特点和学校的具体情况，选择合适的教学内容，合理组织教学内容。

### （一）选择适合的教学内容

现代体操为学生提供了丰富多彩的学习内容，选择合适的内容是满足教学需要的前提。体操教学内容的选择过程实际上是根据教学目标对体操教材进行分析、评价和优化的过程。在选择体操教学内容时，首先，应评估不同体操教材的价值，并分析它们在促进学生身体发展、学习体操知识和技能、美育、情感和培养良好心理素质方面的价值；其次，应分析所选内容对实现体育课程总体目标的贡献率；再次，根据学生的身心特点和技能基础，分析这些内容是否能被学生喜爱、接受和掌握；最后，应分析是否有场地、设备和其他教学条件的要求。选择合适的体操教学内容应考虑以下4个方面。

#### 1. 健身性

所选的教学内容应能对不同年龄段学生的身体发育成长有明显的促进作用，有助于学生身心的全面发展和终身体育能力的培养。

2. 健美性

所选的教学内容应具有美育的价值，应能促进学生体形与姿态向健与美的方向发展，有利于学生审美能力的培养。

3. 趣味性

所选的教学内容应是学生感兴趣的，应有利于调动学生学习的积极性，使学生对体操产生良好的情感与态度。

4. 实用性

体操练习中有不少动作与平常的生活技能有联系，因此，应注意选择一些生活化的、有助于提高学生基本生活能力的教学内容。

### （二）合理组织教学内容

体操教学内容的组织是指对所选的学习内容进行单元化的系统安排的过程。经过选择的体操素材还必须遵循技能整体性原则，将它们组成一个结构合理的内容体系。在构建内容体系时，应全面分析各项目、各动作之间的逻辑关系，使动作之间在纵向上和横向上紧密联系，相互影响、相互促进。具体地说，就是要考虑哪个项目先学、哪几个项目同时学、各项目中动作出现的顺序与时机等。体育课程教学一般是以单元来安排的，组织教学内容时还应考虑如何将素材组成单元，以及如何将各单元有序地安排到各学期和各学年中去。系统全面地规划体操教学内容，可充分利用技能形成的规律和学生身心发展的规律，达到促进学生运动技能掌握和身心全面发展的最佳效果。

合理组织体操教学内容，必须做到以下三点：

（1）教学内容的组织是对所选体操教材进行综合规划和设计。因此，教师应深入分析教材，了解它们之间的内在联系，对其进行系统的梳理。

（2）根据不同层次学生身心发展的特点来组织体操教学内容，制订各层次体操学习计划，兼顾不同层次体操学习内容之间的衔接，注意学年教学内容、学期教学内容和单元教学内容之间的联系。

（3）体操教学内容的组织要求教师具有较高的专业水平。因此，教师应注意在体操教学中积累经验，不断学习新型教学理论和教学设计方法。



## 二、优化教学环境

体操教学环境是指影响其效果的各种因素，主要包括物质环境、心理环境和人际环境。

### （一）优化物质环境

良好的物质环境是顺利完成体操教学任务的基本条件。体操课程通常在体育馆进行教学，为了保证良好的教学环境，体育馆必须有足够的空间和合理的配置，保持良好的光线和通风，同时保持良好的卫生。体操教学通常在器械和垫子上进行，动作难度大，器械和垫子的使用情况对练习效果有较大影响。为了保证学生有一个良好的练习条件，避免不必要的运动损伤，教师应经常检查器械的稳定性和安全性，如单杠、双杠的立柱是否稳定，跳马、山羊、跳箱是否牢固。每次上课前，教师应仔细检查现场设备的安全性，在设备周围放置垫子，保持现场清洁、卫生和安全，让学生在课堂上感到舒适和安全。

在课堂上，教师应根据现场设备的实际情况和学生的实际人数合理分组，充分利用现场设备，确保学生有足够的实践机会。

## （二）优化心理环境

由师生良好的心理状态构成的课堂心理环境是体操教学的内在动力，是学生保持良好练习情绪和练习主动性的前提。在课堂上，教师要营造良好的心理环境，首先要有积极的教学态度，其次要懂得如何与学生互动，用精湛的教学技巧调动学生的积极情感和学习积极性。

### 1. 教师的精神面貌

在课堂上，教师的情绪随时都在感染着学生。教师在课堂上精神饱满，态度积极、热情，会调动学生的课堂情绪和练习积极性；教师洪亮而充满激情的语言能使学生精神振奋；教师准确、优美、飘逸的示范动作，不但能传达一种美感，还能使学生受到鼓舞，跃跃欲试。因此，教师的精神面貌对体操课的教学气氛起着主导作用，教师应注意以自己的一言一行唤起学生学习的兴趣和热情。



### 2. 教师的期望与鼓励

由于体操动作有一定的难度，学习体操对学生来说是一种挑战。因此，在体操教学的每一个阶段，教师都要设定多数学生经过努力能达到的明确的教学目标，并激励每个学生积极实现目标。在体操教学过程中，教师应经常通过语言、目光或肢体动作向学生传达自己的期望，当学生感受到教师的期望时，将激发他们学习的热情和积极性。在学生的练习过程中，教师应注意及时肯定和鼓励学生，当学生学会一个新动作时，教师应及时以一定的方式进行表扬，这将使学生产生强烈的成就感，提高学习兴趣；当学生的学习遇到困难时，教师应及时地给予必要的鼓励，帮助他们建立起学习的信心。

（1）采用灵活多样的教学手段调动学生的学习积极性。体操技术较为复杂，有的动作学生不可能一下就能完成，需要通过各种辅助练习逐步过渡到完整动作的掌握。这些练习设计得是否巧妙将影响学生的练习情绪。例如，刚开始学习“前滚翻直腿起”时，先安排学生从高处往低处做，这样动作便很容易完成，随后逐步变换条件让学生获得独立完成动作的体验，成功的体验将提高他们的学习兴趣。再如，刚开始学习“单杠骑撑前回环”时，学生会由于没有回环的时空体验而产生恐惧心理，造成身体不敢大胆前倒，此时可由两人给予保护与帮助，从骑撑的位置开始前倒完成整个回环动作，让学生体会一周回环的概念，体验回环的乐趣，消除对前倒的恐惧。

在教学中经常变换体操动作的练习方式是提高学生练习积极性的有效办法。教师可以通过改变动作的开始姿势、练习条件等办法，使练习更有新鲜感，提高学生的练习兴趣。

例如，当学生初步掌握了“鱼跃前滚翻”动作后，可以从原地做变为通过助跑做、两脚依次起跳做，或者向高处做、越过各种障碍物做；在多数学生熟练掌握该动作后，还可以让学生一个接一个地助跑后越过障碍物，以提高学生的练习兴趣。

（2）采用有效的方式和手段克服学生的害怕心理。在进行技巧体操练习时，身体经常处于非常规状态，而且要在一定高度的器械上做动作，或经过助跑后跳越某种器械。技巧体操的这一特点决定了其动作有一定的危险性，学生在练习时容易产生害怕心理。因此，帮助学生克服害怕心理成为体操教学的关键。在体操教学中，教师除用语言给予鼓励和加强保护外，还可以采用一些方法和手段。例如，在学习“双杠前滚翻成分腿坐”时，学生往往会担心头栽下去，此时可以在杠前方铺一块垫子，或在杠下站一个同伴上体前屈，在他的背上前滚，这样学生不会感到害怕，还会感到新鲜。再如，在学习“纵马或纵箱分腿腾跃”前，可以先安排跳同样高度的山羊，然后逐渐把助跳板拉远，直到纵马或纵箱的长度相同时把山羊移走，再把纵马或纵箱搬进来，并告诉学生现在他们完全有能力跳过纵马箱，此时大部分学生不再害怕，反而会跃跃欲试。克服学生害怕心理的手段和方式很多，教师应当根据动作的特点、学生的身体素质与心理特征，以及场地器材的实际情况，灵活设计有效的练习手段与方式。

### （三）优化人际环境

体操教学是教与学的互动过程，在这个过程中，师生形成了一定的人际关系，这直接影响着教学效果。一方面，体操动作练习有一定的危险性，容易出现伤害事故，因此，在教学中需要保护与帮助；另一方面，一部分动作在刚开始学习时，只有在他人的保护与帮助下才能完成。保护与帮助是在教师与学生、学生与学生之间进行的。保护与帮助要取得良好的效果，就需要师生和生生之间互相关爱、互相信任，特别是师生之间的相互信任。教师在体操课上应对学生的安全高度负责，一丝不苟。教师尽心尽力的教学态度，以及娴熟到位的保护与帮助手法，随时都在感染和影响着学生，使学生有练习的安全感和自信心，能提高学生的学习积极性和练习效果。有些体操动作需要教师手把手教给学生，在这种近距离的接触中教师应当尊重学生、信任学生、热爱学生、关心学生。体操教学中经常还需要学生之间相互保护与帮助，相互鼓励和鼓舞。因此，在体操教学中教师要经常教育学生，在互相保护与帮助时要对同伴高度负责，要互相爱护、互相配合、互相信任，建立起良好的人际关系。



## 三、优化教学活动程序

教学设计的目的就是科学地影响学习的内部过程，优化教学活动的程序。当前，一部分教学模式在体操教学中得到了较好的应用。不同的教学模式有其独特的教学程序（也称教学过程结构）。

### （一）以传授体操技能为主的教学模式的教学程序

常见的以传授体操技能为主的教学模式，其教学过程结构是教师提出教学任务—教师讲解示范—教师组织指导练习—教师总结学习结果。这种程序的安排一般在较复杂的体操动作教学中运用。其优点是有利于体操技能的传授；其缺点是不利于发挥学生的主体性和培养学生的创造性。

### （二）自学辅助教学模式的教学程序

受现代教学思想的影响，体操教学出现了一些以提高学生自学自练能力为主的教学模式，如自学辅导教学模式。这种教学模式的教学程序是教师讲解并提出若干任务—教师帮助学生选择学习方案—学生选择和设计学习方案—学生自己练习和教师辅导—教师协助学生进行自我评价。这种教学程序可在学习较简单的体操动作时运用。其优点是培养学生的自主学习能力；其缺点是适用范围有限。

### （三）主动性教学模式的教学程序

主动性教学模式的指导思想是力图打破传统的“教师说，学生练”的被动式体操教学模式，希望通过对教学活动结构的调整，发挥学生在教学中的主动性，让学生在教学中积极思考，使学生通过学习既掌握体操技术又懂得技术的基本原理，做到知其然又知其所以然，并由此促进他们情感体验的深化。这种教学模式的教学程序是启发动机—提出问题—学生思考—学生实践与讨论—归纳总结。这种教学程序对教师的教学艺术、学生的知识基础和思维能力要求较高，如设计不当会影响教学进度。

### （四）情境教学模式的教学程序

情境教学模式是指在体操教学中通过设置场地器材，以及创设相关的故事情境和情感氛围，提高学生练习的兴趣，发展学生运动能力的一种教学模式。其教学程序一般是创设情境—引起运动兴趣—体验情节—获得运动乐趣—还原动作。

教学模式是多元和动态的，随着教学改革的发展而变化。在体操教学中，教师应当根据不同的教学目标、不同的教学阶段、不同的教学对象、不同的教学条件等，选择合适的教学模式以优化教学程序，提高教学质量。同时，应当提倡教师发挥创新精神，创造性地优化教学活动程序。

## 四、优选教学方法

任何教学要实现其目标，都必须借助各种教学方法。现代的体育教学方法丰富多彩，但不存在某种万能的方法，教法多样，贵在优选。因此，在体操教学中，教学方法的运用应当根据教学的实际情况加以优选。在选择体操教学方法时应注意以下几个方面。

### （一）要有利于体操教学目标的达成

选择和运用教学方法的最终目的是更好地实现教学目标，因此在选择方法时，首先要考虑的就是它对目标的达成能起多大作用。在不同的体操教学阶段，对于不同的教学对象和教学内容会有不同的教学目标。教学目标不同，所采取的教学方法也应有所不同。

### （二）要针对教材与学生的特点

在选择教学方法时，应当先深入分析教材的特点与价值，再考虑采取合适的教学方法使其价值得以实现。例如，“支撑跳跃”练习具有培养意志品质的价值，为了实现这一价值，教师在教学中就应当采取各种适宜的练习方法，帮助学生树立信心，克服心理障碍，培养学生勇敢、顽强和果断的意志品质。教学方法的选择还要考虑学生的身心发展特点，针对不同年龄、不同性别和不同性格特征的学生群体选择不同的方法。例如，游戏法对于低龄组学生较为适合，但对于高中生如过于频繁地采用游戏法未必能取得好的教学效果。

### （三）要重视学生的学法

体操教学是师生的双边活动，既包括教师的教也包括学生的学。因此，在选择教学方法时，不仅要考虑教师的教法，还要考虑学生的学法。例如，教师在示范动作时，不仅要考虑如何示范得优美、到位、飘逸，还要考虑如何引导学生观察动作，了解动作过程和关键技术。教师在教学中应摆脱“以教为中心”和“绝对控制教学”的习惯，给学生一定的学习自由度，让其发挥学习的主动性和创造性。

### （四）合理组合教学方法

在体操教学中，为完成教学任务往往需要多种教学方法的配合使用。例如，完整法与分解法常常难以完全割裂运用，运用时你中有我、我中有你，关键是如何将二者有机地结合起来，如何根据具体情况安排谁先谁后以及各自所占的练习比重等。实际上，单一孤立地使用一种教学方法的情况在体操教学中是不存在的。在体操教学中，语言法、直观法和多种多样的练习法总是结合运用。在设计体操教学时，教师应当根据教学的实际需要将各种方法进行合理的组合，让通过优化组合的方法体系发挥出其整体功能，以取得最佳的教学效果。

在体操教学中选用教学方法，还需要考虑场地器材、教学设备等的实际情况，缺乏必要的条件，方法再好也难以实施。另外，教师应根据自身的知识结构、教学经验和驾驭教法的能力，实事求是地选择合适的教学方法。

## 【复习思考题】

1. 体操教学原则有哪几种？
2. 体操教学的特点是什么？
3. 体操教学方法有哪几种？
4. 体操教学中使用示范法有哪些注意事项？

# 第九章　发展身体素质

【学习目标】

1. 了解身体素质练习的作用和意义。
2. 掌握发展各项身体素质的练习方法。
3. 掌握身体素质练习的注意事项。

【章前导言】

身体素质练习是体操理论体系的重要组成部分。本章阐述身体素质练习的作用和意义，在重点讨论柔韧素质、速度素质、力量素质、耐力素质和灵敏素质概念的基础上，结合体操专项特点和体操项目的需要，详细介绍了柔韧素质、速度素质、力量素质、耐力素质和灵敏素质的练习方法和注意事项。本章内容对体操练习者进行身体素质练习有一定的指导意义。



## 第一节　身体素质练习

### 一、身体素质概述

当今社会，身体素质已成为体育运动中的一个专门名词术语而被广泛运用。《体育词典》指出：身体素质是指人体活动的一种能力，指人体在运动、劳动与生活中所表现出来的力量、速度、耐力、灵敏及柔韧等机能能力。这一定义首先指出身体素质包含了人体运动、劳动和生活3个方面的机能能力，其次指出身体素质是通过力量、速度、耐力、灵敏及柔韧5个内容表现出来的。

身体素质是在遗传的基础上，人体在长期的生活、工作和运动中逐渐形成的身体能力要素。身体素质是人体肌肉活动基本能力的表现。身体素质练习对促进身体健康和心理健康，增强体质，克服人体的生物惰性，促进机体的新陈代谢，改善身体形态，提高各器官系统的机能，发展运动素质，培养良好的意志品质，延长运动寿命，提高运动成绩，都具有极为重要的作用。此外，身体素质练习还能够有效地提高机体对外界环境的适应能力和对疾病的抵抗能力，对保障人们工作、学习和生活的有序进行，也具有极其重要的作用。

## 二、身体素质练习的意义

### （一）身体素质练习能让人们获得生活和工作中不可缺少的基本活动能力

由人体解剖知识可知，人体是依靠心肌、呼吸肌、消化肌等肌肉力量完成循环、呼吸、消化等基本生命活动，依靠骨骼肌的力量完成走、跑、跳、提带东西、背扛重物等动作的。一个人要持久地工作，需要心血管耐力和肌肉耐力；要搬动重物或对抗阻力，需要肌肉力量；要做幅度较大的动作，需要关节的灵活性及肌肉韧带的伸展力。因此，进行身体素质练习是人们工作、学习、劳动、娱乐等活动的需要。

### （二）身体素质练习是专项训练的基础

身体素质练习是运动训练不可分割的重要组成部分，是专项训练的基础。身体素质练习的内容就是充分发展与专项运动密切相关的力量、速度、耐力、柔韧、灵敏等机能能力，为专项技术水平的提升奠定良好的基础。它对练习者掌握专项技术、承担大负荷的练习、参加激烈的比赛、延长运动寿命等具有非常重要的作用。同时，发展身体素质有利于练习者掌握复杂的技术。

### （三）身体素质练习可以促进练习者的身体素质协调发展



进行身体素质练习时，可以根据本人的需要，以关节为轴设计动作，这些动作可以是颈部动作、上下肢动作、躯干动作。每个部位的动作因其练习手段的不同，又可分为发展不同身体素质的练习，如力量素质练习、柔韧素质练习、灵敏素质练习、速度素质练习等。这就为促进练习者各项身体素质的协调发展创造了条件。练习者既可以根据本人的体质状况，进行有针对性的练习，又可选择不同的练习手段，通过对运动强度、运动时间、运动频率的控制来调节运动量，从而达到促进各项身体素质协调发展的目的。例如，体操游戏中的移动、躲闪、急停、跳跃等的练习可发展学生动作的灵敏性；平衡木上动作的练习以及体操的各种平衡动作的练习，可发展学生的身体平衡能力；跳马练习可发展学生的速度素质及下肢的弹跳力；单杠、双杠、吊环的练习可发展学生的上肢肌肉及腰、腹肌力量；垫上练习可发展学生柔韧素质、动作的灵敏性和协调能力等。

### （四）身体素质训练可以改善形体，塑造形体美

进行身体素质练习时，练习者可以正确合理的手段，对人体骨骼肌进行左右对称性练习。该练习具有指向性强且递进的特点，能有效地消耗多余脂肪，改善脊椎、肌肉的外形，从而达到改善形体、塑造练习者形体美的目的。

# 第二节　柔韧素质练习

## 一、柔韧素质的概念

柔韧素质是体操练习者的主要素质之一。柔韧素质是指练习者关节活动幅度的大小以及跨过关节的韧带、肌腱、肌肉、皮肤及其他组织的弹性和伸展能力。是否具备良好的柔韧素质直接影响到体操动作的完成质量和技术水平的高低。

## 二、发展各关节柔韧素质的练习方法

柔韧素质练习有主动拉伸和被动拉伸两种不同的练习方式。主动拉伸是指主要依靠收缩肌的力量，而不是其他外力使动作保持在某一特定位置。被动拉伸是指利用自身体重或器械以及同伴的力量使肢体保持一定的伸展位置。

根据体操项目的特点和要求，主要发展肩、胸、腰、髋、腿、腕、踝等部位的柔韧素质。

### （一）发展肩关节柔韧素质的练习方法

（1）下蹲拉肩：背对器械（肋木、把杆、平衡木等），两手握器械（两手距离比肩窄），尽力下蹲，使肩拉开。（图9-2-1）

（2）吊肩：在肋木或杠上做正握吊、反握吊、交叉臂吊等，利用自身体重发展柔韧素质。（图9-2-2）

图9-2-1

图9-2-2

（3）转肩：两手握体操棍或绳等物（两手间的距离可因人而异，随着柔韧的提高逐渐缩短两手间的距离，直至两手交叉握），向后转肩，两手不离开所握器械，再转肩回原位。

## （二）发展肩、胸关节柔韧素质的练习方法

（1）压肩、胸：面对器械（肋木、把杆、平衡木、椅子背等），两手扶器械，两臂伸直，两腿伸直开立，体前屈，抬头或低头做上下振胸动作或由同伴稍加助力使肩、胸拉开。

（2）双人配合压肩、胸：两人面对面站立，两臂前伸手搭肩，两人同时体前屈，抬头或低头做上下振胸动作或向左、右两侧扭转上体。（图9–2–3）

图9–2–3



（3）双人配合拉肩、胸：两人背靠背站立，两臂上举，互握手，各自向前迈一步，挺胸，出背弓，使肩、胸拉开。（图9–2–4）

（4）助力拉肩、胸：练习者俯卧，两臂上举，另一人在其背后，握其两手腕向后牵引拉其肩、胸。（图9–2–5）

图9–2–4

图9–2–5

（5）跪撑压肩、胸：跪撑，两手向前伸，抬头压肩、胸。（图9–2–6）

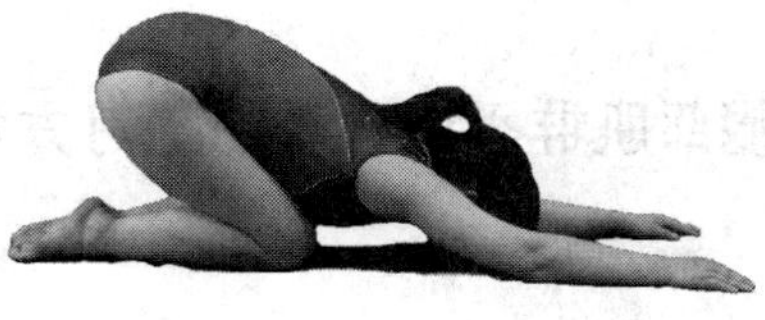

图9–2–6

## （三）发展胸、腰、髋关节柔韧素质的练习方法

（1）仰卧成桥：仰卧，两手在头两侧撑地，两腿弯曲，两脚撑地，接着两臂、两腿伸直，抬头、肩角拉开使身体拱起成桥。

（2）站立下桥：两脚开立，向后下腰成桥或在他人的帮助下向后下腰。（图9–2–7）成桥时注意方向正，两腿伸直，肩拉开，手脚距离可以逐渐缩小。

图9–2–7

（3）吊腰：练习者两腿伸直开立，向后吊腰；或保护与帮助者固定练习者腰部。（图9–2–8）练习者向后下腰至半时，控制不动或者上体轻轻上下振动。

图9–2–8

（4）甩腰：保护与帮助者与练习者面对面，练习者两腿伸直开立，保护与帮助者固定练习者腰部，练习者向后快速下腰手触地、迅速还原。反复做以上动作，速度可以逐渐加快。

（5）前、后软翻：在他人的帮助下进行单腿前软翻，单腿后软翻或双腿的前、后软翻练习。

## （四）发展髋关节及腿部肌群柔韧素质的练习方法

### 1. 体前屈

体前屈的程度取决于大腿后部肌群的伸展性和髋关节的灵活性，常见的练习手段有站立或直角坐的体前屈练习、把腿垫高的分腿体前屈练习等。（图9–2–9）

图9–2–9

### 2. 压腿

要求：腿直、髋正。可以向前、侧、后做。（图9–2–10）

图9–2–10

### 3. 耗腿

向正、侧、后3个方向，把腿放在一定的高度停止一定的时间。

### 4. 搬腿

（1）搬前腿。

①练习者侧对把杆，内侧手扶把，外侧手扳外侧腿的踝关节，对准额头，伸直腿用力向上搬；或在他人的帮助下把腿搬至上举，固定不动。（图9–2–11）

②仰卧搬前腿：练习者仰卧，抬起一条腿，两手用力向额头方向搬腿。（图9–2–12）

要求：立腰（扶把），腿伸直，方向要正。

图9-2-11

图9-2-12

（2）搬侧腿。

①扶把搬侧腿：练习者侧对把杆，内侧手扶把，外侧手扳外侧腿的踝关节，对准外侧腿肩的方向，伸直腿用力向上搬；或在他人的帮助下把腿搬至侧上举，固定不动。（图9-2-13）

②侧卧搬侧腿：练习者侧卧，侧卧方向的一只手臂肘关节撑地，另一只手用力地将腿搬至耳侧。（图9-2-14）

图9-2-13

图9-2-14

要求：立腰（扶把），腿伸直，方向要正。

（3）搬后腿。练习者面对肋木、把杆、平衡木等器械站立，上体立直，两手扶把，向后举起一条腿，保护与帮助者将练习者举起的腿向其头的方向搬。（图9-2-15）

要求：练习者腿伸直，手不离开把。

### 5. 踢腿

在原地或行进间向前、侧、后3个方向踢腿。

### 6. 劈腿

两腿伸直，臀部着地，上体正直；横劈腿开胯，两腿在一条直线上，上体挺直，立腰。

图9-2-15

## 三、柔韧素质练习的注意事项

### （一）柔韧素质练习要循序渐进、持之以恒

柔韧素质练习开始时动作幅度不要过大，应循序渐进，逐渐增大动作幅度，用力要柔和，避免造成撕裂或拉伤。在练习中还要注意与放松练习交替进行，防止肌肉拉伤而失去弹性和收缩能力。



一旦停止柔韧素质练习一段时间，柔韧素质就会逐渐衰退。因此，发展柔韧素质要经常练习。如果练习者处于专门提高关节活动幅度阶段，每天都要安排柔韧素质练习。在全年训练的任何一个时期，都要安排柔韧素质练习。

### （二）柔韧素质练习要与准备活动相结合

柔韧素质练习主要是运用各种方法拉长人体关节肌肉、韧带的长度。但如果不注意科学的方法，非常容易发生肌肉拉伤。因此，安排柔韧素质练习时应与准备活动相结合，准备活动可以使体温升高，降低肌肉黏滞性，提高其伸展性，避免运动损伤。

### （三）柔韧素质练习要与力量素质练习相结合

柔韧素质的发展要有一定的肌肉力量作为基础。力量素质的发展可间接使柔韧素质得到发展。柔韧素质练习后要进行放松练习，以使肌肉柔而不软、韧而不僵。

# 第三节　速度素质练习

## 一、速度素质的概念

速度素质是指人体或人体某部位快速运动的能力。其基本的表现形式有反应速度、位移速度和动作速度。

位移速度是指在单位时间内人体快速位移的能力。竞技体操中跳马和自由体操空翻或空翻之前的助跑对位移速度都有很高的要求。要提高竞技体操位移速度除经常进行短距离重复跑训练外，还应进行力量训练及改进助跑技术。

动作速度是人体快速完成某一动作的能力。竞技体操的动作速度表现为人体完成某一动作时的蹬伸速度、转体速度、翻转速度，以及在单位时间内连续完成单个动作的次数和完成联合动作的速度。竞技体操的动作速度要求运动员在最短的时间内发挥最大的力量，并按照正确的技术要领去完成动作，如跳马的推手、技巧动作的起跳、空翻或复合空翻动作的翻转和转体动作等。此外，动作速度与力量、协调能力和技术等密切相关，在进行动作速度素质练习时，应把速度素质练习、力量素质练习、技术训练等结合起来进行。

## 二、发展速度素质的练习方法

### （一）发展位移速度素质的练习方法

#### 1. 原地弓箭步摆臂练习

原地弓箭步摆臂练习要求在练习时头部保持正直，两眼平视前方，两臂弯曲，协调而有节奏地前后摆动，动作速度由慢到快。

#### 2. 高频率专门性练习

高频率专门性练习有行进间后蹬跑和原地高抬腿跑等。在练习时蹬地要迅速有力，支撑腿要充分伸直，大腿抬起靠近身体，臀部尽量前送。

#### 3. 短距离快速跑

短距离快速跑如20～30米快速跑。要求在跑的练习中注意正确的技术。

#### 4. 利用特定场地器材的加速练习

利用特定场地器材的加速练习如斜坡跑、骑固定自行车等。

### （二）发展动作速度素质的练习方法

#### 1. 定量计时或定时计量练习

定量计时或定时计量练习，即在最短的时间内完成所规定的动作次数或在规定的时间内尽量多地完成所规定的动作。比如，用最快的速度完成20次俯卧撑或在20秒内争取完成最多次数的仰卧举腿。

#### 2. 连续快速完成动作的练习

连续快速完成动作的练习常见的练习方法有连续侧手翻、后手翻、快速前手翻和快速后手翻。

#### 3. 转体或翻转动作的练习

转体或翻转动作的练习常见的练习方法有原地起跳后做不同度数的转体、弹板上做各种空翻动作及转体、蹦床上做各种空翻或转体动作等，主要发展运动员的转体和翻转速度。

#### 4. 联合动作或技巧串的练习

联合动作或技巧串的练习常见的练习方法有快速完成技巧串、快速完成某些联合动作等。

## 三、速度素质练习的注意事项

发展速度素质受多种因素影响，为了有效地提高人体的快速运动能力，在教学中要注意以下几点。

### （一）速度素质练习应注意符合动作要求

动作速度的提高应掌握和保持正确的技术动作。在动作速度、转体和翻转速度训练时，不但要注意动作的技术和质量，而且要强调快速发力和整个动作的速度，还要通过发展其他身体素质来发展速度素质。练习内容应尽量选用专项动作本身，以保证所发展的速度素质高效地应用于专项技术训练和比赛。



### （二）速度素质练习应利用外界助力控制运动员的动作速度

在动作速度的练习中，教练员可以用助力提高运动员完成某一技术环节的动作速度，但必须掌握助力时机及用力大小，以便使他们独立、及早达到动作速度的要求。

### （三）位移速度的练习要与技术动作相结合

位移速度练习所采用的短距离跑要注意与跳马、自由体操及平衡木中的相关技术动作结合起来练习，从而使位移速度向动作速度转化。

# 第四节　力量素质练习

## 一、力量素质的概念

力量是肌肉紧张或缩短时所表现出来的对抗重力或克服身体重量的能力。力量素质对人体运动有极大影响，是人体运动的基本素质，也是衡量练习者身体水平的重要指标。

根据体操动作的特点，体操动作可分为静力性动作和动力性动作两类。根据静力性动作和动力性动作的特点，我们认为体操训练应主要发展练习者的静力性力量和动力性力量。静力性力量主要是练习者的相对力量，动力性力量主要是练习者的动作速度力量。

静力性力量是指肌肉做等长收缩时产生的力，即肢体维持或固定于一定的位置和姿势，不产生明显的位移的力，如控倒立、燕式平衡、吊环的十字支撑等动作。

动力性力量是指肌肉做等长收缩时所产生的力，即肢体产生明显的位移，使人体或器械产生加速运动的力。动力性力量又常常通过两种不同形式的肌肉收缩而产生，即向心的克制性收缩和离心的退让性收缩。体操中的大多数动作，如跳跃、跟斗、回环、腾越等都是通过动力性力量来完成的。其中，动作的启动如空翻起跳是克制性收缩，而落地缓冲主要是退让性收缩。因此，发展动力性力量时既要注意向心的克制性收缩，也要注意离心的退让性收缩。

相对力量是指人体每千克体重所表现出的最大力量值的能力。它主要反映练习者的最大力量与体重之间的关系。

速度力量也叫快速力量，是指人体在运动时以最短的时间发挥出肌肉力量的能力。大多数体操动作的完成都具有此特点，故速度力量对体操练习者极其重要。速度力量取决于人体肌肉的收缩速度和最大力量水平。

## 二、发展力量素质的练习方法

在运动训练实践中，教练员会采用多种多样的方法发展肌肉力量。这些方法或是作用于整个肌肉系统，或是有选择性地作用于某些肌肉群，构成了现代力量素质练习方法的基础。

根据体操动作的特点，体操教练员常常采用作用于某些肌肉群的练习方法对练习者进行力量素质练习，如针对上肢肌肉群、躯干肌肉群、下肢肌肉群的练习等。

### （一）发展上肢力量和练习方法

#### 1. 俯卧撑

预备姿势：手掌与肩同宽撑地，手指向前，两臂伸直，两腿向后伸直，两脚并拢，脚尖着地，成俯撑。

标准动作做法：两臂屈肘，身体向下至背部低于肘关节，接着两臂撑起伸直成预备姿势（图9-4-1）或推起击掌，可连续做。

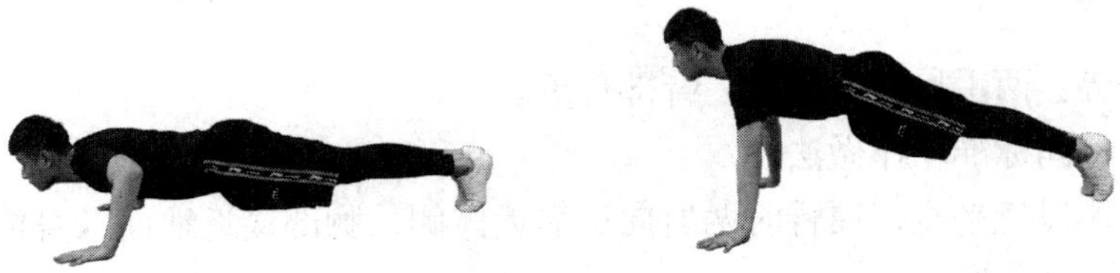

图9-4-1

降低难度后：

预备姿势：两手撑于垫子上或墙上（两手高于两脚）成俯撑。（图9-4-2）

动作做法：同标准动作做法。

图9–4–2

提高难度后：

①预备姿势：两手撑地，两脚置于垫子上（两脚高于两手）成俯撑（图9–4–3）。

动作做法：同标准动作做法。

图9–4–3

②预备姿势：两手手指撑地成俯撑。（图9–4–4）

动作做法：同标准动作做法。

③预备姿势：两手撑地成俯撑，一腿抬起。（图9–4–5）

动作做法：同标准动作做法。

图9–4–4

图9–4–5

④预备姿势：两手撑地成俯撑，背部负重。

动作做法：同标准动作做法。

要求：身体保持平直，屈臂时两肘向后靠近体侧，胸部接近地面，身体不能塌腰呈凹形，也不能拱臀呈凸形。

**2. 有人扶持的俯撑爬行（推小车）**

预备姿势：两人一步距离前后站立，前面的人两手撑地成俯撑，抬起一条腿，后面的人扶住前面的人的脚背，接着后面的人将前面的人的另一条腿扶起。（图9–4–6）

动作做法：前面的人用手前进，同时后面的人向前跟进。

#### 3. 双杠或吊环上的双臂屈伸

预备姿势：双杠上支撑。
动作做法：双臂屈伸。（图9–4–7）
要求：屈臂时肘高于肩。

图9–4–6

图9–4–7

#### 4. 手倒立类

手倒立动作，根据用力的方式，可以分为蹬地摆腿手倒立和慢起手倒立。可以进行扶倒立（图9–4–8）、控倒立、推倒立（图9–4–9）、倒立爬行等撑推力量的练习。

图9–4–8

图9–4–9

### （二）发展躯干力量的练习方法

#### 1. 腹肌力量练习

（1）仰卧起坐。练习者仰卧在垫子上，两手抱头，两腿并拢屈膝让同伴坐在脚背上，抬起上体。（图9–4–10）

图9-4-10

（2）仰卧团身吸腿。练习者仰卧在垫子上，两腿伸直，两臂上举，团身、屈膝、起上体，同时两手置于小腿侧面。（图9-4-11）

图9-4-11

要求：团身紧，下落成仰卧时肩、背触地。

（3）仰卧举腿。保护与帮助者两腿开立，练习者仰卧在垫子上，两腿伸直，两手抱住保护与帮助者的脚踝。练习者举腿，保护与帮助者将练习者举起的腿用力向下推。（图9-4-12）

图9-4-12

练习者还原成仰卧时腿脚不能碰地，接着向上举腿，如此反复进行。

要求：收腹、举腿时绷脚尖，腿不能弯曲。

（4）仰卧两头起。练习者仰卧在垫子上，两臂上举，两腿伸直。起上体同时举腿，两手触脚面，然后还原成仰卧姿势。如此反复进行。（图9-4-13）

图9-4-13

要求：协调用力，收腹、举腿时绷脚尖，腿不能弯曲。

（5）肋木或单杠悬垂举腿。两手与肩同宽，握肋木或单杠悬垂，收腹、举腿至脚面触杠。（图9-4-14）

（6）直角悬垂控制不动。两手与肩同宽，握肋木或单杠悬垂，收腹、举腿至水平，控制不动。（图9-4-15）

图9-4-14

图9-4-15

（7）俯卧静力控制练习。用前臂和脚支撑，俯卧于山羊或体操凳或垫上。垫子上的俯卧静力控制练习如图9–4–16所示。腰上可负重。

要求：身体始终保持平直。

**2. 侧腰肌力量练习**

练习者侧卧在地面或山羊上，保护与帮助者固定其小腿，或练习者两脚勾肋木固定。练习者两手伸直或抱头侧屈上体（图9–4–17），接着还原成预备姿势。如此反复进行。



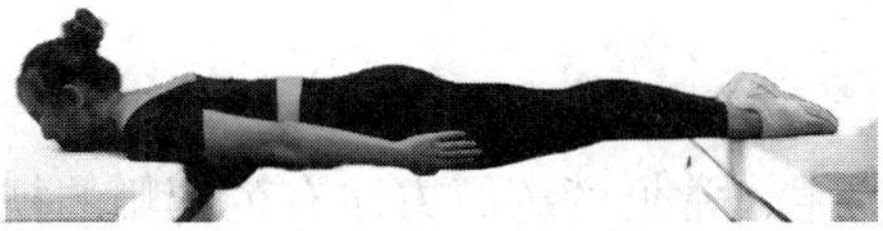

图9-4-16

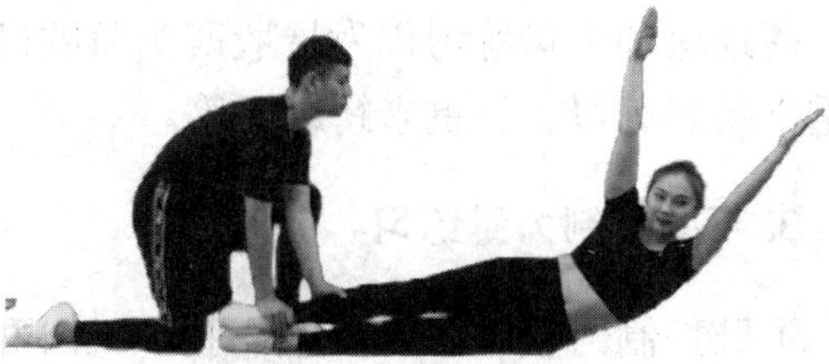

图9-4-17

**3. 背肌力量练习**

背肌力量练习的方法有俯卧起上体（图9–4–18）、俯卧两头起（图9–4–19）、俯卧举腿（图9–4–20）和仰卧静力控制练习（图9–4–21）等。

图9-4-18

图9-4-19

图9-4-20

图9-4-21

### （三）发展下肢力量素质的练习方法

**1. 蹬跳力量练习**

竞技体操中下肢动作发力要求短促有力，蹬跳力量也就成为腿部力量训练的重点。蹬跳力量以发展股四头肌和小腿三头肌的速度力量为主，常见的练习方法有跳深练习、单脚或双脚连续跳10～20米距离练习、跳短绳练习、负重提踵练习以及原地连续团身后空翻练习等。

**2. 落地缓冲力量练习**



落地缓冲力量练习以发展股四头肌的最大力量和静力性力量为主，常见的练习方法有负重半蹲起练习、负重半蹲练习等。

**3. 下肢控制力量练习**

下肢控制力量练习以发展下肢小肌肉群的力量为主，常见的练习方法有芭蕾舞的把杆练习和坐在垫子上进行绷腿练习等。

## 三、力量素质练习的注意事项

### （一）力量素质练习要紧密结合专项技术的特点

竞技体操力量练习要体现专项特征。力量练习的动作应尽量与实际体操动作一致，主要包括发力部位、发力顺序和方向、力量的性质和身体的姿势等，最好是通过练习体操动作获得，以保证所采用的练习与体操动作相似。

### （二）力量素质练习应考虑力量的类型

力量素质练习应考虑力量的类型，如速度力量练习，可采取规定一定次数计时的方法，如仰卧两头起10次计时；上肢的退让性力量练习，可选择引体向上缓慢落下的方法。

### （三）力量素质练习要采用大负荷与循序渐进增加负荷相结合的练习方法

大负荷是指练习者所能承受的最大负荷，力量练习一般要采用练习者所能承受的最大负荷或接近最大负荷来进行。这是由于采用大负荷能迫使肌肉进行最大收缩，能刺激人体产生一系列生理适应变化，从而使肌肉力量增强。为了达到大负荷，练习时无疑要保持较多的强度，或者要保持较多的数量（次数或组次）。当力量增强后，就要循序渐进地增加负荷。

### （四）力量素质练习应注意和柔韧素质练习相结合

力量素质练习应注意和柔韧素质练习相结合。力量素质的发展和柔韧素质的发展有相互制约的关系。这是由于肌肉中蛋白质的含量增加，能使力量增强，但可能会限制关节活动的范围，影响动作的幅度。因此，在进行力量练习时，要注意充分加大关节运动的幅度或者在对某一肌群进行力量练习后，认真地做一些拉伸肌肉的柔韧练习，以提高肌肉的伸展性。

### （五）要系统科学地安排力量训练

根据“用进废退”的原理，力量素质训练应全年系统安排，不能无故中断。运动实践证明，训练时力量素质提高得快，停止训练后力量素质消退得也快。另外，力量素质训练不宜在疲劳的状态下进行，因为疲劳状态下的练习发展的主要是耐力素质。



# 第五节　耐力素质练习

## 一、耐力素质的概念

耐力素质是指人体在长时间的工作或运动中克服疲劳的能力。根据与专项运动的关系，耐力素质可分为一般耐力素质和专项耐力素质两类。竞技体操运动员的专项耐力素质是指运动员克服在完成体操专项动作过程中所产生的疲劳的能力。根据体操动作的特点，体操专项耐力素质可分为静力性耐力和动力性耐力。竞技体操运动员的专项耐力素质以无氧耐力为主。

## 二、发展耐力素质的练习方法

### （一）发展一般耐力素质的练习方法

一般耐力是指练习者为了提高专项成绩，最大限度地动员机体能力，长时间地承受专项负荷，并保持工作的能力。发展一般耐力素质的练习方法如下：

（1）越野跑（持续训练法）。

（2）400米速度耐力练习。练习后练习者应休息至完全恢复（重复训练法）。

（3）3～5分钟连续跳绳。做3组，每组间休息2～5分钟（间歇训练法）。

可以把各种不同的素质练习编成套路进行练习，并要求在一定时间内完成一定的数量。例如，触腿两头起30秒32个，俯卧两头起30秒42个，跳绳30秒70次，俯卧撑30秒40次为一组，间歇5～7分钟，共做3组（循环训练法）。这里的动作、时间、次数、组数、间歇时间可以根据练习者的情况进行调整。对某些要素进行了变化的练习方法称为变换练习法。

### （二）发展专项耐力素质的练习方法

专项耐力的主要特征是突出体现专项运动的特点，满足专项运动的需求。发展专项耐力素质的练习方法如下：

（1）单个动作的多次重复练习。例如，连续团身跳20次，连续分腿击足跳20次，连续狼跳20次，连续团身后空翻10次，连续屈伸上10次，等等。

（2）联合动作的练习。例如，团身跳5次—分腿击足跳5次—狼跳5次等。

（3）女子自由体操中的舞蹈架子练习（不做自由体操成套动作中的技巧动作）。

（4）将成套动作分为前半套、后半套。先做前半套动作，然后做后半套动作，再过渡到成套练习。

## 三、耐力素质练习的注意事项



### （一）耐力素质练习应遵循人体生长发育的规律

耐力素质的发展水平与其他素质一样，在相当程度上受到人体生长发育水平的影响。如果耐力素质水平与生长发育水平不相一致，不仅不能获得良好的练习效果，可能还会严重地损害人体健康。因此，根据运动员的发育水平，合理地安排耐力素质练习，是发展耐力素质过程中一个非常重要的方面。一般来说，随着年龄增长和训练水平的提高，专项耐力素质练习的比例逐渐加大。

### （二）专项耐力素质练习应与技术相结合，对技术动作有严格的要求

在考虑将专项耐力素质练习与各项技术练习相结合的同时，还要根据专项的特殊要求来选择练习内容，确定练习时间和次数。

在进行耐力素质练习时，练习者的动作技术容易变形，使已形成的正确动作技术受到影响。因此，在发展练习者的耐力素质时，教练员一定要对练习者的技术动作有严格的要求，以确保练习者正确、准确、协调、运用自如地完成已掌握的动作技术，使练习者神经系统的兴奋与抑制过程合理、稳定、有节奏地交替，从而推迟疲劳的产生。

### （三）耐力素质练习应与意志品质培养相结合

在进行耐力素质练习时，教练员要采取多样化的练习方式和练习内容，提高练习者的练习兴趣，培养练习者的意志品质及调控练习者的心理素质。

# 第六节　灵敏素质练习

## 一、灵敏素质的概念

灵敏素质是指人体在各种突然变换条件的情况下，快速、协调、敏捷、准确地完成动作的能力。它是人的运动技能、神经反应和各种身体素质的综合表现。

根据体操动作的特点，体操运动的灵敏素质主要体现在练习者的协调能力和准确性上。准确性蕴含在协调能力之中。协调能力是指练习者机体各部分在时间和空间里相互配合，合理有效地完成动作的能力。协调能力是体操练习者不可缺少的一项极其重要的素质。它是完成高难技术动作的基础，是上述各项运动素质服务于技术动作的保证。可以说，协调能力是体操练习者的灵魂，没有良好的协调能力，就不能成为一名优秀的体操运动员。

## 二、发展灵敏素质的练习方法

### （一）发展一般灵敏素质的练习方法

（1）让学生在跑、跳中迅速、准确、协调地完成各种动作。例如，在跑步中完成迅速改变方向、快速急停、迅速转体等动作。

（2）集体跳大绳、双人跳绳、双摇跳绳、转体跳绳，立卧撑跳转体、跳起转体、屈体跳等。

（3）各种变换方向的追逐性游戏和对各种信号刺激做出正、反应答动作的反应练习，如叫号追人、喊数抱团成组、反口令练习等。

### （二）发展专项灵敏素质的练习方法

（1）各种滚翻、手翻、空翻练习。

（2）技巧动作组合练习。

（3）各种器械动作练习。

## 三、灵敏素质练习的注意事项

### （一）灵敏素质练习应科学安排练习时间

灵敏素质的练习，通常应安排在训练课主要部分的开始阶段。这时学生具有最佳的心理状态和最佳的工作能力。但这并不意味着疲劳时就不能发展灵敏素质。高级体操运动员在比赛时由于时间较长，激烈程度较高，很容易产生疲劳。因此，对高水平运动员来讲，发展灵敏素质的练习不仅应安排在稳定情况下，还应安排在有疲劳征兆和明显疲劳的情况下。

### （二）灵敏素质练习与专项技术紧密结合

竞技体操灵敏素质具有专项化的特点，如单杠和高低杠要求运动员对时间和空间的判断非常准确，吊环和双杠要求运动员具有良好的肌肉协调性和精细用力的感觉，鞍马则要求运动员具有良好的两臂支撑和控制身体的能力。因此，发展灵敏素质的练习应结合单项要求进行，做到有针对性地练习。

## 【复习思考题】

1. 简述身体素质练习的意义。
2. 身体素质的练习内容有哪些?
3. 各类身体素质的练习方法有哪些?
4. 在进行身体素质练习时应注意哪些事项?

# 第十章　体操比赛的组织工作与裁判工作

【学习目标】

1. 学会编写体操比赛竞赛规程，熟悉体操比赛的组织工作。

2. 掌握体操各类比赛的裁判工作，具备指导他人欣赏体操比赛的能力。

【章前导言】

本章主要阐述体操比赛的组织工作、基本体操比赛的裁判工作和竞技体操比赛。通过本章的学习，学生会对体操比赛的组织与裁判有一个比较全面的认识，并学会辅助裁判工作，掌握体操竞赛评分规则及评分方法，最终达到协助组织体操比赛及担任具体项目的评分工作的目的。

## 第一节　体操比赛的组织工作



体操比赛的组织工作是一项周密、复杂且细致的管理工作。为保证比赛的顺利进行，赛前主办单位必须根据有关会议的决定和比赛的任务与要求，做好各项筹备和组织工作。筹备和组织工作的一般程序有制定竞赛规程、建立比赛组织机构、编印秩序册、组织裁判员学习规则、做好场地器材的准备工作、比赛与颁奖。

### 一、制定竞赛规程

竞赛规程是举办比赛的指导性文件，是主办单位进行工作的依据，是所有参赛单位和个人必须遵守的章程。因此，竞赛规程文字表述必须简明、准确、具体。在根据竞赛的目的任务、规模和具体条件制定竞赛规程后，由主办单位指定专人起草，送主管领导审批，提前半年，最迟不少于3个月发放给参赛单位和有关部门及领导。拟定竞赛规程，应立足于吸引更多的人参加和鼓励创造好成绩。竞赛规程一般包括以下内容。

#### （一）目的、任务

不同的体操比赛的目的、任务各不相同，友谊赛主要是为了交流经验和增进友谊；队列队形、团体操比赛是为了提高队列队形水平、口令的下达和指挥能力；自编徒手体操比赛是为了培养学生创编徒手体操的能力；广播体操和教学比赛是为了检查广播体操的开展情况，检查教学效果和提高教学质量；等级运动员的等级比赛是为了检查训练工作的开展情况与交流经验，不断提高我国体操运动的技术水平。

## （二）比赛名称

比赛的名称应用全称，不能用简称。要说明年度、单位和比赛的名称。

## （三）比赛日期和地点

比赛日期的确定，应尽可能不影响或少影响参赛者的学习、训练和工作，同时要考虑季节、气候因素。比赛地点的选择应注意体操设施和交通条件，尽可能符合比赛的要求。

## （四）参赛单位

根据比赛的任务、规模和经费来确定参赛的单位。学校可以年级或班级为参赛单位，机关、厂矿、企事业单位可以以部门为参赛单位。

## （五）比赛内容

比赛内容由主管部门根据比赛的性质、规模和实际情况设置。例如，比赛队列、广播体操、生产体操、健美操、幼儿体操、体操动作教学、等级规定动作和根据国际体操比赛规则举行的自选动作比赛。

## （六）参赛办法

（1）参赛人数：明确各单位参赛运动员、教练员、领队、医生等数量。



（2）参赛者条件的规定：明确男女是否分场比赛，如同场比赛，则需说明男女人数的比例。群众性的体操比赛，由于年龄、性别、健康状况的差异较大，应根据实际情况，明确不同性别、不同年龄层次的队员所占的比例。

（3）缺赛人数的扣分规定：在规定必须出满勤的比赛中，对无故不参加比赛的队员要有明确的扣分规定。

（4）比赛办法：要明确比赛的性质、比赛次数、计分方式、计分形式，对比赛场地和队列队形的排列有明确规定。确定比赛的出场顺序，明确比赛采用的评分规则。

（5）报名与报到：报名单一式两份，于赛前3个月分别寄到主办单位和承办单位，说明报名单的填写方法。根据比赛规模的大小及比赛项目的特点，确定报名开始和截止的日期。

## （七）录取名次与奖励

根据参赛队的数量及主办单位的奖励条件，按一定的比例设立团体奖、个人奖和其他单项奖的名额。

## （八）其他

裁判员的选派办法、仲裁委员会的人员组成和职责范围、特殊规定和要求等未尽事宜由承办单位另行通知。

## 二、建立比赛组织机构

为了保证比赛的顺利进行，要根据比赛规模的大小建立相应的组织机构。组织机构包括竞赛裁判委员会、仲裁委员会、宣传保卫处、总务处和竞赛处。大型比赛应成立大会组织委员会，一般由主办单位的领导、各单位领队和总裁判长等组成；中、小型比赛，可由主办单位、承办单位、各参赛单位的领队及总裁判长组成竞赛委员会或竞赛领导小组，并由竞赛委员会负责人召开领队等有关方面的联席会议，其内容有：对比赛场地及有关筹备工作情况进行说明，回答竞赛规程和评分规则等方面的有关问题，决定比赛顺序和安排试用场地，研究和决定有关比赛的问题。

## 三、编印秩序册

根据各队报名情况及竞赛规程，在确定比赛顺序和比赛场次后，竞赛处总记录组应尽快编印秩序册。其主要内容包括竞赛规程、组委会或竞委会、大会办事机构、仲裁委员会、裁判员名单、参赛单位、大会活动日程安排、竞赛日程或比赛顺序、比赛场地示意图等。

## 四、组织裁判学习

赛前首先由总裁判长对裁判员进行裁判分工，然后，用1～3天的时间学习竞赛规程和评分规则，统一评分标准，到现场观看各代表队练习并进行试评。

## 五、做好比赛场地和器材的准备工作

做好画场地、钉标记、安装音响设备等后勤工作，同时准备好裁判评分用的必要用具。

## 六、比赛与颁奖

为保证比赛的顺利进行，主办单位与裁判组的工作要协调配合，统一指挥，使各队的进退场快而不乱。为确保记录算分准确无误、比赛紧凑进行，采用迟一名宣布成绩的方法，即第二个队比赛完毕退场时，宣布第一个队的成绩。比赛结束应及时当众颁奖，这不仅能体现主办单位的组织能力，也能反映裁判工作的公正、准确。颁奖仪式应简短、热烈，有条不紊地进行。

# 第二节　基本体操比赛的裁判工作

## 一、裁判组的组成

基本体操比赛通常由裁判长和若干裁判员组成。较大规模的体操比赛由总裁判长、副总裁判长（兼总记录长）、裁判长、裁判员、记录员、检录员、播音员和传分员组成。

## 二、裁判组的工作

裁判员的主要工作是参加裁判学习和评分。根据竞赛规程和评分规则，在比赛评分中，裁判员要严肃、认真、公正、准确地对运动员所做的动作给予评分。

### （一）位置的安排

裁判员的座位最好设在较高的台子或高凳上，要能使裁判员清楚地观察到运动员所做的动作。裁判员的就座方式分为集中就座和分区就座。集中就座能使裁判员从同一角度观察运动员的表现，评分的差距较小，亮分快，工作紧凑，但对运动员动作的观察有疏漏。因此，这种就座方式适用于小型比赛。集中就座时，裁判员按顺时针方向坐成一排，但应保持一定的距离。分区就座能使裁判员对本区域内运动员的动作观察得较为清楚，不易漏判，但亮分慢。为缩小区与区之间的评分差距，常采用以对局部区域的评分为主，兼顾全局的评分方法。



### （二）评分方式

基本体操比赛一般采用一组裁判，评分方式有全场通评、分区与全场相结合评分、分区评分3种。参赛人数不多、进退场队形变化不大的中、小型比赛多采用全场通评。在参赛人数较多的中型比赛中，为了既能看清分区又能兼顾全场，常采用分区与全场相结合的方式进行评分。在参赛人数很多（百人以上）的比赛中，由于视野的局限性，裁判员要通观全局比较困难，容易漏判，故该类型的比赛多采用分区评分。分区评分又分为分块评分、分纵队评分、分横队评分和就近评分等。

参赛人数较多、队形变化较大的多项比赛也采用两组以上裁判组进行评分，这种评分的优点是评分较细，不易漏判，但对裁判员的数量要求较多。

### （三）计分方法

基本体操比赛多采用十分制或百分制进行评分，通过减分的形式，以0.1分或0.5分为单位对错误进行扣分。裁判员的示分是在每队做操结束后，各自将分数填在评分单上，由传分员交给裁判长，裁判长示意后，裁判员统一亮分，随之裁判长亮最后得分；也可采用裁判员不示分，由裁判长亮最后得分的方法。基本体操比赛采用的评分方式有以下几种。

（1）累积计分法：可分为累积平均法和分数累积法两种。

累积平均法是指用各裁判员评分之和除以裁判员人数作为最后得分的计算方法。其计算公式为：

$$\frac{\text{各裁判员评分之和}}{\text{裁判员人数}} = \text{最后得分}$$

分数累积法是指裁判员按各自（评分小组或个人）既定评分内容的分值进行评分，将所评出的诸分之和相加作为最后得分的计算方法。例如，进行徒手体操比赛时，将裁判员分成评定动作完成质量、队形变化、精神面貌等若干个评分小组，各组先按累积平均法评出各自的分数，然后相加，即为最后得分。

（2）取中计分法：指去掉裁判员评分中的最高和最低分，取两个或几个中间分的平均分作为最后得分。取中计分法是群众性体操比赛常采用的一种计分方法，主要适用于全场评分。

（3）分级计分法：指由教师、体育委员、体育骨干组成评分小组，根据评分标准，将学生成绩分成A、B、C、D 4个组别，并确定4个组别的不同分值，然后在同一级比赛中，排出所有考核学生的名次，教师根据学生间互评名次并在该级基本分成绩的基础上予以加分或升级，作为学生最后得分。加分可按名次加分、按名次段加分和将名次等分为几等份分别加分几种。

（4）反馈控制计分法：指根据体操课的不同任务和对动作完成质量的具体要求，制定出评定动作的标准和分值，依据学生在课堂练习和比赛中的信息反馈，灵活调控比赛的内容和分值，评定学生动作或动作技术的完成情况，以促进学生对动作的掌握。反馈控制计分法是体操教学中常用的一种比赛计分方法。

## （四）评分内容

基本体操比赛的评分包括规定动作和自选动作的评分。评分内容包括比赛动作、进退场和队形变化、领操员的指挥与示范、音乐、服装和精神面貌等，主要以比赛动作的评分为主。

### 1. 规定动作的评分

规定动作是由主办单位根据规则精神、比赛性质、参加单位的技术水平编排制定的。

规定动作分值的分配：规定动作分值的分配是指完成动作质量，动作和队形的整齐程度、表现力，以及其他方面在全套动作中所占的比例。规定动作比赛评分内容参照表见表10–2–1。

**表10–2–1　规定动作比赛评分内容参照表**　　单位：分

| 种类 | 动作完成 | 队形变化 | 精神面貌 | 其他 | 说明 |
|---|---|---|---|---|---|
| 1 | 100 | 0 | 0 | 0 | 只比赛动作 |
| 2 | 70 ~ 80 | 5 ~ 10 | 10 ~ 15 | 0 ~ 5 | 以动作为主 |
| 3 | 60 ~ 80 | 10 ~ 20 | 5 ~ 10 | 5 ~ 10 | 进行动作、队形等方面的比赛 |

对规定动作的完成情况进行评分主要从动作技术和身体姿势等方面考虑。

（1）动作技术错误扣分。动作技术错误是指完成动作中的路线、方向、部位与规定要求不符。对动作技术错误的扣分幅度应注意以下两个方面：①一套动作或一套操中，分值高的动作或几节操出现错误应重扣，分值低的则轻扣；②根据技术错误严重程度和内容（如动作路线、方向、部位等）的多少，扣分幅度应有所区别。

（2）姿势错误扣分。姿势错误是指在完成一套动作或一套操时，身体各部位的姿势、方向与规定要求不符。错误程度根据手臂、腿和身体弯曲部位与正确姿势的延长线所形成的夹角来判断。扣分幅度应注意以下两点：①一套动作或一套操中，分值高的动作或几节操出现错误应重扣，分值低的则轻扣；②一套操中一拍出现的姿势错误的扣分应与多拍中出现的错误的扣分有所区别。

表10–2–2列举了动作技术和身体姿势错误的扣分等级。

**表10–2–2　动作技术和身体姿势错误的扣分等级参照表**　　单位：分

| 错误 | 个别（10%以下） | 少数（10%～30%） | 多数（30%以上） | 说明 |
|---|---|---|---|---|
| 轻微 | 0.5～1.0 | 1.5～3.0 | 3.5～5.0 | 分节扣分 |
| 显著 | 1.5～3.0 | 3.5～5.0 | 5.5～6.0 | 分节扣分 |
| 严重 | 3.5～5.0 | 5.5～6.0 | 6.5～10 | 分节扣分 |

（3）漏做扣分。漏做的动作或节拍，须扣去漏做部分的全部分值。



（4）动作顺序错误扣分。成套动作或操中出现顺序错误，应扣去前后颠倒部分分值的一半，对完成情况的错误仍须扣分。

（5）动作整齐性的扣分。规定动作比赛整齐性扣分等级参照表见表10–2–3。

**表10–2–3　规定动作比赛整齐性扣分等级参照表**　　单位：分

| 错误 | 个别（10%以下） | 少数（10%～30%） | 多数（30%以上） | 说明 |
|---|---|---|---|---|
| 动作不齐 | 0.5～1.0 | 1.5～2.0 | 2.5～4.0 | 分节扣分 |
| 队列不齐 | 0.1～0.2 | 0.3～0.5 | 0.6～1.0 | 分节扣分 |

（6）参赛队人数与竞赛规程要求不符的扣分。竞赛规程对参赛队的人数应做明确规定，对人数缺少的队应按比例扣分。其扣分可参照下列公式：

$$\frac{\text{缺席人数}}{\text{规定人数}} \times \text{满分} = \text{扣分数}$$

具体做法为：由检录长在检录人数以后，将检录情况送交裁判长，由裁判长核算后，从总分中扣除。

其他方面的扣分包括领操员的指挥、服装、音乐的选择、道具或轻器械的运用及运动员所表现出的精神面貌。

### 2. 自选动作的评分

自选动作一般对编操、完成情况和其他三项进行评分。

自选动作的特点主要体现在一套动作或一套操的动作选编上，编操分值关系着难度及比赛的水平，故确定编操动作分值时，应根据准备时间、创编动作的能力、完成水平等选择适宜的方案。自选动作比赛评分内容参照表见表10-2-4。

表10-2-4　自选动作比赛评分内容参照表　　单位：分

| 种类 | 动作完成 | 编操 | 其他 | 说明 |
|---|---|---|---|---|
| 1 | 50 | 40 | 10 | 分值的分配比例，可根据实际情况调整 |
| 2 | 45 | 40 | 15 | |
| 3 | 45 | 45 | 10 | |

自选动作的编排评分包括难度、动作的新颖性和整套动作的编排水平三个方面。其中，难度是指动作或操的动作幅度、方向、节奏、节拍、做法等的变化和复合动作所占的比例。整套动作的编排在内容上要符合参赛者的年龄、性别、工作或学习特点；整套动作的运动负荷安排要合理，要体现科学性。编排顺序要符合编排的原则，所编动作要具有代表性，同时能体现动作的健身性，要能促进人体的全面发展。动作编排中所选用的道具或轻器械要符合体操的特点。

裁判组事先应根据总分中编操所占的比例，制定出各部分的扣分细则，由裁判员根据细则执行对创编动作的扣分。

对自选动作完成情况进行评分主要从动作技术和身体姿势等方面考虑。

（1）动作技术错误扣分。技术错误是指身体各部位所完成的动作与正确技术不符，如侧举不平；两臂上举时，出现弯曲或不平行；等等。动作技术包括动作路线、方向、部位等。如果参赛者在做某一动作时出现部位、路线或方向的单一错误时，可以从轻扣分；若出现多种错误时，可从重扣分，要根据实际情况进行评分。

（2）姿势错误扣分。姿势错误是指在完成一套动作或一套操时，身体各部位的不正确姿势。

动作技术和身体姿势错误的扣分等级见表10-2-2。

（3）其他方面的扣分。徒手体操比赛，常不设领操员或减少某项内容，裁判组在制定扣分细则时，可适当增加其他内容的分值比例。

### 3. 队形的评分

当队形作为一次比赛的主要内容之一时，其在变化上应有一定的难度要求，在总分中应占有一定比重，并与其他方面的分值相协调。

对队形的错误扣分要考虑以下两点：

（1）与规定队形要求不相符合的情况。应根据错误性质、错误的人数比例和扣分标准给予扣分。自选队形的评分内容还要考虑队形难度，队形图案设计的艺术性、思想性和队形变化的完成质量。队形所占的比例以20%～30%为宜。

（2）队形质量方面的情况。队形质量是指整齐情况、行进间动作、音乐节奏等，扣分标准可根据犯错误人数和比例及错误性质而定。

#### 4. 其他方面的评分

对其他方面的评分，在评分前先确定评分的内容以及各内容在这些方面所占分值的比例，然后制定扣分细则。

对领操员，以口令、口音、示范动作、位置、服装、风度及精神面貌作为主要评分内容；对选用的音乐，以与运动员的动作、节奏、风格等配合的情况作为主要评分内容；对精神面貌，主要将运动员在参赛时的认真态度作为评分内容。

在具体评分中，可先将评比内容列成表格，以供评分时使用。在队员比赛或表演结束时，及时进行评分。

# 第三节　竞技体操比赛

## 一、竞技体操比赛说明

### （一）比赛的种类

现行国内外重大竞技体操比赛有奥运会比赛、世界体操锦标赛、全国体操锦标赛和全国运动会体操比赛。上述比赛均采用国际体联颁发的体操竞赛规程进行。比赛共分4种：资格赛、团体决赛、个人全能决赛和单项决赛。



（1）资格赛 。资格赛产生团体决赛、个人全能决赛和单项决赛的参赛资格。2022—2024周期世界体操锦标赛和奥运会团体均实行5-4-3赛制，即每队参加5人、每项上场4人、每项取最高3个成绩计入总分。

男子比赛包括6个项目的自选动作，女子比赛包括4个项目的自选动作。只有参加了所有项目比赛的运动员才有资格竞争全能决赛。

要进入跳马决赛必须跳2个动作，两跳的平均分决定进入决赛的资格。计算全能和团体成绩时，只计算第1跳的分数。

（2）团体决赛。资格赛中团体总分前8名的队伍进入团体决赛，2022—2024周期世界体操锦标赛和奥运会均实行5-3-3赛制，即每队参加5人、每项上场3人、3人分数都计入总分。

（3）全能决赛。该比赛决定个人全能冠军。男子比赛包括6套自选动作，女子比赛包括4套自选动作。资格赛中男子6项/女子4项排名前24名的运动员进入个人全能决赛，每个协会最多2个名额。

（4）单项决赛。单项决赛的成绩决定各单项的冠军。资格赛各单项排名前8名的运动员进入相应的单项决赛，每个协会每个单项最多2个名额。决赛中，运动员在相应项目上完成一套动作（跳马项目须完成两跳）。

### （二）比赛的评分方法

为了提高体操高难度性和发展性，体操比赛实施了上不封顶的评分规则。在男、女比赛项目中，裁判员分为D，E两组给选手打分。D组裁判员打难度分，由动作难度、连接难度、特定要求构成。D组裁判员根据运动员一套动作的内容确定“D”分。确定“D”分的内容包括：取男子运动员成套动作中最好的9个动作以及结束动作，共计10个动作，计算其难度价值；取女子运动员成套动作中的7个动作以及结束动作，共计8个动作。在所有比赛中，男子和女子项目成套动作的难度分值如下：A，B，C，D，E，F和G，动作分值为0.1分、0.2分、0.3分、0.4分、0.5分、0.6分、0.7分。男子、女子的最高难度都为G组。2013年世界体操锦标赛新动作命名后，女子自由体操已出现H组和I组的难度分值，动作分值为0.8分、0.9分。在所计算的10个动作的难度价值中，每完成一个动作结构组要求，D组裁判员将给予0.5的加分。除了跳马之外，成套动作必须有符合要求的下法。E组裁判员打完成分，E组裁判员确定“E”分，“E”分从10分开始，以0.1分为单位进行扣分，扣分内容包括成套动作的艺术及完成错误、技术和编排错误。当动作完成发生艺术性和技术性偏差时，要进行扣分。小错扣0.1分，中错扣0.3分，大错扣0.5分，掉下器械扣1.0分。把艺术扣分、完成错误扣分与技术、编排错误扣分进行汇总，一并从10分中扣除，所得分数为最后的“E”分。“D”分和最后的“E”分加起来为一套动作最后的得分。

### （三）裁判组的组成

在所有国际体联的正式比赛中，裁判组由2名D组裁判员、5名E组裁判员和2名R组裁判员（R组裁判员由国际体联从国际一级裁判员中指定，这组裁判员主要在“E”分出现不合理的情况下才会有效）组成。在国际邀请赛中最少由2名D组裁判员和2名E组裁判员组成。另外还有司线和计时裁判员，自由体操司线裁判员2名，跳马司线裁判员1名，自由体操计时裁判员1名，高低杠计时裁判员1名，平衡木计时裁判员2名。

对于基层等级运动员的体操比赛，按等级竞赛规定，男、女各项裁判组均由1名裁判长、4名裁判员和1名记录员组成。裁判组的数量应根据参赛的人数、场地器材、设备及赛期规定等情况所决定。

## 二、规定动作比赛

规定动作的比赛，是每个参赛的运动员必须按比赛规程要求做统一的动作的比赛。为增加体操比赛的观赏性和促进体操技术的发展，体操规则取消了重大比赛中的规定动作的比赛。但在我国，现行的等级运动员的规定动作仍作为全国、省（自治区、直辖市）和基层比赛的动作。

### （一）规定动作的评分

规定动作主要依据规定动作的文字、图解和特别要求对动作进行评定。评分因素包括对一套动作的理解是否符合规定，从技术和姿势的角度看完成情况和熟练性完成的加分。

规定动作的起评分为女子10分、男子9.8分，男子所缺少的0.2分用于对完成中的熟练性加分。规定动作的熟练性是指运动员经过努力成功地达到了技术完美。这可表现在部分或整套动作的完成技术和姿势上。熟练性的标准体现为最大的幅度、动人的节奏、动作极限的力学效果。

## （二）错误扣分

规定动作比赛，要求每个参赛运动员按照规定动作的形式、动作顺序、连接方式和技术要求完成动作，不能任意改变，否则扣分。一套动作的主要单个动作和联合动作都有一定的分值，如出现漏做或失败，均要扣除相应分值。各等级的规定动作都有明确的动作规格要求和具体的扣分规范，其他错误均按国际体操评分规则的技术完成和姿势错误及各单项的规定进行扣分。

### 1. 运动员所做动作与规定动作说明不符

（1）漏做动作。如果运动员漏做了规定动作中的某个或部分动作，则扣去该动作或部分动作的相应分值。

（2）附加动作。附加动作为规定动作以外的动作，每次出现附加动作，均要扣分。

（3）改变动作方向。所做动作方向与规定动作要求的方向相反，扣该动作分值的一半。女子规定动作通常可以全套反方向做，也可以在带有特定符号部分反方向做。若运动员违反规则规定，以错误的方向做动作，则要按规则扣分。



（4）改变动作顺序。在完成成套规定动作时，若出现前后动作倒置，则对提前做的动作视为附加，后面应做而未做的，视为漏做。

（5）动作重做。规定动作（包括跳马）原则上不能重做，只有在不是由于运动员自己的责任，而是遇到某些特殊情况使比赛中断或停止的情况下，经裁判长的允许方可重做。

（6）动作中断。由于掉下（无论脱手与否）而中断的一套动作，不能重复已做过的部分，但可在30秒内继续做后面的动作。为使一套动作继续做下去，保证顺序正确，中断的那部分动作可以重做，但不计分。每次掉下均要扣分。

（7）保护与帮助。为避免伤害事故，国际体操评分规则规定，在单杠、吊环、高低杠、双杠和跳马比赛时，允许一名教练员保护，一旦给予运动员助力帮助，则不承认在帮助下完成的动作，教练员接触到运动员身体（没有助力帮助）扣0.3分；落地帮助，扣0.5分。

### 2. 运动员在完成动作时，出现姿势和技术完成上的错误

在完成动作的过程中可能出现的技术和姿势方面的错误均按小错、中错、大错和失败4种情况扣分。在对身体姿势和动作技术错误的理解上，小错指接近完美地完成，有较小的错误，与正确完成有微小的偏差；中错指与无误地完成动作有明显偏差；大错指与无误地完成动作有大的偏差；失败指离开器械或掉在器械上。

## 三、自选动作比赛

自选动作是体操运动员根据规则要求和自身的能力，并结合项目特点，所创编的成套动作。自选动作在难度、数量及编排结构方面，水平均大于规定动作，它反映了一个运动员的实力和动作风格。

自选动作的评分，男子以动作难度、特殊要求、加分和动作完成4个因素为基础进行评分，女子的评分规则还增加了编排因素。除跳马外，男、女其他比赛项目的成套动作将由D组和E组裁判员进行评分。D组裁判员对动作难度、特殊要求、加分因素进行评分，E组裁判员对动作完成进行评分。

## 四、编制比赛项目轮换表

竞技体操比赛，男子按自由体操、鞍马、吊环、跳马、双杠、单杠的轮换顺序，女子按跳马、高低杠、平衡木、自由体操的轮换顺序编制项目轮换表。三级运动员的比赛，男子按自由体操、双杠、跳马、单杠的轮换顺序，女子按跳马、低单杠、平衡木、自由体操的轮换顺序编制项目轮换表。

### （一）二级以上动作比赛项目轮换

#### 1. 男、女比赛项目大轮换

在参赛队数多、裁判组有保证、场地器材受一定限制的条件下，多采用男、女分场大轮换的比赛形式。分场大轮换有两种安排：一是用同一场地，时间分开；二是场地分开，同时比赛。在运动队多，裁判组、场地、器材有保证的情况下，多采用男、女同场大轮换的比赛形式。男、女比赛项目大轮换表见表10-3-1。

表10-3-1　男、女比赛项目大轮换表（二级以上动作比赛）

| 队（组）别 | 自跳 | 鞍空 | 吊高 | 跳空 | 双平 | 单自 |
|---|---|---|---|---|---|---|
| 一 | 1 | 2 | 3 | 4 | 5 | 6 |
| 二 | 6 | 1 | 2 | 3 | 4 | 5 |
| 三 | 5 | 6 | 1 | 2 | 3 | 4 |
| 四 | 4 | 5 | 6 | 1 | 2 | 3 |
| 五 | 3 | 4 | 5 | 6 | 1 | 2 |
| 六 | 2 | 3 | 4 | 5 | 6 | 1 |

#### 2. 男、女比赛项目小轮换

在参赛队数不多、裁判人员不足、场地器材有保证的情况下，多采用男、女同场比赛，其项目编排采用小轮换的形式；在场地和器材受一定条件限制的情况下，也可选用男、女分场小轮换的形式。男、女比赛项目小轮换表见表10–3–2。

表10–3–2　男、女比赛项目小轮换表（二级以上动作比赛）

| 队（组）别 | 自跳 | 鞍高 | 吊空 | 跳平 | 双空 | 单自 |
|---|---|---|---|---|---|---|
| 一 | 1 | 2 | 3 | 4 | 5 | 6 |
| 二 | 3 | 1 | 2 | 6 | 4 | 5 |
| 三 | 2 | 3 | 1 | 5 | 6 | 4 |

## （二）三级动作比赛项目轮换

### 1. 男、女比赛项目大轮换

在参赛队较多，承办单位有条件组成4个裁判组，但场地、器材受到一定限制的情况下，多采用男、女分场大轮换的比赛形式。男、女分场比赛可同时使用两个场地，也可男、女使用一个场地分不同时间进行。如果参赛队多，能组成4个裁判组，场地器材有保证，也可采用男、女同场大轮换的比赛形式。男、女比赛项目大轮换表见表10–3–3。

表10–3–3　男、女比赛项目大轮换表（三级以上动作比赛）

| 队（组）别 | 自由操<br>跳马 | 双杠<br>低单杠 | 跳马<br>平衡木 | 单杠<br>自由操 |
|---|---|---|---|---|
| 一 | 1 | 2 | 3 | 4 |
| 二 | 4 | 1 | 2 | 3 |
| 三 | 3 | 4 | 1 | 2 |
| 四 | 2 | 3 | 4 | 1 |



### 2. 男、女比赛项目小轮换

在参赛队较少，裁判组有限，场地器材有保证的情况下，可采用男、女同场小轮换的形式进行比赛。在场地器材受到一定限制的情况下，也可采用男、女分场小轮换的形式进行比赛。男、女比赛项目小轮换表见表10–3–4。

表10–3–4　男、女比赛项目小轮换表（三级以上动作比赛）

| 队（组）别 | 上半场 | | 下半场 | |
|---|---|---|---|---|
| | 自由操<br>跳马 | 双杠<br>低单杠 | 跳马<br>平衡木 | 单杠<br>自由操 |
| 一 | 1 | 2 | 3 | 4 |
| 二 | 2 | 1 | 4 | 3 |

以上为低等级规定动作的比赛。在高校体操教学的基础上，还可以在课外活动中开展1～2个项目的比赛，如技巧、跳马，单杠、跳马，双杠、技巧等的比赛。

## 【复习思考题】

1. 体操比赛的规程一般包括哪些内容?

2. 基本体操比赛的计分方式有哪几种?

3. 如何对基本体操的一套规定动作进行评分?

4. 裁判员应如何对徒手体操比赛进行评分?

5. 制定两种不同条件(参赛人数、裁判组、场地器材)下的三级规定动作体操比赛项目轮换表。

6. 结合实际谈谈该如何开展好群众性体操竞赛活动。

# 参考文献

[1] 体育院、系教材编审委员会，《体操》编写组. 体操［M］. 北京：人民体育出版社，1985.

[2] 田赐福. 体操［M］. 北京：高等教育出版社，1989.

[3] 郑吾真，陆保钟，等. 竞技体操训练学［M］. 北京：北京体育学院出版社，1990.

[4] 崔鸣周，张健，陆恩淳，等. 体操训练学部分问题探微［M］. 北京：人民体育出版社，1992.

[5] 柳光植，李德孝. 体操［M］. 2版. 北京：高等教育出版社，1995.

[6] 梁慈民，陈俊钦. 体操［M］. 北京：高等教育出版社，2001.

[7] 俞继英. 奥林匹克体操［M］. 北京：人民体育出版社，2001.

[8] 朱光辉. 体操［M］. 济南：山东大学出版社，2001.

[9] 张真美，王永明. 健身体操［M］. 太原：山西科学技术出版社，2001.

[10] 冯瑞，王永明. 基本体操［M］. 太原：山西人民出版社，2002.

[11] 黄玉斌. 体操新概念：高水平运动员训练行为控制规律研究［M］. 北京：人民体育出版社，2003.

[12] 王伯华. 基本体操［M］. 杭州：浙江大学出版社，2004.

[13] 吴维铭. 中国学校体操历史与发展研究［M］. 北京：北京体育大学出版社，2007.

[14] 郭颂，毛勇，杨庆辞，等. 体操［M］. 北京：北京师范大学出版社，2008.

[15] 童昭岗. 体操［M］. 2版. 北京：高等教育出版社，2010.

[16] 张涵劲. 体操［M］. 3版. 北京：高等教育出版社，2015.

[17] 王伯华. 浅析体操教学法特点［J］. 体育科研，1997（1）：41-43.

[18] 郭丽娟. 浅析体操动作的教法特点［J］. 山西师大体育学院学报，1999（4）：63-65.

[19] 王伯华. 关于建国以来高校体育专业《体操》教材的研究［J］. 北京体育大学学报，2001，24（3）：349-351.

[20] 郭丽娟. 对体操教学改革的探讨［J］. 山西师大体育学院学报，2001，16（4）：37-40.

[21] 汪康乐，邰崇禧，谈强. 全国普通高校体育教育专业体操比赛的调查研究［J］. 苏州大学学报（自然科学），2001，17（4）：94-97.

[22] 张涵劲，朱昌义，陈俊钦，等. 我国普通高校体育教育专业体操课程内容设置的基本价值取向研究［J］. 北京体育大学学报，2002，25（2）：251-253.

［23］王亮清. 论现代体操的分类［J］. 武汉体育学院学报，2002，36（6）：123-125.

［24］王永明. 对体育学院学生体操课学习能力培养的研究［J］. 山西师大体育学院学报，2002，17（4）：39-40.

［25］李文记. 浅析男女竞技体操的不同审美风格［J］. 山东师范大学学报（自然科学版），2002，17（4）：113-115.

［26］吴维铭. 体育教育专业必修课《体操》教材整体框架设计［J］. 北京体育大学学报，2003，26（6）：811-813.

［27］姚侠文，陆保钟，郑吾真，等. “难美技能类”运动项目美学特征研究［J］. 中国体育科技，2003，39（8）：9-12.

［28］王家顺，郑锦惠，马斌胜，等. 以专项素质为先导，不断提高体操教学质量的研究［J］. 沈阳体育学院学报，2003，22（4）：78-80.

［29］吴维铭，肖光来. 普通高校体育教育专业体操课程教学内容与优化的确定［J］. 天津体育学院学报，2004，19（4）：34-37.

［30］王赞，李娜. 体操教学中正确运用保护与帮助和教学效果关系的分析［J］. 沈阳体育学院学报，2005，24（3）：98-100.

［31］曲鲁平，王健，和平. 中小学体育与健康课程中体操教学素材的筛选与确定［J］. 首都体育学院学报，2005，17（5）：90-92.

［32］范文立. 女子体操教学中消除恐惧心理初探［J］. 教学与管理（理论版），2005（3）：60-61.

［33］王永明，申高禄，顾小霞. 山西省竞技体操现状及发展对策研究［J］. 中国体育科技，2005，41（4）：92-95.

［34］高留红，张予南，谢建中. 对体操的再认识［J］. 北京体育大学学报，2009，32（5）：117-123.

［35］周曰智，邵斌. 第29届奥运会男子体操单项决赛动作分析［J］. 体育学刊，2009，16（2）：85-90.

［36］李春华，王伯华. 建国以来高校体育教育专业体操普修课教材改革研究［J］. 北京体育大学学报，2010，33（7）：101-104.

［37］张军舰. 我国竞技体操包容性发展研究［J］. 体育文化导刊，2016（7）：90-94，196.

［38］王聪，翟廷立. 略论体操文化的特点与传承［J］. 武汉体育学院学报，2016，50（11）：92-95.

［39］郭丽娟，姚侠文. 第47届世锦赛女子体操竞争格局及我国女子体操竞技实力分析［J］. 运动，2018（9）：41-42，28.

［40］蔺新茂，史海现. 我国学校体操发展的困境及其解决对策［J］. 体育学刊，2017，24（6）：99-103.

［41］陶成武，周建社，李萍. “大体操”概念下的“体操”的内涵与外延［J］. 首都体育学院学报，2019，31（6）：544-548.